LA
Gloire à Paris

OUVRAGES DU MÊME AUTEUR

MÉMOIRES D'UN PARISIEN :

Voyages a travers le monde, *12ᵉ édition*, 1 vol.
in-18. . . . . 3 fr. 50
L'Écume de Paris, *16ᵉ édition*, 1 vol. in-18 . . . 3 fr. 50
La Haute-Noce, *20ᵉ édition*, 1 vol. in-18 . . . . 3 fr. 50

MÉMOIRES D'UN PARISIEN

LA
Gloire à Paris

PAR

ALBERT WOLFF

SIXIÈME ÉDITION

PARIS
VICTOR-HAVARD, ÉDITEUR
175, Boulevard Saint-Germain, 175

1886

Droits de traduction et de reproduction réservés.

AU LECTEUR

Le titre de ce livre pourrait paraître prétentieux si, bien à tort, on supposait à l'auteur l'ambition de résumer toute la Gloire à Paris dans un cadre si étroit. Mais tel n'est pas mon dessein.

La Gloire à Paris ne se manifeste pas de la même façon pour tous ; aux uns elle apporte la consécration définitive et les accompagne jusque sur le seuil de l'immortalité ; elle ne s'attache aux autres que pour un certain temps et, en les abandonnant ensuite, les voue à l'oubli. Dans ce volume j'ai réuni un choix de personnalités appartenant aux différentes espèces, aux vraiment glorieuses comme aux individualités éphémères et qui, dans leur ensemble résument cette chose fugitive de la renommée parisienne qui dure un jour, une année ou toujours. J'espère que le lecteur s'intéressera à ce livre dans lequel je le conduis dans les coulisses de la Gloire parisienne pour lui montrer les débuts humbles de ceux qu'il estime le plus en même temps que la gloire passagère des autres dont il n'a pas retenu les noms.

Vue à distance, la Gloire à Paris est un tableau enchanteur : contemplée de près elle est souvent attristante par les sacrifices qu'elle impose. S'il est pénible de la conquérir il est encore plus difficile de la conserver. On peut surprendre ses faveurs, mais on ne les garde pas quand on n'en reste pas digne. Beaucoup vivent de la gloire à Paris et un grand nombre en meurt. Un caprice de Paris fait en un tour de main un glorieux d'un inconnu et un autre caprice le replonge dans le néant. Il y a de tout cela dans ce livre. J'ai reservé les peintres et les sculpteurs pour un ouvrage spécial dont la première série paraétra dans un mois et qui sera l'histoire de la Gloire parisienne dans les ateliers.

A. W.

LA GLOIRE A PARIS

HENRI HEINE

En tête de ceux que je réunis dans ce livre : *la Gloire à Paris,* j'ai voulu inscrire le nom d'un des plus grands poètes et prosateurs de ce siècle qui, depuis tantôt trente ans, repose dans la terre française, après avoir été, pendant un quart de siècle, un des plus spirituels Parisiens.

Je ne puis écrire le nom de ce grand littérateur ni ouvrir un de ses livres sans une profonde émotion, car c'est à Henri Heine, que je n'ai pas connu, hélas! que je dois le peu que je suis. C'est dans son œuvre que j'ai puisé le désir de voir Paris et d'y mourir comme lui; c'est dans ses admirables livres que moi, chétif, j'ai appris tout ce que je sais; c'est à ce grand esprit que je suis redevable de la petite place que je me suis faite dans les lettres françaises. Son œuvre fut l'Évangile littéraire de ma première jeunesse; il m'a appris à connaître la France avant que je n'eusse dépassé la frontière; il m'a donné l'amour de Paris avant que je n'eusse foulé le bitume des boulevards, et je garde à cette grande mémoire une profonde reconnaissance. J'ai passé une partie de ma vie dans son génie, dans ses poésies, dans ses tableaux de voyage, dans sa correspondance, dans cet admirable livre sur Paris, un des plus beaux que la plume magique d'Henri Heine ait écrits. Toutes ces pages merveilleuses d'esprit, d'ironie et de sentiment, semblent faites d'hier, quoiqu'elles datent de plus de trente ans. Personne n'a mieux connu Paris que Heine; aucun écrivain n'a décrit les grandeurs et les chutes de la grande ville avec plus d'humour, de vérité et de tendresse. Ce grand esprit étranger était devenu le plus Parisien des Parisiens de naissance; il s'est peint en une ligne dans une lettre à un ami :

— Je suis, lui écrivit-il, un rossignol allemand qui a fait son nid dans la perruque de M. de Voltaire.

Que de fois j'ai relu les premiers articles et les premières lettres que Henri Heine a datés de Paris; ils remontent à 1831. Heine, en arrivant dans la cour des Messageries, alla tout droit au célèbre tableau de Delacroix, représentant la Liberté, coiffée du bonnet phrygien, sur une barricade de 1830. Il en fut émerveillé à ce point qu'il adressa à un de ses parents ces lignes, d'un lyrisme échevelé :

« Saintes journées de Juillet, écrit Heine, vous

témoignerez éternellement de la noblesse de l'âme humaine que rien ne peut détruire! Ceux qui vous ont vues ne pleurent plus sur ces vieux tombeaux des antiques héros; ils croient en la résurrection des peuples. Saintes journées de Juillet! Les dieux qui virent ce grand combat poussèrent des cris de joie et d'admiration, et si cela n'eût dépendu que d'eux, ils fussent descendus sur la terre pour se faire naturaliser citoyens de Paris. »

Il est certain que le grand écrivain a dû sourire bien des fois en relisant cet accès d'enthousiasme devant les trois glorieuses, lui qui devait voir la Révolution de 1848, les journées de Juin, le Coup d'État, et qui mourut sous l'Empire. Mais, pour expliquer ces transports, il faut remonter à l'époque où ils éclatèrent. Heine avait quitté l'Allemagne, où ses écrits, pleins d'audace et d'ironie, étaient mutilés par la censure quand la police ne les supprimait pas; il vint en France et respira à pleins poumons le souffle de liberté; son grand esprit était affranchi de la surveillance de la haute police allemande; Paris était pour lui la libération d'un bagne intellectuel, où sa pensée était enchaînée. Après le premier cri de liberté, Henri Heine se calme; il parcourt Paris en flâneur, en observateur; il veut tout voir et tout connaître; il se fait présenter aux sommités littéraires et artistiques; il fait la connaissance de tout Paris: d'Arnal, de Bouffé, de Deburau, d'Odry, de Mlle Georges et de Déjazet; il visite les monuments, « les deux Morgues, celle du quai et celle de l'Académie française »; il visite aussi « la Chambre des pairs, cette nécropole remplie des momies du parjure et des faux serments embaumés »; il voit aussi « Lafayette et ses cheveux blancs; ces derniers dans le médaillon d'une belle dame, car le héros portait une perruque brune ».

Dans cette volumineuse correspondance, pas un mot qui ne soit frappé au coin de la vérité; pas une ligne qui ne contienne un trait d'esprit ou une profonde observation. Dans une de ses premières lettres de Paris, il écrit ce qui suit :

« Paris me divertit fort par la gaieté qui ne le quitte jamais et dont l'influence atteint même les esprits les plus tristes. Paris est la scène où l'on représente les plus sanglantes tragédies de l'histoire, tragédies dont le souvenir émeut les cœurs et appelle les larmes dans les pays les plus lointains. Mais, à Paris même, le spectateur de toutes ces grandes tragédies éprouve ce que moi-même j'ai éprouvé à la Porte-Saint-Martin, où l'on jouait la *Tour de Nesles*. J'étais placé derrière une dame coiffée d'un chapeau de gaze rose, et ce chapeau était si grand qu'il me cachait la scène, si bien que j'aperçus tout ce qui s'y passait à travers cette gaze rose, et que toutes les horreurs du drame m'apparaissaient sous une couleur tendre et agréable. Sur tout Paris, cette lumière rose est étendue; elle adoucit les tragédies et elle répand la joie de la vie au milieu des ténèbres. Même les douleurs qu'on a apportées à Paris au fond de son cœur y perdent leur intensité. Dans cette atmosphère parisienne, les blessures se guérissent plus vite que partout ailleurs; cette atmosphère est généreuse, bienfaisante, aimable comme le peuple français. Ce qui me séduit surtout dans cette population parisienne, c'est sa politesse et sa distinction. Les excuses d'un Parisien qui, le jour de mon arrivée, me bouscula sur le boulevard, sonnèrent à mon oreille comme une mélodie de Rossini.

« A cette musique de la langue se mêlait un souvenir d'enfance. Le premier livre dans lequel j'ai appris le français sont les *Fables de La Fontaine*. A Paris, en entendant tout autour de moi les gens parler le français, je pensais constamment à ces fables; il me semblait entendre les voix des animaux : tantôt parlait le lion, tantôt le loup, puis l'agneau, la cigogne, le pigeon ou le renard; je ne puis voir cette foule, sans réciter tout bas les vers de mon enfance :

> Eh! bonjour, monsieur du corbeau!
> Que vous êtes joli, que vous me semblez beau. »

N'est-ce pas que c'est tout à fait délicieux!

La renommée d'Henri Heine l'avait précédé à Paris; toutes les portes s'ouvrirent devant lui; il devint rapidement le familier de toutes les illustrations du temps; il allait beaucoup dans le monde, et, dans une de ses lettres, il fait, d'un salon de 1830, le charmant croquis que voici :

« Ce qui me frappa le plus dans le monde, ce sont les éléments divers dont se compose un salon à Paris.

Souvent, en parcourant les salles, il me semble que je suis dans la boutique d'un marchand d'antiquités du quai Voltaire, où les reliques de toutes les époques gisent les unes à côté des autres : l'Apollon grec à côté d'une idole chinoise, un Dieu mexicain à côté d'un Christ gothique ; des monstres égyptiens à la tête de chien, des grimaces en bois, en ivoire ou en cuivre. C'est ainsi que, dans le même salon, j'aperçois d'anciens mousquetaires qui ont dansé avec Marie-Antoinette ; des républicains qui furent adulés à l'Assemblée nationale ; d'anciens partisans du Directoire, familiers du Luxembourg ; de grands dignitaires de l'Empire, devant lesquels toute l'Europe a tremblé ; tous les vieux dieux délabrés de toutes les époques et auxquels personne ne croit plus. Les noms crient quand on les met les uns à côté des autres, mais les hommes vivent en paix comme les antiquités dans la boutique du quai Voltaire. Dans les pays germaniques, où les passions sont moins disciplinées, il serait impossible que tant de personnalités opposées vécussent ensemble. Cela vient aussi de ce que le besoin de conversation n'est pas le même dans le froid Nord que dans le chaud pays de France, où les plus féroces ennemis, en se rencontrant dans un salon, ne peuvent pas longtemps garder le silence. Il faut dire aussi que le désir de plaire est si grand à Paris qu'on s'efforce, non seulement de plaire à ses amis, mais encore à ses ennemis. »

Le vaste esprit de Heine embrassait tout son temps :

la politique aussi bien que les lettres et les arts. Ce fut lui qui révéla à l'Allemagne le mouvement des esprits français; il fut le trait d'union entre les génies littéraires des deux pays. Et comme il sabre les ennemis de sa première patrie, qui l'appellent traître parce qu'il parle, avec une si profonde admiration, des lettres et des arts français; de l'un, il dit : « Ce Monsieur X... est le premier parmi nos écrivains sans talent. » Plus tard, Henri Heine perdit peu à peu les illusions que le début de la monarchie de Juillet avait fait naître en lui. Je détache d'un article, supprimé par la censure allemande et recueilli ensuite dans une biographie de l'écrivain, le passage suivant, qui aurait pu être écrit hier, si l'on remplaçait les noms par d'autres :

« Depuis le sommet jusque dans la tourbe, écrit Heine, il n'y a plus de principe d'autorité en France. Ni le Roi, ni M. Auguste, le chef de claque de l'Opéra; ni M. de Talleyrand, ni M. Vidocq, ni le pierrot Deburau, ni l'archevêque de Paris, ni M. Staub, le maître tailleur à la mode, ni Lamartine, ni Guizot, ni Paul de Kock, personne, m'entendez-vous, personne, quelle que soit sa profession, ne jouit d'une considération incontestée. Ce n'est pas la seule foi en les personnes qui est anéantie, mais encore la foi en tout ce qui existe. On ne doute même plus, car le doute suppose une croyance. Il n'y a même pas d'athées, car on n'estime pas assez le bon Dieu pour se donner la peine de le nier! »

Henri Heine garda cette ironie hautaine et cet esprit incomparable jusqu'à la fin. Quand, atteint par cette terrible maladie de la moelle épinière, il subissait sa longue agonie morale, alors qu'une paralysie des paupières avait fermé ses yeux, la bonne humeur resta debout dans ce corps ravagé. Un jour que son médecin l'auscultait :

— Voyons, monsieur Heine, lui demandait-il, pouvez-vous siffler?

— Hélas, non! répondit Heine, pas même les pièces de Scribe : c'est tout dire.

Peu de jours avant sa mort, Heine écrit à un ami : « Je suis malade comme un chien et je lutte contre la mort comme un chat. On dit que les chats ont la vie dure. » Cette effroyable agonie dura huit ans. Le grand écrivain, étendu sur un matelas, incapable de faire un mouvement, attendait la mort avec une entière sérénité, le sourire sur les lèvres. Parfois, il se faisait transporter sur son balcon, d'où l'on avait une vue incomparable sur les Champs-Élysées; ses yeux s'étaient fermés. « Je ne vois plus Paris, » disait-il, « mais je l'entends; dans le bruit de la rue, il revit tout entier dans mon souvenir; et quand j'entends aboyer un chien parisien qui, d'un pas léger, parcourt les Champs-Élysées, j'envie son bonheur. » Et comme un ami le surprit dans un de ses rares accès de mélancolie, il crut devoir parler à Heine de l'Éternité.

— Êtes-vous en règle avec le bon Dieu? demanda cet ami.

— Parfaitement, répondit le poète, Dieu me pardonnera; c'est son métier.

Quelques heures après, Heine se sentait mourir; il exigea qu'on le laissât seul avec le docteur Gruby.

— Docteur, lui dit-il, vous étiez mon ami. J'exige de vous un dernier service. Dites-moi toute la vérité : c'est fini, n'est-ce pas?

Le médecin se tut.

— Merci, ami, fit Heine.

— Avez-vous une dernière prière à m'adresser? demanda le docteur, ému jusqu'aux larmes.

— Oui, répondit le poète; ma femme dort; ne la réveillez pas. Mais prenez sur cette table les fleurs qu'elle a achetées ce matin. J'adore les fleurs! Bien, placez-les sur ma poitrine. Merci, merci encore.

Et, s'enivrant une dernière fois des parfums, Henri Heine murmura :

— Des fleurs! des fleurs! Que la nature est donc belle!

Ce furent ses dernières paroles; ce vaste esprit s'était envolé dans l'Éternité.

HENRI ROCHEFORT

Sous tous les régimes, il y a ce que Rochefort appelle : des Français de la Décadence; seulement l'espèce change de politique. Ainsi, il y a vingt ans, c'était sur le dos des hommes de l'Empire que le futur lanternier essayait ses forces, et à présent il assomme les Français de la Décadence opportunistes. J'estime que du haut de sa dernière demeure le défunt duc de Morny doit parfois passer un moment agréable en voyant les coups de trique tomber sur les hommes qui, il y a vingt ans, applaudissaient aux attaques de Rochefort contre l'Empire. Je me souviens encore de leurs cris de joie à la venue de chaque chronique nouvelle dans l'ancien *Figaro*; d'une main gantée, le sourire aux lèvres, Rochefort cinglait l'Empire, les ministres et les hommes en évidence de l'époque, avec cet art tout français du sous-entendu qui, vu les lois sur la presse, exigeait une grande dépense d'ingéniosité et d'esprit.

Ce n'était pas facile, croyez-le bien, d'attaquer l'Empire dans un journal purement littéraire. On considérait alors comme le comble de l'audace un article intitulé *la Cigarette,* dans lequel M. Emile de Girardin, faisant allusion à la passion de l'Empereur pour le tabac, attribuait à l'influence de l'abominable nicotine l'état d'hésitation dans les cercles gouvernementaux. Ce fut une stupeur parmi les gens de plume. C'est que, pour un mot un peu vif, le gouvernement supprimait la vente d'un journal sur la voie publique et que, pour un autre mot, crac! en un tour de main, on tordait le cou au journal même. Ce régime certainement n'est pas mon idéal. Mais d'autre part je me réjouis beaucoup moins de la liberté dont nous jouissons maintenant quand, vers minuit, en présence de la police souriante, des chenapans, qui ont parfaitement le droit de se dire mes confrères, crient sur nos boulevards : « Demandez le *Journal des Cocottes* et l'art de poser un lapin ! » Entre les deux régimes il y en aurait peut-être un troisième à découvrir qui sauvegardât à la fois notre liberté et notre dignité.

Les chroniques de Rochefort, qui portent le titre générique *les Français de la Décadence,* ont été publiées dans l'ancien *Figaro* littéraire et leur succès fut formidable : la politique tenue en respect par la législation sur la presse s'y faufilait entre les lignes avec timidité. Rochefort, ne pouvant attaquer l'Empereur, prend prétexte de l'inauguration de la statue de Vercingétorix à Saint-Germain pour tomber César que le chef gaulois a combattu. Dans la semaine où

Napoléon III parle de sa mission providentielle, Rochefort, sans avoir l'air d'y toucher, constate combien il est facile de se retrancher derrière la Providence pour excuser tous les délits et même les crimes. Timothée Trimm, alors le chroniqueur en vogue du *Petit Journal*, publia un article intitulé : « *La femme qu'on salue le plus* », qui, vous le pensez bien, n'était autre que l'Impératrice, quoiqu'elle ne fût pas nommée. Aussitôt Rochefort se demande quelle peut bien être cette dame et, avec sa raillerie ordinaire, il passe en revue toutes les femmes de Paris qu'on salue beaucoup. En 1865, on cite parmi les lauréats du prix Montyon un simple grenadier de la garde qui a quatorze ans de services à son actif. Aussi Rochefort s'écrie :

— Voilà un homme qui est resté simple soldat, après quatorze ans d'une conduite exemplaire. S'il avait été moins vertueux, peut-être serait-il maréchal de France !

Partout où il en trouve le plus léger prétexte, Rochefort attaque ainsi l'Empire indirectement, soit qu'il s'insurge contre *Henriette Maréchal*, imposée aux Français par une auguste protectrice, soit qu'il couvre de ridicule le jury du Salon qui a décerné une médaille à des aquarelles de la princesse Mathilde. Et quand enfin le gouvernement commence à s'inquiéter de cet éclat de rire hebdomadaire, que tout Paris, d'un bout à l'autre, répète, Rochefort s'écrie gaiement :

— On m'accuse de friser la politique! Je vais maintenant la coiffer!

On voit que les premières attaques de Rochefort contre l'Empire n'étaient pas bien violentes!

Et cependant ces articles firent fureur! On se les arrachait. Depuis la fondation du troisième Empire, c'était la première fois qu'on osait railler les hommes du gouvernement et la société de la Cour. Les futurs républicains, ceux qui nous gouvernent aujourd'hui, buvaient la prose spirituelle de Rochefort sans se douter qu'ils nourrissaient un serpent dans leur sein. Je me rappelle encore un article sur la mort du duc de Grammont-Caderousse : après avoir passé en revue l'existence vide de celui qui avait occupé le poste de dernier gentilhomme, il arrive à cette conclusion :

« Je dois pourtant vous prévenir loyalement que, quinze jours après votre mort, il ne sera plus question de vous nulle part, si ce n'est peut-être à votre cercle, où vos amis n'éprouveront aucun scrupule à vous appliquer, en le retournant, le mot d'André Chénier : — Il n'y avait pourtant pas grand'chose-là. »

Comme je passais avec Rochefort, un jeune blondin s'arrêta, salua le chroniqueur et lui cria : « Bravo! » Ce jeune blondin fut M. Spuller. On peut croire qu'aujourd'hui l'enthousiasme de M. Spuller a diminué d'intensité, car les simples chiquenaudes spirituelles que Rochefort, avant la *Lanterne,* décochait à l'Empire, ont été suivies de coups de trique que l'*Intransigeant* fait pleuvoir sur ses anciens admirateurs.

Avec les premières chroniques au *Figaro* vinrent les premiers duels qui eurent un côté politique. Très brave, Rochefort n'hésitait jamais ; il s'est battu sans savoir tenir une épée ; il a accepté sans marchander un combat au pistolet, son premier, avec M. Alfonso de Aldama qui venait demander à Rochefort raison d'une offense faite à la reine Isabelle : il s'agissait d'un article dans lequel le courriériste du *Figaro* avait appuyé sur la prudence de la souveraine quittant Madrid au moment où le choléra décimait la population. Un jeune Espagnol, M. de Aldama, se fâcha ; Rochefort aurait très bien pu refuser le duel ; à la première proposition il accepta sans hésitation, quoiqu'il fût l'unique soutien de ses parents et de ses jeunes enfants. Ce n'est pas sans appréhension que je le vis partir pour le combat. Rochefort et moi nous étions allés quelquefois au tir Gastinne Renette ; je n'ai jamais vu d'homme qui maniât plus maladroitement une arme à feu, à ce moment du moins. Bref, on s'en alla au Bois, deux balles furent échangées, heureusement sans résultat ; les témoins déclarèrent l'honneur satisfait. Rochefort se tournant vers ses amis leur dit :

— Ce n'était vraiment pas la peine de me déranger.

Une autre affaire succéda bientôt à celle-ci. Le prince Achille Murat se déclarait offensé par un courrier de Paris. Visite de témoins : MM. Antonio de Ezpeleta et Patterson Bonaparte. On avait demandé le consentement de l'empereur Napoléon III; il refusa d'abord, puis il consentit. Le prince était jeune sous-lieutenant; il ne pouvait pas rester sous le coup de l'offense. Alors le duel prit un caractère officiel. Le manège du quartier de cavalerie de Saint-Germain fut mis à la disposition des combattants; un planton veillait à l'entrée afin qu'ils ne fussent pas dérangés. Rochefort était assisté par M. Plunkett, directeur du Palais-Royal, et pour accuser le caractère politique du duel, il était allé chercher au *Siècle* un républicain de la veille, Taxile Delord. L'arme choisie était l'épée et Rochefort savait à peine tenir une épée. Cham, qui l'aimait beaucoup, lui enseigna pour la circonstance un coup d'audace; il s'agissait, au premier signal, de faire un bond à gauche et de porter à l'adversaire surpris par cette gymnastique, un coup dans le côté. Mais le brave Cham, très fort aux armes, avait compté sans la maladresse de Rochefort : aveuglément il obéit, se découvrit et reçut un coup d'épée dans la hanche, un peu bas. Naturellement, il n'y eut pas de poursuites. Le courrier de Paris qui avait provoqué cette rencontre est un des plus spirituels de Rochefort; il était tenu à cette époque à de grandes réserves : l'ironie politique perçait à peine dans ces causeries littéraires, car le journal n'avait point le droit de s'occuper de ces choses. Ce n'est que bien plus tard que Rochefort, aigri par les événements, donna à ses polémiques le ton violent qui fit de lui un pamphlétaire, titre que Rochefort accepta aussi bien que celui d'agitateur qu'on inventa pour définir l'homme politique.

Plus tard, survint le duel avec Paul de Cassagnac, en 1869, je crois. A la vérité, quand on considère le ton de la polémique présente, le fond de la querelle était insignifiant. Cette fois, Rochefort eut le choix des armes : on se battit au pistolet de tir. Rochefort reçut dans les côtes une balle qui s'aplatit sur une médaille de la Vierge qu'une amie avait cousue dans son gilet. Quelques années après, sans tenir compte du danger qu'il avait couru, il envoie de nouveau ses témoins chez Cassagnac; il veut se rebattre et au pistolet encore, à dix pas, s'il vous plaît, et avec une seule arme chargée. Paul de Cassagnac, qui est brave autant que Rochefort, refusa cette rencontre de fou furieux; d'ailleurs, j'incline à croire qu'on ne trouverait pas facilement quatre hommes sensés pour assister à un pareil combat.

Dans l'intervalle, Rochefort avait eu un duel terrible avec Ernest Baroche qui, en 1870, mourut au Bourget plus utilement et avec plus de gloire. L'attaque de la *Lanterne,* datée de Bruxelles, c'est-à-dire affranchie de toute poursuite, fut tellement violente qu'il fallut sauter sur l'épée. Baroche partit pour Bruxelles avec ses deux témoins, en juin 1880. MM. Charles et François Hugo furent les parrains de Rochefort. Le combat fut acharné : il y eut plusieurs corps à corps; on se blessa de part et d'autre et, détail caractéristique, quand, au retour, on montra les épées à Antonio de Ezpelata, il reconnut à première vue celle qui avait servi à Rochefort, à la façon dont elle était ébréchée par les parades d'un maladroit qui, comme on dit vulgairement, tapait comme un sourd. Après le combat, Rochefort effaça spontanément de la *Lanterne* le passage concernant Ernest Baroche, en même temps que, s'adressant au père, il écrivit sa plus belle page. Le lanternier rappelait au ministre puissant les déportations sans jugement après Décembre; il lui disait, dans des termes vraiment élevés et comme il n'en a plus jamais trouvé. « Maintenant, Monsieur le ministre de l'Empire, vous connaissez les tortures d'un père, dont on va tuer le fils et qui ne peut rien pour prévenir ce malheur ou pour protéger son enfant »; le tout sans violence, sans haine; on sentait que cette page avait été écrite sous le coup d'une émotion profonde et avec le respect de l'adversaire qui venait de jouer sa vie contre celle de l'écrivain.

A ces premiers duels de l'homme jeune, d'autres ont succédé dans l'âge mûr. Rochefort, malgré les épreuves de la prison, de la déportation et de son évasion audacieuse, est resté jeune d'esprit; il est de la pure race du Parisien de Paris que rien ne décourage et qu'aucune adversité n'abat. La captivité, l'exil et l'âge n'ont pas pu entamer son esprit et sa gaîté.

Mon vieux camarade en chronique me permettra bien de lui dire que je ne suis pas chaque jour d'accord avec lui. La liberté de la presse lui a rendu un mauvais service en lui permettant de tout dire, et la passion l'entraîne, plus souvent qu'à son tour, dans des discussions d'une extrême violence; mais son esprit est resté le même comme sa gaîté; c'est par le rire plus que par ses plus violents écrits qu'il a porté à l'opportunisme le coup fatal, comme jadis à l'Empire. L'action très grande de Rochefort, même sur l'esprit de ceux qui sont ses adversaires politiques, est dans cette belle gaîté qui est le fond de son tempérament vraiment français.

Le rire est une qualité qui disparaît de plus en plus de nos mœurs et de notre littérature. L'envahissement d'une mélancolie, le plus souvent artificielle, est visible partout; il est de bon ton aujourd'hui d'être solennel. Je ne dis pas que l'idéal d'un gouvernement soit sous le règne où Leurs Majestés assistaient six fois aux *Mémoires de Mimi Bamboche*, pièce dans laquelle Hortense Schneider eut l'honneur de danser le cancan devant la cour, mais le régime actuel n'a pas l'air de s'amuser beaucoup. Gambetta fut peut-être parmi les hommes d'État de la République le seul qui, parvenu à la présidence, eût rendu un peu de gaîté à Paris; car lui-même aimait la vie et avait beaucoup d'esprit. Rochefort est un des rares Parisiens de l'ancien temps qui ait conservé dans l'âge mûr cette belle insouciance et la bonne humeur qui furent autrefois les qualités maîtresses de la race française.

Nous nous noyons dans la solennité et la prétention ; chacun dans sa sphère plisse le front et morigène l'humanité, comme un quaker attristé. Autour de moi je vois arriver les jeunes gens de ma profession. Ce n'est pas le talent qui leur manque, mais cette vieille gaîté française qui, chez Rochefort, se fait jour à travers les discussions les plus sérieuses.

Figurez-vous un jeune homme de notre temps qui entrerait dans la carrière avec l'éclat que Rochefort a trouvé à ses débuts. Aussitôt le jeune homme se croirait obligé de prononcer des sermons de carême ; à chaque page il s'arrêterait essoufflé pour se voiler la face et pour constater l'affaissement de sa race dans les termes les plus larmoyants. Je ne sais quelle tristesse artificielle s'infiltre dans les écrits de nos jeunes hommes ; le moindre travers de notre temps leur fait pousser des hurlements de rage ; ils ne sont pas encore tout à fait entrés dans la vie que déjà ils en affirment leur profond dégoût ; la chronique contemporaine, à part quelques exceptions, se complaît dans le désespoir qui est à la surface plus que dans les âmes. A vingt ans, on s'établit censeur morose ; à vingt-deux ans, on semble avoir bu toutes les amertumes ; à vingt-cinq ans, ce sont de petits vieux qui ne trouvent plus rien de leur goût et assomment le public avec leurs doléances sur leur jeunesse envolée.

Je ne vois plus guère que Rochefort qui ait conservé la gaîté de la vieille race française et qui, aujourd'hui comme sous l'Empire, trouve toujours le mot spirituel qui lui fait pardonner tous ses écarts. C'est le dernier; après celui-ci la liste sera close pour longtemps, car nous marchons à grandes enjambées vers un temps prochain où, à côté de la statue de Voltaire qui fut le Français le plus spirituel, on en élèvera une autre à M. Prudhomme qui est le Français le plus solennel.

Voici près de trente ans que je suis lié avec Rochefort; nous sommes entrés ensemble dans la presse; nous avons été collaborateurs au *Charivari*, au *Nain Jaune* et au *Figaro;* il a neigé sur sa tête, mais le cœur est resté jeune et l'esprit n'a pas vieilli. Le polémiste qui de loin apparaît comme un énergumène dangereux est dans l'intimité le plus séduisant des hommes, d'une verve intarissable, bon à l'excès pour ceux qu'il affectionne et avec des tendresses infinies pour ses enfants et ses petits-enfants; c'est aussi un homme de goût qui aime à s'entourer d'objets d'art; il sait la peinture ancienne comme le plus fameux expert; quand la politique ne l'absorbe pas et étouffe ce qu'il y a de meilleur en lui, il court l'Hôtel des Ventes et les magasins de curiosités où il a le flair de dénicher des objets que le commun des amateurs ne découvrirait point. Voici un quart de siècle que la gloire parisienne, cette personne si fantaisiste, qui ordinairement est volage, reste fidèle à Rochefort à travers sa vie mouvementée; le secret de cette popularité est dans l'esprit de l'écrivain, car, après avoir exaspéré beaucoup de ses contemporains par la violence excessive de ses écrits, il les ramène aussitôt à lui par les éclats de sa gaîté si française.

DUMAS FILS

On se figure généralement, et pendant longtemps j'ai partagé cette erreur, que le fils du grand Dumas est entré tout botté dans la carrière, et qu'il n'avait qu'à étendre la main pour cueillir la gloire préparée par son illustre père. On verra combien la réalité est loin de la fiction, et que celui-ci, tout aussi bien que le plus humble de ses confrères, a connu les découragements du débutant.

Alexandre avait dix-huit ans quand son père que, jusqu'alors, il n'avait vu que le dimanche, lui dit :

— Mon fils, te voici un homme ! Écoute-moi bien ! Quand on s'appelle Alexandre Dumas, on mène la vie à grandes guides; on dîne au Café de Paris; on est généreux avec les femmes, on ne se refuse rien. Va, mon garçon et ne t'inquiète pas de ton avenir ! A vingt-cinq ans, quand tu te marieras, je te donnerai trois cent mille francs pour commencer.

Le jeune Dumas qui, jusqu'à ce jour, avait eu les goûts les plus modestes, qui dînait à trois francs par tête avec son excellent ami Paulin Menier, se le tint pour dit. Il se lança dans la joyeuse vie de Paris et fut, à ce point, généreux avec les femmes, qu'il souscrivit une foule de billets à leurs fournisseurs.

Au bout de deux ans il alla trouver son père :

— J'ai suivi tes conseils, lui dit-il, je dois cinquante mille francs : tu les paieras, n'est-ce pas?

— Cinquante mille! s'écria Dumas, mais malheureux enfant, où les prendrais-je? moi qui en dois six cent mille.

Alexandre comprit qu'il ne pourrait plus compter que sur lui-même.

Il se mit alors à *piocher* comme le premier venu, tout comme s'il se fût appelé Chose ou Machin, avec cette différence toutefois que Chose ou Machin ne portant pas un nom illustre, ont moins de difficulté à faire croire à leur talent que le fils d'un grand homme. Ce grand garçon, assez téméraire pour faire de la littérature, n'inspira aux amis de son père qu'une douce pitié; il en fut réduit à écrire des nouvelles à deux sous la ligne, à faire dans l'*Assemblée nationale* le compte rendu des Chambres à cinq centimes la ligne, et à s'en aller à La Haye rendre compte du couronnement du roi de Hollande pour la *Presse*, si je ne me trompe. Ce n'est pas avec ces appointements qu'il pouvait songer à payer cinquante mille francs de dettes.

A cette époque, un jeune écrivain (inutile de le nommer) fut l'amant de Marie Duplessis que Dumas fils devait rendre immortelle sous le nom de la *Dame aux Camélias*. Cette liaison se termina comme toutes les autres : le jeune homme était pauvre, la jeune femme avait besoin de dix mille francs ; elle mit l'écrivain à la porte, c'était tout simple. L'amoureux alla conter ses aventures à un ami et cet ami était riche ; voyant le désespoir de l'amant éconduit :

— Attends-moi là, lui dit-il, je vais arranger cela.

L'ami riche se rendit auprès de Marie Duplessis et, tirant dix mille francs de son portefeuille :

— Vous avez fait bien du chagrin à un excellent garçon ; il vous faut dix mille francs, les voici ! Que ceci reste entre nous ; je vais dire à mon camarade de revenir, n'est-ce pas?

La courtisane, quoique traquée par les huissiers, eut un élan du cœur :

— Oui, fit-elle, dites-lui que je l'attends. Mais gardez cet argent ; je ne veux pas que celui-là me paie.

Ce jour-là germa dans le cerveau d'Alexandre Dumas l'idée de la *Dame aux Camélias.*

Marie Duplessis était morte, et celui qu'on appelait le petit Dumas portait toujours dans son cerveau l'idée de la *Dame aux Camélias*. Un jour d'été, dans la forêt de Saint-Germain, il pensait à son roman, si bien qu'il manqua le dernier train ; il passa la nuit à l'hôtel du *Cheval blanc ;* le matin, en s'éveillant, il contempla la chambre et la rue solitaire, et se dit : « Comme on serait bien ici pour travailler. » Aussitôt il fit chercher quelques vêtements à Paris et s'installa au *Cheval blanc ;* il payait sa chambre vingt sous par jour, et il écrivit le roman de la *Dame aux Camélias* qu'il vendit à l'éditeur Cadot moyennant mille francs pour la première édition, et deux cents pour la deuxième.

Les deux éditions épuisées, Cadot se refusa à en faire une troisième, et alors le *petit* Dumas vendit la propriété éternelle de son volume pour vingt louis à Michel Lévy frères, qui, j'ai hâte de l'ajouter, ont donné de nombreux coups de canif dans ce contrat dérisoire. Le roman rapporta donc en tout à son auteur la somme de quatre-vingts louis. C'était pour Alexandre toute une fortune, et il n'espérait certes plus jamais tirer un sou vaillant de son œuvre. De ci, de là, il rencontra bien un ami qui lui dit :

— Pourquoi ne faites-vous pas une pièce avec votre livre ?

Une pièce de M. Dumas fils ! quand son père, le roi des dramaturges, tenait toutes les affiches ! Le jeune écrivain n'osait même pas élever son ambition si haut. Cependant, toujours pressé par les besoins matériels de la vie, il s'en alla un jour consulter son père. Dumas père était alors dans tout l'éclat de sa gloire et dans toute l'exubérance de la production ; il avait lu le roman de son fils ; il en avait complimenté Alexandre ; mais qu'était-ce qu'un livre pour ce grand romancier qui avait signé déjà cent cinquante volumes ? Un incident de peu d'importance, voilà tout. Le *petit* Dumas se rendit donc auprès de son père et :

— On me conseille de faire une pièce avec la *Dame aux Camélias,* lui dit-il, qu'en penses-tu?

— Il n'y a pas de pièce là-dedans! répondit Dumas père.

Le premier des dramaturges français ayant rendu cet arrêt, Alexandre courba la tête et ne pensa plus au théâtre jusqu'au jour où Antony Béraud lui dit:

— Je viens de lire la *Dame aux Camélias;* dans ce roman il y a un rôle : le père Duval; dans ce rôle il y a un succès pour l'Ambigu. Veux-tu la faire avec moi?

— Je ne demande pas mieux!

Mais bientôt Dumas fils se convainquit qu'il ne pourrait jamais s'entendre avec le faiseur qui ne rêvait que grandes phrases et trémolos; Antony Béraud s'occupa avant tout du rôle du père; le drame de ses rêves se passait dans la famille Duval; de *la Dame aux Camélias* il ne fut question qu'à la cantonade; aussi, comme bien vous pensez, l'affaire n'eut pas de suites.

Dans la vie des écrivains, il y a des moments curieux, où l'idéal qu'ils désespèrent d'atteindre vient droit à eux! Souvent on porte une idée pendant des années dans son cerveau sans pouvoir la débrouiller, et un beau jour, sans que l'on sache jamais pourquoi, l'œuvre vient toute faite sous la plume. Dumas fils eut cette crise; après avoir longtemps désespéré d'aborder le théâtre, il se mit un beau matin devant son bureau, et en trois semaines il écrivit la comédie.

Quand elle fut terminée, il pria M. Viellot, l'un des secrétaires de Dumas père, de vouloir bien la copier.

— Qu'est-ce que tu as donné à copier à Viellot? demanda le père...

— Une pièce, répondit timidement son fils.

— Quelle pièce?

— *La Dame aux Camélias.*

— Alors c'est un tic, une toquade? s'écria Dumas père. Va, mon garçon, tu eusses mieux employé ton temps à autre chose. Mais enfin, puisque ta pièce est faite, il faut me la lire.

C'était par une soirée d'hiver. Après le dîner, le père et le fils restèrent seuls devant la cheminée. Alexandre déroula son manuscrit et, d'une voix tremblante, il lut : *Acte premier. Le théâtre représente,* etc.

Tout d'abord Dumas père n'écouta que d'une oreille, mais bientôt il devint attentif; ses grands yeux bleus exprimèrent l'étonnement qu'il éprouvait. A la fin du premier acte :

— Mais c'est bien, mon garçon! s'écria-t-il, c'est très bien! Lis-moi tout de suite le deuxième acte.

En ce moment Dumas père ressentait peut-être la plus noble émotion de sa vie; le talent de son fils, auquel jusqu'à ce jour il n'avait attaché aucune importance, se révélait à ce père glorieux. A mesure qu'Alexandre avançait dans sa lecture, les traits du père se transfiguraient; bientôt de grosses larmes coulaient sur ses joues et d'une voix entrecoupée par les sanglots, il s'écriait de temps en temps :

— C'est très beau! très beau! va, mon ami, mais c'est très beau!

Quand Alexandre fut arrivé au dernier mot de sa pièce, Dumas père, en proie à une émotion indescriptible, attira son fils sur sa vaste poitrine, l'embrassa avec effusion et lui dit :

— Ai-je été assez bête de ne pas croire à ta pièce! Mais c'est un théâtre nouveau que tu as inventé là, un théâtre magnifique. Je reçois ta pièce au Théâtre-Historique; tu entreras en répétition la semaine prochaine!

La semaine prochaine, c'était bientôt dit. Dumas, qui ne s'occupait jamais de l'avenir, ne pensait pas que le Théâtre-Historique serait en faillite avant la lecture aux artistes de la *Dame aux Camélias*.

C'est ici que commencent les incroyables pérégrinations de la comédie à travers les théâtres. Dennery, qui un instant avait songé à prendre le Théâtre-Historique, renonça bientôt à son projet; car, disait-il, « je n'ai trouvé dans les cartons que deux pièces impossibles: la *Dame de Monsoreau* et la *Dame aux Camélias*. »

M. Hostein, directeur de la Gaîté, à qui la pièce fut présentée, répondit :

— Que voulez-vous que j'en fasse? C'est la *Vie de Bohême*, moins l'esprit.

M. Montigny, directeur du Gymnase, ne voulut même pas lire la comédie du fils Dumas: il faisait répéter à cette époque *Manon Lescaut* de Barrière et Marc-Fournier.

— *Manon Lescaut*, la *Dame aux Camélias*, c'est la même pièce, dit M. Montigny.

Le *petit* Dumas, éconduit à la Gaîté et au Gymnase, s'en alla trouver M. Paul Ernest, directeur du Vaudeville. Celui-ci lut la pièce, et, y trouvant un rôle pour sa femme, la reçut.

Quinze jours après, le Vaudeville était en déconfiture. Le successeur de M. Paul Ernest fut M. Lecour. Dumas fils le pria de lire sa comédie et de lui dire s'il comptait la jouer.

Quand l'écrivain vint demander la réponse, le concierge du théâtre lui remit son manuscrit rempli de taches d'huile et lui dit :

— M. le directeur me charge de vous faire savoir que ça ne peut pas lui convenir.

Cependant, fort du jugement de son père, Dumas fils ne se découragea point. Ayant échoué auprès des directeurs, il se mit à la recherche d'une comédienne qui voulût bien jouer le rôle et patronner l'œuvre. D'abord, il se présenta chez Mlle Page pour lui lire sa pièce; cette actrice ne le reçut même pas. Plus tard, Alexandre s'est vengé de ce dédain. Quand Mlle Page rencontrait l'auteur devenu célèbre :

— Quand me ferez-vous un rôle? demandait-elle du ton le plus câlin.

Et Dumas fils répondait invariablement :

— Puisque je vous ai offert la *Dame aux Camélias*.

De chez Mlle Page, l'écrivain courut chez Déjazet :

— Voulez-vous écouter la lecture d'une pièce? dit-il à la grande artiste.

— Volontiers.

Rendez-vous fut pris pour le lendemain. L'auditoire se composait de Déjazet, son fils Eugène, Worms, l'acteur du Vaudeville, qui joua plus tard le rôle du médecin dans la *Dame aux Camélias,* et de M. de Bazancourt. Devant ce petit comité la lecture eut un succès énorme. Déjazet pleura à chaudes larmes au dernier acte. Dumas fils pensait avoir trouvé sa dame aux camélias.

— Votre pièce est superbe, mon ami, lui dit enfin Déjazet. Mais ce rôle est au-dessus de mes forces; je ne joue qu'en costume, et d'ailleurs je ne saurais jamais mourir en scène.

C'était vrai; il ne fallait pas songer à Déjazet. L'auteur découragé remit sa comédie dans le tiroir et n'y pensa plus.

Un soir qu'il flânait sur le boulevard, rêvant à toutes autres choses qu'à la *Dame aux Camélias,* M. Bouffé l'appela.

— Mon cher Dumas, lui dit-il, je sais que vous avez fait une comédie charmante et que personne ne veut la jouer. Dans six mois je serai directeur du Vaudeville. Voulez-vous me garder votre pièce?

Et en effet, six mois après, M. Bouffé prit la direction et reçut la comédie. Mais la censure était là; elle défendit d'emblée la comédie *immorale.* M. de Beaufort, l'un des membres de la commission d'examen, dit à l'auteur exaspéré :

— Allez ! nous vous rendons un grand service en défendant votre pièce, vous auriez été joliment sifflé.

Plus tard, M. de Beaufort, devenu directeur du Vaudeville, encaissa encore de fort belles recettes avec l'œuvre qu'en sa qualité de censeur il avait déclarée immorale.

Dans les préfaces de son *Théâtre complet*, Alexandre Dumas fils a raconté comment la *Dame aux Camélias* fut autorisée par le Prince-Président sur l'intervention de M. de Morny. Quand je dis *autorisé*, je m'avance beaucoup, car jusqu'à ce jour, la pièce n'a jamais été *autorisée* par la censure, qui s'est contentée de la tolérer. Dans les archives du théâtre du Vaudeville on chercherait en vain une autorisation quelconque de jouer la pièce ; la censure, vaincue par M. de Morny, courba la tête, mais ne voulut point signer le papier qui, selon elle, était le déshonneur des lettres françaises. Mais ce que l'auteur n'a pas pu raconter et ce que je vais dire, ce sont les vexations de toutes sortes qu'il eut à subir, même après la réception de sa comédie ; le rôle fut d'abord offert à Mlle Fargueil ; après avoir pris connaissance de la pièce, la comédienne dit à l'auteur d'un ton dédaigneux :

— J'ai lu votre comédie, monsieur Dumas, cela se passe dans un monde que je ne connais pas.

— A votre âge? riposta l'écrivain, alors vous ne le connaîtrez jamais.

Et il donna le rôle à Mme Doche, qui aplanit toutes les difficultés, fit lever le véto de la censure et écrivit à l'auteur à Bruxelles, où il avait accompagné son père, qu'on l'attendait pour répéter; par le premier train, Dumas fils arriva à Paris et lut sa comédie aux acteurs. Il ne manquait plus au bonheur de l'auteur que des décors convenables; mais hélas! quoique le directeur eût une confiance inébranlable en la pièce, il ne fit aucuns frais, si bien que le soir de la première représentation, dans le salon de la *Dame aux Camélias* il y avait des rideaux rouges et des portières vertes. Les comédiens de la maison, eux, traitèrent le débutant en petit garçon. Un jour, Dumas fils prit Fechter à part et lui dit :

— Mon cher ami, pour cette pièce-là, il faut sortir des sentiers battus. De l'audace, de l'audace et encore de l'audace! Dans votre grande scène, prenez Marguerite par le bras, jetez-la à genoux et levez le poing sur elle.

Fechter regarda son auteur avec une certaine stupéfaction et :

— Vous êtes fou! lui dit-il.

Puis après avoir réfléchi il ajouta :

— Après tout, nous nous occupons là de futilités. Votre pièce n'ira jamais jusque-là.

Le jour de la première représentation arriva enfin. A midi l'auteur reçut une lettre d'une personne dont il était l'obligé et qui lui demandait tout simplement deux loges. Impossible de refuser! Que faire? Alexandre n'avait pas plus de dix francs dans sa poche; demander du crédit au bureau de location? Fi donc! Vite! il court chez le premier libraire venu, vend sa pièce cinq cents francs, loue les deux loges et les envoie par un commissionnaire. Le libraire ne fit pas une mauvaise affaire, puisqu'il vendit vingt et un mille exemplaires, après quoi il voulut bien consentir à revendre le traité à l'auteur. Aujourd'hui cette pièce, comme toutes les autres de Dumas fils, appartient à Michel Lévy frères.

Le soir, au moment où l'on allait frapper les trois coups :

— Messieurs et mesdames, dit le directeur à ses artistes, vous n'oublierez jamais cette soirée, car, croyez-le bien, vous allez prendre part à l'un des plus grands succès du théâtre moderne.

Les artistes haussèrent les épaules. Seuls, René Luguet qui jouait Gaston de Rieux, et Worms qui faisait le médecin, serrèrent la main à l'auteur en lui disant :

— Oui, cela ira bien et même très bien!

On sait le succès de la première représentation. Du jour au lendemain l'auteur conspué devint un écrivain célèbre. Aussitôt, les créanciers s'abattirent sur Dumas fils, et trois fois arrêté en une semaine, il fut trois fois mis en liberté par M. de Belleyme qui se refusait à le reconnaître comme négociant. Mais,

Dumas fils en avait assez; il jura qu'il ne prendrait un moment de repos avant d'avoir payé ses dettes. L'auteur acclamé resta dans son petit appartement de *quatre cents francs;* il y écrivit *Diane de Lys,* que M. Montigny reçut sans prendre connaissance de la pièce, et ce ne fut qu'après avoir tout payé que l'écrivain déjà célèbre songea enfin à s'installer convenablement.

Et dire qu'il est sur le pavé de Paris des gens se disant bien informés qui, en voyant passer aujourd'hui l'auteur si maltraité à ses débuts, s'écrient :

— En voilà un qui a de la chance! Tout lui réussit!

Oui, tout lui réussit, grâce à son travail, son talent et surtout à son énergie qui a si vaillamment lutté contre le découragement de ses jeunes années. Tout lui réussit parce qu'il est non-seulement un des plus grands écrivains, mais encore un des plus consciencieux littérateurs de ce temps; parce qu'au lieu de se laisser griser par le succès, il s'est constamment montré soucieux de sa dignité littéraire. Comme à tout le monde, il arrive à Dumas fils de se tromper, mais jamais il n'a sciemment prostitué son talent pour le succès. Et c'est à cause de ce respect que Dumas a de lui-même, que la critique l'aime et l'estime, en même temps que ses amis apprécient en lui l'homme excellent, car sous ses dehors froids et réservés qui le font paraître hautain et orgueilleux, se cache un autre Dumas, que les amis sont seuls à connaître. Il s'est peint lui-même dans une lettre — un petit chef-d'œuvre — qu'il m'adressa à Bruxelles, où, pendant la guerre, j'avais publié dans l'*Indépendance* un article nécrologique sur Dumas père.

« 26 décembre 1870.

« Mon cher ami,

« Ce n'est qu'aujourd'hui que j'ai pu me procurer l'article que vous avez publié dans l'*Indépendance belge* et que vous avez eu la discrétion de ne pas m'envoyer. J'aurais pu vous remercier de cet article sans l'avoir lu, tant j'étais d'avance au courant de ce qu'il contenait. Mais j'ai voulu attendre, pour vous écrire, l'émotion qu'il ne pouvait manquer de me causer. Quoi que l'on puisse augurer d'un cœur comme le vôtre, il donnera toujours plus qu'on ne supposait. Mon père vous aimait fort. Il disait un jour en parlant de vous : « Quand toute la terre m'atta-
« querait, je serais toujours sûr d'être défendu par
« celui-là ! »

« La reconnaissance que vous lui aviez gardée était si grande, que vous avez eu de quoi en faire de l'amitié pour moi. Je ne suis pas expansif, vous avez raison de le dire, et je n'ouvre pas mon cœur au premier venu ; mais une fois qu'on y est on n'en sort plus, et je défie un homme qui m'aura sciemment fait du bien de me faire jamais assez de mal pour que je cesse de l'aimer.

« Quand ma mère est morte, il y a deux ans, j'ai trouvé parmi les papiers qu'elle serrait avec le plus de soin tous les articles que vous avez faits pour moi, et qu'elle gardait pour les relire encore. Vous avez ainsi donné quelques moments de triomphe et de joie à une pauvre femme qui n'en a pas eu beaucoup. Voilà pourquoi je vous aime, et bien plus que je ne vous le dis.

« Vous faites la critique et vous la faites avec un grand talent. Vous êtes très lu et très écouté. Profitez-en pour être indulgent à ceux que vous jugerez, tant qu'ils auront leur mère.

« Je vous embrasse bien tendrement.

« A. DUMAS FILS. »

Mon illustre ami Dumas me pardonnera de publier cette lettre toute intime; c'est en quelques mots Dumas fils peint par lui-même.

MONSIEUR THIERS

Devant la tombe du petit bourgeois de Marseille, qui est mort en septembre 1877, à Saint-Germain, la passion s'est tue un instant, et on s'est aperçu qu'il manquait quelqu'un, non seulement en France, mais en Europe. L'homme d'État est mort en bourgeois, comme il a vécu; il fut Monsieur Thiers au début de la vie comme au déclin. Dans un État plus régulièrement monarchique il fût mort comte, duc ou prince; par une coquetterie bourgeoise il est resté Monsieur Thiers tout simplement; aujourd'hui encore que la postérité a commencé pour lui, la plume se refuse à l'appeler Thiers tout court. On dit Bismarck, Gortschakoff ou Andrassy. On dit *Monsieur* Thiers. Le « Monsieur » auquel il tenait énormément, et qui passera avec lui à la postérité, était le titre de noblesse conquis par le bourgeois triomphant par la force de son génie. Les historiens éprouveront un certain embarras en s'occupant de cette personnalité; ils seront forcés d'écrire :

« A cette époque, la France était gouvernée par *Monsieur* Thiers. » Journaliste, critique d'art, conseiller d'État, ministre et Président de la République, il a traversé toutes les phases de sa vie sous la dénomination bourgeoise de *Monsieur* Thiers. En parlant des hommes politiques de notre temps, on dit familièrement : Gambetta a fait ceci, ou bien : Jules Favre a fait cela, Jules Simon fera autre chose, mais en parlant de celui-là on disait toujours *Monsieur* Thiers, tant était grande la déférence que tout le monde avait au fond pour ce vraiment illustre vieillard, qui, dégagé des passions politiques, restera une des grandes figures de ce siècle. Car c'est la politique qui fausse le jugement en France. Pour le parti monarchique, qu'il n'a pas appuyé après la guerre, Monsieur Thiers n'était qu'un traître ; pour les radicaux, l'impitoyable adversaire de la Commune n'est qu'un petit assassin ; c'est à peine si, dix ans après la mort de Monsieur Thiers, on peut encore prononcer son nom avec quelque respect.

Vivant loin des entraînements de la politique, il m'est toutefois permis d'admirer un grand homme sans arrière-pensée ; le polémiste et l'historien s'imposent à la sympathie, comme le critique d'art du *Constitutionnel* a inscrit son nom sur le livre d'or de l'art français en combattant dès la première heure pour les grands peintres méconnus de 1830 ; d'ailleurs, j'ai conservé de M. Thiers un souvenir si plein de grandeur que ses fautes considérables n'ont jamais pu amoindrir le profond respect que j'ai puisé dans une scène émouvante que je vais raconter au lecteur.

C'était pendant la guerre de 1870. J'étais à Berne, quand la nouvelle de Sedan nous parvint un beau matin; pendant quelques jours on pouvait s'adonner à la douce illusion que la paix serait promptement rétablie, mais lorsque les choses prirent définitivement le caractère d'une longue lutte à outrance, il fallait songer à prendre ses quartiers d'hiver. Par le lac de Constance et la Bavière, je me rendis à Vienne, où je compte beaucoup d'amis.

Au nombre de ceux qui m'avaient fait l'accueil le plus cordial, en 1869, se trouvaient tous les attachés de l'ambassade de France; il était tout naturel que le journaliste, qui par ses travaux appartenait exclusivement aux lettres françaises, fût considéré par les représentants de la France à l'étranger comme un compatriote. Dans tous les voyages, les ambassadeurs français me recevaient avec un empressement dont j'ai gardé un souvenir reconnaissant. En 1869, M. le duc de Grammont avait exprimé le désir que je lui fusse présenté, et tout le personnel de l'ambassade, les attachés militaires, aussi bien que les jeunes diplomates, me firent l'accueil le plus chaleureux; j'étais pour ainsi dire chez moi à l'ambassade de France à Vienne.

Une année après, je me retrouvai à Vienne; le duc de Grammont n'y était plus; il avait passé par le ministère des affaires étrangères; une guerre terrible avait éclaté. J'éprouvai un vif chagrin à ne pouvoir renouer les relations cordiales avec ceux des attachés qui étaient restés à Vienne. La délicatesse me faisait un devoir de vivre à l'écart. Dans la situation singulière et douloureuse que m'avaient créée les événements, je pouvais craindre de ne plus rencontrer au palais du nouvel ambassadeur la sympathie d'autrefois. Je ne fis donc aucune visite ; mais quelques jours après mon arrivée, je me trouvais subitement en face de M. de Bourgoing, premier secrétaire de l'ambassade et, ce qui ne gâte rien, un homme de cœur doublé d'un homme d'esprit.

— Depuis quand êtes-vous à Vienne? me demanda-t-il.

— Depuis une semaine.

— Et vous n'êtes pas encore venu nous voir?

Ne voulant pas passer pour un homme oublieux de la sympathie qu'on m'avait témoignée une année auparavant, j'expliquai franchement à M. de Bourgoing le motif qui m'avait empêché de déposer ma carte à l'ambassade de France. En peu de mots d'une cordialité exquise mon interlocuteur leva tous mes scrupules, et depuis ce moment je redevins, comme en 1869, un visiteur toujours bien accueilli à l'ambassade de Vienne.

Un jour, j'y appris qu'on attendait M. Thiers dans la soirée. Quoique vivant à l'écart des affaires sous l'Empire, l'ancien ministre de Louis-Philippe avait conservé dans les chancelleries européennes de précieuses amitiés. Le petit bourgeois, déjà âgé de soixante-treize ans, s'était mis en route au début d'un hiver rigoureux, afin de chercher à l'étranger des alliances pour sa patrie malheureuse. Je ne sais trop pourquoi je m'en fus à la gare dans cette froide soirée, mais il me semblait qu'en me rapprochant de M. Thiers, je me rapprochais en même du pays dont les circonstances m'avaient si douloureusement exilé.

Il faisait vraiment un temps en rapport avec le triste voyage entrepris par le vieil homme d'État; une tempête s'était déchaînée sur la ville; la pluie, battue par le vent, cinglait les visages des rares personnes qui attendaient le train. L'ambassade de France au grand complet; moi, je me tenais discrètement à l'écart. Le train était en retard et le vent sifflait avec rage. Vers dix heures et demie, le train entra en gare, les conducteurs enveloppés dans les cabans trempés par les pluies. Tous nous éprouvâmes la même sensation mélancolique. Ce wagon portait l'espoir d'un grand pays; de ce voyage, entrepris par un illustre vieillard, allait dépendre l'avenir d'une grande nation. Pour les témoins de cette scène empoignante, Monsieur Thiers n'était plus l'ancien homme d'État turbulent, qui avait fait et défait des monarchies, ni l'historien, ni l'académicien, que d'autres exalteront ou dénigreront selon leurs passions; c'était une apparition grandiose, quelque chose comme le spectre même de la France blessée à mort.

La portière du wagon s'ouvrit. M. Thiers, enveloppé dans une pelisse de voyage, descendit, grelottant de froid et pouvant à peine saisir les mains de l'ambassadeur qui l'attendait. Pas un mot ne fut échangé ; la parole se sentait impuissante à exprimer ce qui était au fond de tous ces cœurs en deuil. Aujourd'hui encore, au bout de longues années, quand je reporte ma pensée à cette scène muette et néanmoins si éloquente, j'éprouve la même émotion. Je vous jure que ce soir-là on ne s'apercevait pas de l'exiguïté de la taille de M. Thiers : il semblait avoir sept pieds comme les héros légendaires de l'antiquité. Il marchait pour ainsi dire sur un piédestal fait du plus pur patriotisme, suivi de Mme Thiers et de Mlle Dosne qui avaient voulu partager les fatigues de ce long et pénible voyage. M. Thiers, sans dire un mot, se dirigea vers la voiture qui l'attendait. Sur son passage, tous les employés se découvrirent respectueusement comme devant une grande douleur qui passe. Jamais je n'ai vu de spectacle plus imposant dans sa simplicité ; jamais je n'ai ressenti d'émotion plus profonde et plus cruelle.

Depuis cette fameuse soirée à Vienne, j'ai quelquefois revu M. Thiers ; je l'ai rencontré dans les rues de Versailles quand, au sommet, il gouvernait la France ; je l'ai revu à la tribune de l'Assemblée, mais jamais il ne m'a paru si grand, si digne de respect qu'à l'époque où il entreprit ce voyage à travers l'Europe dont je viens de retracer un épisode. L'image de ce vieillard, tel que je l'ai entrevu dans la gare de Vienne, est restée gravée dans ma mémoire; elle y a laissé une trace si profonde de vénération, que les quelques mesquineries de sa vie politique n'en ont pu altérer la profondeur. C'est que ce soir-là j'ai vu le Thiers qui vivra devant la postérité, le grand patriote se dévouant à son pays sans arrière-pensée, sans ambition personnelle et qui offre à la patrie en deuil ce qui lui reste de forces et d'influence. Il se peut que dans la longue carrière politique de M. Thiers, tout ne commande pas au même degré le respect et l'admiration, mais ceux-là même qui dans ces dernières années le considéraient comme un danger et une menace, en pensant aux éclairs qui ont embelli cette longue vie, ont été forcés de se découvrir avec recueillement devant ce petit corps qui parfois renfermait une si grande âme.

Qu'un tel homme ait subi le sort commun de tous les mortels, qu'il ait parfois sacrifié un rôle plus grand et plus imposant à des ambitions personnelles, qu'à côté des plus grands et des plus purs services rendus à son pays il compte dans sa vie des défaillances et même des chutes, il n'y a rien qui doive nous surprendre. Le petit vieillard si redouté et si souvent redoutable n'est plus. La mort l'a absous de toutes ses erreurs. M. Thiers appartient désormais à la postérité qui ne s'arrête pas aux bagatelles de la porte. L'histoire n'est pas, comme la chronique, une commère bavarde et curieuse qui s'attache aux petits côtés des grandes figures qui traversent l'humanité. Certes, il eût mieux valu, pour M. Thiers, de son vivant, que les grandes phases de sa carrière ne fussent pas troublées par les mesquineries, qui souvent ont fait descendre cette vaste intelligence à un niveau inférieur. J'estime notamment que M. Thiers, après avoir quitté le pouvoir, eût gagné à ne plus se mêler à toutes les intrigues indignes de son grand passé; mais toutes ses erreurs ne peuvent diminuer en rien le respect dont la postérité entourera la mémoire du grand homme d'État. Les contemporains vivent de passions qui engendrent l'ingratitude. Ceux qui viendront après nous et qui jugeront notre époque avec le calme et la justice voulue, pourront admirer en toute liberté la grande silhouette de ce petit homme.

ÉMILE ZOLA

La scène se passe sur la place du Panthéon. Il fait un froid atroce; un jouvenceau pâle, aux longs cheveux noirs, aborde une grisette du quartier Latin, qui l'attend depuis une heure.

— Eh bien? demande la jeune fille.

— Rien! Je n'ai trouvé aucun ami...

— Mais je n'ai pas déjeuné et il est cinq heures, murmure la jeune personne.

— Ni moi! réplique le garçon aux cheveux noirs.

— Alors nous n'allons rien manger aujourd'hui? demande-t-elle.

Le jeune homme reste un moment pensif; puis, obéissant à une résolution soudaine, en pleine place du Panthéon, par dix degrés de froid, il ôte sa redingote, la tend à sa compagne et :

— Porte cela au clou et achète le dîner! fait-il.

Puis, saisi par le froid, il regagne son hôtel garni en manches de chemise.

Le temps n'a pas gardé le souvenir de la grisette. Le jeune homme s'appelle ÉMILE ZOLA.

A cette époque, le futur auteur des *Rougon-Mac-*

quart était poète comme tous les jeunes gens de son âge; du matin au soir, il faisait des vers : Hugo était son idéal. Il avait le cerveau plein d'enthousiasme et le cœur rempli d'espérance. A vingt ans, on ne doute de rien, et on espère tout. La misère même n'a pas de prise sur la jeunesse. Des amis de sa famille s'occupaient d'ailleurs de Zola : on lui avait promis de le placer dans un coin de Paris. Son père, d'origine italienne — il était né à Trieste — avait laissé d'excellents souvenirs. Ce fut, dit-on, un ingénieur distingué; quelques travaux ont conservé son nom au delà de la tombe, tels que le Canal, dit Canal Zola, à Aix, et dont le fils conserve une vue dans son cabinet de travail. La mort surprit M. Zola au milieu d'entreprises difficiles. La liquidation, de nombreux procès soutenus par sa veuve, absorbèrent peu à peu la succession. Émile Zola était venu à Paris, avec sa mère, pour soutenir un dernier procès, dernier espoir! Il fut perdu! Émile Zola, forcé d'interrompre ses études, se trouvait sans ressources, sur le pavé de Paris. Un ami de son père finit, cependant, par le placer à l'Entrepôt de la rue de la Douane, à quatre-vingts francs par mois. C'était le morceau de pain de chaque jour, en attendant le moment heureux où, selon une promesse formelle, le jeune homme devait entrer à la maison Hachette, aux appointements de quinze cents francs par an. C'était le Pactole.

Les fonctions de Zola dans la maison Hachette étaient des plus modestes : il était employé au matériel. En dehors de la librairie, le fameux éditeur fournissait aux Écoles communales de menus objets, tels que règles, équerres et plumes. Zola passait ses journées à faire des paquets, ses soirées à faire des vers. Un jour, il eut l'imprudence de parler à M. Hachette de ses essais littéraires. Il fut bien reçu, ma foi ! M. Hachette n'entendait pas que ses commis perdissent leur temps aux bagatelles de la porte. Il était d'avis qu'on ne pouvait être à la fois employé et poète. Il fallait choisir. Zola opta pour ses appointements, qui bientôt furent portés à trois mille francs avec l'importante fonction de chef de la publicité, c'est-à-dire que Zola avait à traiter avec les courtiers d'annonces. Ces modestes fonctions le mirent en rapport avec les journaux ; son rêve était d'entrer au *Figaro*, dans ce journal si calomnié, dans la collection duquel on trouve les débuts de toute la littérature contemporaine. Zola venait de publier ses *Contes à Ninon*, ailleurs que dans la maison Hachette. Son nom avait retenti dans quelques journaux ; il profita de cette petite notoriété pour s'adresser à M. de Villemessant. Zola écrivit au directeur du *Figaro* bi-hebdomadaire une lettre simple, un peu émue. M. de Villemessant fit venir le jeune homme et le chargea de la Revue bibliographique dans son journal.

L'entrée définitive de Zola dans la littérature, son affranchissement des humbles travaux de bureau furent célébrés par une de ces fêtes dont la rue de Vaugirard se souvient encore. Il y avait là tout un groupe de jeunes gens, dont quelques-uns ont fait leur chemin, tel Zola d'abord, puis le peintre Guillemet, qui est devenu un des paysagistes les plus remarqués de la jeune école, et enfin un de ces révoltés de la peinture qui se disent impressionnistes, Cezanne, qui est resté ce qu'il fut à ses débuts. Cezanne envoyait au Salon de singuliers tableaux, que d'ailleurs le jury refusait avec une obstination qui ne se démentit pas une seule fois. Une de ses pages maîtresses est restée légendaire dans les ateliers. Le tableau représente un intérieur; sur un lit, un homme tout nu est couché; devant lui, une bonne lui présente sur une assiette un grog au vin, et le tout est intitulé, on ne sait pourquoi : *La Sieste à Naples*. Le paysagiste Guillemet appelait cet art singulier : la peinture au fusil; il prétendait que Cezanne bourrait un fusil de tubes de couleurs variées, qu'il déchargeait ensuite sur une toile blanche, au hasard; après quoi, Cezanne signait « l'œuvre » sans une retouche.

C'est en la société de Cezanne que Zola puisa les premiers germes de son enthousiasme pour ce qu'on appelait alors le réalisme, le mot de naturalisme n'étant pas encore inventé. Ce réalisme à outrance bornait son ambition à peindre tout ce qui lui passait sous les yeux, indifféremment, les hommes ou les choses, une femme ou une tranche de citron, un paysage ou un hareng; il éleva la vérité dans les arts ou dans la littérature à la hauteur d'un dogme, condamnant par cela même l'imagination, la fantaisie, la poésie, cette menue monnaie de l'idéal. Zola se précipita dans le mouvement avec l'ardeur juvénile d'une nature méridionale ; il devint, dans le journal, le soldat de ces idées, en même temps qu'il jeta son vieux romantisme par dessus les moulins, pour s'élancer dans la littérature moderne, à la suite de Flaubert et des Goncourt. *Germinie Lacerteux*, des frères de Goncourt, avait donné la mesure de ce qu'il fallait tenter en littérature. Courbet, qui, à ses bonnes heures, fut un poète attendri devant la nature, témoin la *Remise aux Chevreuils*, pour ne citer qu'une page, se précipita tête baissée dans un art plus grossier. Manet surgit avec son naturalisme à tous crins, bafouant l'idéal, narguant les grands maîtres, copiant la nature servilement, dédaignant de voir dans les arts autre chose que le côté matériel et superficiel.

Zola devint le porte-drapeau de cette école naturaliste. Les autres combattaient par leurs œuvres, dans le roman ou dans la peinture ; lui, Zola, se jeta dans la bagarre, en plein journalisme, frappant d'estoc et de taille, immolant le culte de sa jeunesse, sans pitié pour qui que ce fût, sans respect des gloires acquises. Il tenta au *Figaro* un compte rendu du Salon, qu'il fallut interrompre au troisième article. En dehors de son clan, Zola n'admettait rien ; le combat l'enivra ; les colonnes du *Figaro* étaient jonchées de cadavres. Manet, qui est un homme de talent et un garçon d'esprit, devint en un tour de main le premier peintre du siècle, tandis que Meissonier était réduit au rang d'un simple barbouilleur. Cette critique démesurée offensa le bon sens du public. *Mon Salon,* de Zola, fut interrompu dans le journal qui, par tempérament et par goût, était cependant accessible à toutes les audaces.

Émile Zola voyait venir le moment où le journalisme lui ferait défaut. Il songea alors à se créer des ressources régulières pour un certain nombre d'années. C'est de cette préoccupation et non d'une idée purement artistique que la première idée des *Rougon-Macquart* est sortie. Il alla trouver l'éditeur Lacroix et lui soumit le plan tout entier de l'ouvrage, qui doit se composer de vingt volumes. Le bruit qui s'était fait autour de Zola encouragea le libraire à conclure un traité d'après lequel le jeune écrivain s'engageait à fournir deux volumes par an, en échange desquels M. Lacroix lui faisait une pension de cinq cents francs par mois. Les volumes, bien entendu, étaient la propriété pleine et entière de l'éditeur pendant dix ans; il pouvait faire paraître, à son gré, les *Rougon-Macquart* en feuilleton, en volume, à Paris, en province et à l'étranger. Zola, qui était maintenant à l'abri, se mit courageusement au travail dans une petite maison des Batignolles, vivant, comme il vit encore aujourd'hui, dans une retraite absolue, d'une existence bourgeoise et régulière. A ses amis Flaubert, Goncourt, Alphonse Daudet, Guillemet, vinrent s'ajouter Manet et Duranty. Le critique effréné vivait là d'une existence douce et paisible, au milieu des poules, des lapins, des cochons de lait et autres animaux domestiques qui peuplaient son jardin, car il est à remarquer que ce journaliste tapageur, ce romancier à tous crins a, de tout temps, eu horreur de la vie extérieure. Zola est, par tempérament, un solitaire, disons le mot propre : un ours.

Zola ne devait pas goûter longtemps de cette vie paisible : la liquidation de la maison Lacroix interrompit la série des *Rougon-Macquart* avec le deuxième volume. Le rêve des cinq cents francs par mois pendant dix ans était fini. Que faire? Heureusement pour Zola, M. Charpentier fils avait succédé à son père. Jeune, actif, entreprenant, M. Charpentier offrit à Zola de continuer le traité de Lacroix. Le romancier accepta avec joie. La vie paisible et modeste se trouvait assurée de nouveau pour quelques années. Mais M. Charpentier ne fut pas seulement un éditeur intelligent; il se montra encore un honnête homme dans toute l'acception du mot. Le succès grandissant des *Rougon-Macquart* devenait une excellente affaire pour M. Charpentier, mais Zola, qui travaille fort lentement, détruisant toujours le lendemain les pages écrites la veille, était constamment en retard, car c'est une des particularités de l'écrivain, qui passe pour un énergumène, de n'être jamais satisfait de ses productions. Au bout de trois années, ayant régulièrement émargé ses cinq cents francs par mois, sans livrer le nombre stipulé de volumes, Zola était débiteur de dix mille francs dans la maison Charpentier. Mais un matin, l'éditeur pria son romancier de passer chez lui, et très simplement il lui dit :

— Je gagne beaucoup d'argent avec votre travail, et je ne suis pas homme à abuser d'un traité que vous avez signé par nécessité. En voici un autre ; je lui ai donné un caractère rétroactif. Non seulement vous ne me devez rien, c'est moi qui vous dois dix mille francs. Les voici !

Et il étala sur son bureau dix beaux billets de mille francs, une vraie fortune pour Zola qui, à aucune époque de sa vie, n'avait possédé plus de vingt-cinq louis. Ce nouveau traité associait le romancier dans une certaine mesure aux bénéfices de son œuvre. C'était pour lui, en dehors des premiers tirages de ses romans, un revenu de vingt mille francs par an. Avec son feuilleton dramatique et la correspondance mensuelle de la Revue russe, Zola pouvait maintenant travailler à son aise. C'est à l'éminent romancier Tourguenieff, que Zola devait ses relations littéraires avec la Russie, qui firent si grand bruit à cette époque. En somme, Zola n'avait pas à se plaindre ; il n'avait pas quarante ans ; sa renommée était assise et son avenir assuré à jamais. Il pouvait enfin réaliser le rêve de sa vie, c'est-à-dire vivre à la campagne, loin de Paris, dans une maison à lui qu'il était en train de faire bâtir ; il avait choisi un terrain abandonné, pour ne pas être troublé par ses voisins. Ce naturaliste a un idéal : la campagne et la solitude.

Toute la vie de Zola est réglée ; son existence s'écoule monotone, sans surprises, sans écarts ; il se lève à la même heure, s'installe devant son bureau et écrit chaque jour le même nombre de lignes; il fait ses trois pages de roman comme un employé fait son courrier. D'autres travaillent par saccades, comme Alphonse Daudet, par exemple, un des grands amis de Zola. Quoique les deux romanciers soient étroitement liés, ils n'ont rien de commun dans leur façon de vivre et d'écrire. Alphonse Daudet est un fantaisiste; il reste des mois sans écrire une ligne; il s'en va flânant de par la ville, à droite et à gauche; puis un beau matin il s'installe devant son bureau et travaille dix-huit heures par jour. Zola, lui, n'a pas ces moments de paresse et de travail à outrance. Cet homme du Midi, froid comme un Lapon, ne laisse rien au hasard. L'inspiration lui obéit à l'heure voulue; il ne la surmène jamais, mais elle lui doit un certain nombre d'heures quotidiennes. La journée est divisée en deux parties : la matinée appartient au romancier et l'après-midi au journaliste. Quand sonne l'heure, le romancier va à son bureau comme un clerc de notaire et ne le quitte qu'après avoir abattu le nombre de lignes voulu. Puis vient le moment du déjeuner; c'est une des graves préoccupations de Zola, fort mangeur et grand gourmand, comme tous ceux qui n'ont pas toujours dîné dans leur jeunesse et qui se rattrapent dans la prospérité; après quoi, prosaïquement, ce bourgeois fait son somme. A son réveil, c'est le journaliste qui se met à la besogne, soit qu'il écrive ses critiques dramatiques, où, de haut en bas, de long en large, il déchire à belles dents toutes les pièces de la semaine, soit qu'il écrive pour la Revue russe ces longues études critiques qu'il expédie une fois par mois. On n'a pas oublié celle sur les romanciers, qui a fait tant de bruit. Quand on lui reproche quelques violences, Zola est tout surpris. Sa réponse est toujours la même :

— On peut écrire sur moi ce qu'on veut et j'ai le droit de dire des autres ce que je pense.

La vérité est que, dans la retraite où vit ce sauvage, il a perdu le sentiment des proportions. Comme il a horreur du monde et qu'il ne recherche ni les relations ni les honneurs, il ne se croit pas obligé à faire la moindre concession à qui que ce soit. En dehors d'un tout petit groupe de confrères auxquels il est attaché par les liens de l'amitié, et une communauté de vues littéraires, rien n'existe autour de lui. Mais où cet éreinteur patenté vous étonne, c'est quand il parle de ces quelques amis, de Flaubert, de Goncourt, d'Alphonse Daudet. Pour Flaubert surtout, Zola a un culte qui va jusqu'à l'attendrissement. C'est lui qui est le chef d'École. C'est Flaubert qui lui a ouvert la route en même temps que *Germinie Lacerteux* des Goncourt a eu une influence très grande sur son talent. Zola ne s'en cache pas ; il rend pleine et entière justice à ses amis, qui ont été ses devanciers. Si Zola a fait plus de bruit qu'eux, c'est qu'il a défendu hautement dans la presse les idées que les autres se contentent de soutenir dans l'intimité. Il n'est pas, il ne se considère pas comme le chef de ce groupe ; il ne réclame que le rôle de porte-drapeau. Et cela est vrai. Zola est un militant ; il s'est constamment jeté dans la bagarre, là où les autres se sont tenus à l'écart ; il a défendu bien des idées communes, et s'il a sabré tant de renommées acquises, c'était pour mieux faire ressortir celles de ses amis. A ce jeu, il a assumé toutes les haines sur sa tête.

Il ne faut pas essayer de faire entendre raison à cet homme tout d'une pièce dans ses idées sur le théâtre ou le roman. Le défunt M. Émile Perrin, l'administrateur de la Comédie-Française, un esprit froid et poli, a fait à Zola la seule réponse qui convenait à la situation. Zola fut, je crois, présenté à M. Perrin par Sarah Bernhardt, une des grandes admiratrices de son talent. Après les premières formules de politesse :

— Monsieur Zola, lui dit le directeur du Théâtre-Français, je lis vos feuilletons dramatiques avec le plus vif intérêt. Vous déchirez à belles dents tous les auteurs qui font la fortune du Théâtre-Français. Mais que voulez-vous que je fasse ? Il faut bien que je joue Augier, Dumas, Feuillet, puisque vous ne m'apportez rien. Allons, à l'ouvrage ! Faites-nous une belle comédie en cinq actes, une de ces œuvres qui éclipse tout mon répertoire moderne ; les sociétaires de la Comédie-Française seront très heureux de la jouer.

M. Perrin a toujours attendu. Mais cette idée d'une pièce pour la Comédie-Française ne cesse de hanter l'esprit de Zola. Le soir, dans son appartement de la rue de Boulogne, que souvent il ne quitte pas pendant quinze jours, il ne s'en cache pas à ses amis et à un petit groupe de jeunes gens qui l'appellent « cher maître ». Zola aime beaucoup qu'on vienne le voir. Mais ce paisible bourgeois a horreur de tout déplacement. Tout ce qu'on peut obtenir de lui, c'est d'aller dîner chez son ami Charpentier; il n'aime pas le monde parce qu'il s'y trouve peu à son aise; il considère comme une corvée insupportable les concessions qu'il convient de faire dans la conversation ou dans son allure générale, pour rester au niveau des conventions du monde. Il se peut que la vanité de Zola soit pour quelque chose dans l'existence cloîtrée qu'il mène. Zola n'est pas beau, et il le sait. On le fait parler et il fuit la conversation parce qu'il n'a pas ce brio qui est le fonds de la causerie parisienne; il se sent gêné, un peu humilié dans un salon où des hommes moins doués que lui brillent d'un éclat plus vif par l'amabilité de leurs manières, le tour léger et spirituel de leur langage. Au dessert, quand la causerie s'anime, Zola devient inquiet, il s'éclipse; quand on le cherche, on le trouve souvent dans une chambre isolée, étendu dans un fauteuil, dormant comme un paisible bonnetier fatigué par le labeur de la journée.

Telle est dans son ensemble cette personnalité étrange, dont la vie s'écoule maintenant douce et paisible, jamais troublée par quoi que ce soit. Ceux qui se figurent que l'auteur de tant de critiques agressives est un agité, ont tort. Zola va de l'avant dans la vie, d'un pas mesuré et réglé, insouciant des clameurs qui s'élèvent autour de lui. Il a une manière méthodique de travailler qui, d'ailleurs, se reflète bien dans son œuvre.

Il n'est pas d'écrivain de ce temps qui ait rassemblé sur lui plus de haines que celui-ci. Mais quand on veut se renseigner sur les qualités intimes d'un homme, il ne faut pas s'adresser à ceux qu'il a blessés et froissés jusque dans les moelles. C'est à ses amis qu'il convient de demander ce que vaut l'homme. Or, ils sont d'accord à présenter Zola comme un excellent cœur, avec un réel fond de bonté. Personnellement, je n'ai pas le plaisir de vivre dans l'intimité de Zola. Nos relations fugitives datent du jour où, seul ou à peu près, j'ai passé par dessus les excentricités de l'*Assommoir*, pour signaler les grandes beautés de ce chef-d'œuvre à mes lecteurs. Quoique me trouvant en opposition avec la plupart de mes camarades, on me laissa faire, et Zola se montra fort touché de ces articles. La vérité est que le critique acerbe, à qui on reproche son irrévérence excessive envers ses contemporains, n'a pas été gâté par ses confrères. On pousse des cris de paon à la moindre égratignure de Zola, mais, en revanche, on le traite avec une sévérité sans pitié et souvent avec un apparent mépris qui devient grotesque. Depuis que j'ai vu Zola de plus près, j'ai fait une découverte. Au fond, ce bon gros bourgeois est un timide. On a de la peine à le croire quand on lit ses écrits, où parfois il parle de lui avec une si étonnante adulation. Mais ce côté bruyant est inconscient chez l'écrivain ; il comprend d'ailleurs fort bien que sa franchise lui crée une situation difficile, et je le crois tout disposé à quitter définitivement le journalisme militant pour jouir désormais en paix de la situation acquise. La lettre très curieuse qu'on va lire et que Zola m'a adressée après un article assez vif, paru dans le *Figaro* sous le titre : *Le rêve de M. Zola,* est une sorte de confession de l'écrivain. Je lui demande pardon de publier cette lettre, contrairement à mes habitudes, mais elle complète bien le croquis de cette personnalité encore inexpliquée.

« Medan, 23 décembre 1878.

« Alors, mon cher confrère, vous pensez que je suis très vaniteux ? C'est mon orgueil qui me dicte ce que je pense, et j'extermine mes confrères pour faire table rase autour de moi ? Voilà une belle légende que vous lancez dans le public.

« Raisonnez donc un peu :

« Est-ce que ma franchise est d'un ambitieux ? Me croyez-vous assez naïf pour ne pas prévoir que je me ferme toutes les portes, en disant tout haut ce que les autres se contentent de murmurer ? Il faut avoir renoncé à tout, aux récompenses et aux honneurs, pour faire un métier pareil. Quand on veut régner, il est nécessaire d'avoir plus de souplesse.

« Vous avez écrit le rêve de Victor Hugo ou le rêve de Courbet et non le rêve d'Émile Zola. Victor Hugo et Courbet sont les deux types de la personnalité hypertrophiée de l'homme passé dieu, par manque de critique. Moi, je ne suis que le soldat d'une idée, d'une idée fixe, si vous voulez. J'ai jugé les peintres, les auteurs dramatiques, les romanciers, d'après une même théorie, et de là les cris qu'on a poussés.

« Quant à moi, je ne suis pas si fort, hélas! Je passe des semaines à me croire idiot et à vouloir déchirer mes manuscrits. Il n'y a pas un garçon plus ravagé que moi par le doute de lui-même. Je ne travaille que dans la fièvre, avec la continuelle terreur de ne pas me satisfaire. Voilà la vérité.

« Votre dévoué,

« Émile ZOLA. »

S'il est vrai, ce dont je ne doute pas, que Zola est encore plus sévère pour lui que pour ses contemporains, cette lettre excuse ses écrits les plus tapageurs. Il est certain que l'attitude que Zola a prise n'est pas celle d'un ambitieux, et que sa franchise lui fait plus de tort que de bien.

AUBER

M. Jules Simon, un écrivain du plus rare talent, un de ceux que nous estimons le plus, procéda en 1872 à la distribution des prix au Conservatoire. Par un de ces égarements auxquels les plus beaux esprits ne savent pas toujours se soustraire, M. Jules Simon crut le moment venu de sacrifier Auber sur l'autel de la troisième République, sous prétexte qu'Auber avait été nommé, sous l'Empire, maître de la musique des Tuileries. Ce fut une pure folie d'un bel esprit, que je rappelle sans la moindre aigreur contre M. Jules Simon. Quel crime, n'est-il pas vrai? d'avoir fait l'honneur à l'Empire de l'illustrer par son talent? Il fallait remonter à Haydn, maître de chapelle de l'empereur d'Autriche, pour trouver un pendant à tant de perversité chez un compositeur. On déboulonna donc Auber comme un simple Napoléon, et il se trouva quelques journalistes républicains, parmi ceux que j'aime le plus, pour affirmer que le ministre avait fort bien agi dans cette fameuse séance du Conservatoire.

La gloire de notre cher Auber ne s'en porte pas

plus mal pour si peu, tant il est vrai que la passion politique, avec ses injustices et ses flagorneries, est une chose inférieure dans la vie des peuples et que l'artiste demeurera éternellement à l'abri dans sa gloire acquise.

Dix ans après sa démolition officielle du Conservatoire, la gloire d'Auber ressuscitait dans tout son éclat à l'Opéra, où l'on célébrait par une reprise solennelle de la *Muette* le centenaire de la naissance du grand musicien français.

C'est pendant la représentation commémorative donnée en son honneur, en 1882, à l'Opéra, que j'ai récapitulé dans ma mémoire tous les souvenirs délicieux dont je suis redevable à ce cher génie français. On jouait la *Muette;* mais je suis sûr que les œuvres complètes d'Auber ont défilé dans le cerveau de tout spectateur aussi bien que dans le mien; il n'était peut-être pas dans cette salle, au milieu de ce public nombreux, un être assez déshérité pour ne pas consacrer à Auber un souvenir attendri et reconnaissant. Le véritable anniversaire n'était pas sur la scène, mais dans les cœurs; on se souvenait des temps passés, où pour la première fois, on avait entendu les partitions si fraîches, si spirituelles, et souvent si émues; il n'est peut-être pas sur la surface du globe civilisé un homme dont l'âme n'ait tressailli un soir en écoutant la musique d'Auber. Ceux de ma génération sont, pour ainsi dire, entrés dans la vie avec les mélodies d'Auber; on nous les a chantées à notre berceau, et nous les avons fredonnées avec nos premiers bégaiements ; elles sont restées gravées dans notre cerveau comme les plus chers souvenirs d'enfance, et quand nous jetons un regard dans le passé, elles reviennent dans notre esprit, malgré nous et sans que nous les évoquions. La véritable immortalité n'est-elle pas là pour un artiste?

C'est bien pour cela que nous aimions tant le grand Auber, les uns et les autres. Par les souvenirs qui nous attachaient à son œuvre, il nous semblait que tous, plus ou moins, nous vivions dans une certaine intimité avec son esprit ; quand on le voyait passer au Bois, quand on le rencontrait le soir, blotti dans une stalle de théâtre, on le contemplait presque avec tendresse sans le connaître, comme un vieil ami dont on a reçu des bienfaits ; on était tenté d'aller à ce vieillard, de lui serrer la main et de lui dire : Merci !

Si je ne m'étais pas fait une loi d'être toujours sincère avec mes lecteurs, je pourrais, tout aussi bien qu'un autre, leur conter quelques historiettes et mêler ma petite personnalité à une si grande mémoire. Je n'ai jamais connu Auber, quoique je lui eusse été présenté par Scribe. Mais j'étais si peu de chose sur le pavé de Paris à cette époque déjà si loin de moi, que le maître n'avait pas gardé le souvenir de cette présentation. Scribe habitait alors la rue Olivier, qui a disparu dans les démolitions ;

j'étais venu chez Scribe pour solliciter un service, une place pour la première représentation des *Doigts de Fée;* je ne connaissais personne, je n'avais pas d'argent : audacieusement je résolus de me présenter à Scribe.

On me fit attendre dans une antichambre. On me fit même attendre assez longtemps, comme un visiteur auquel on n'attache pas la moindre importance; comme passe-temps j'avais là une riche bibliothèque, dont je pouvais contempler les ouvrages à travers les glaces. Tout à coup, comme dans une pièce de Scribe, la bibliothèque, qui était fausse, s'ouvrit, et un petit homme aux cheveux drus et gris me dit assez durement :

— Que me voulez-vous?

— Je voudrais parler à M. Scribe.

— C'est moi!

Quel coup de théâtre, n'est-il pas vrai? Et quel embarras pour un jeune homme qui avait préparé son petit discours pour l'entrée dans le cabinet du fameux auteur, et qui, tout à coup, se trouve en présence d'un homme célèbre sortant d'une fausse bibliothèque. Coquelin jouerait la scène à ravir au Théâtre-Français. Mais dans la vie réelle ces choses-là vous troublent profondément, si bien que je ne savais plus un mot de mon rôle, et que je restais là confondu comme un acteur qui aurait perdu la mémoire au moment de débiter son récit. Scribe s'aperçut de ma confusion, et avec quelque bonté il me dit:

— Allons, venez me conter cela dans mon cabinet.

Scribe, me précédant, me fit traverser un salon assez bourgeois, et nous voici dans son cabinet. J'avais retrouvé mon speech et j'allais le prononcer avec assurance quand, en entrant dans le cabinet, j'aperçus dans un grand fauteuil, devant la cheminée, un autre vieillard que je connaissais par ses portraits :

C'était Auber.

Ah! pour le coup, c'était trop fort. Scribe avait cessé d'exister pour moi; je n'avais plus d'yeux que pour le grand musicien. Comment! c'était lui, en chair et en os, l'illustre compositeur dont toute l'Europe fredonnait les mélodies? Ce fut dans ma pauvre tête comme un tourbillon d'airs variés. Je subissais le prestige de ce grand nom; dans ma pauvre cervelle, *Amour sacré de la patrie* se mêlait aux mélodies populaires de *Fra Diavolo*, du *Maçon*, de la *Part du Diable* et du reste. Quel délicieux, mais épouvantable charivari!

Ce qui se passait en ce moment en moi était pourtant dans l'ordre voulu des choses, et si je m'y arrête, ce n'est pas par fatuité, mais pour constater un effet qui toujours se produit de la même façon. La musique est un art absorbant, envahisseur; il agit sur les sens directement : il vous fascine, vous éblouit et vous entraîne. Prenez des illustrations diverses et réunissez-les dans un salon; je fais un choix au hasard dans Émile Augier, Pasteur, Meissonier et Octave Feuillet, c'est-à-dire un auteur, un savant, un peintre, un romancier, tous célèbres. Tout à coup M. Gounod entre, et avec la venue du musicien les mélodies de *Faust* bourdonnent aux oreilles des invités. Aussitôt il n'y a plus ni littérature, ni science, ni peinture, ni roman qui tiennent. Il n'y en a que pour le musicien, dont la présence évoque des sensations musicales et entraîne tout le monde dans une sorte d'hallucination.

J'ai pu observer le même phénomène, un soir, chez l'ami Alphonse Daudet. Il y avait là quelques hommes d'une certaine valeur : Tourgueneff, de Goncourt, Émile Zola, Francisque Sarcey et plusieurs autres. Mais il y avait aussi Massenet, c'est-à-dire le musicien fascinateur, et aussitôt toute l'attention se concentre sur lui; ses mélodies bourdonnent dans les cervelles surexcitées par la musique. Tous les autres convives ne sont plus que des comparses dans cet ensemble dont le compositeur est l'astre radieux. Car c'est de lui que viendra la sensation de la soirée. Zola ne peut pas lire son roman, Goncourt ne peut pas réciter la *Faustin*, Tourgueneff ne peut pas déclamer ses délicieuses nouvelles, Sarcey ne peut pas lire un feuilleton; mais Massenet, lui, peut se mettre au piano et faire entendre les principales mélodies d'*Hérodiade*. Le musicien agit surtout sur les femmes : en vérité, quand un compositeur de talent entre dans un salon, les autres hommes feraient bien de s'en aller.

Mais revenons à ma visite chez Scribe.

Il était donc très naturel que le prestige du musicien opérât son influence sur le jeune homme venu pour parler à Scribe, et qui maintenant n'avait plus d'yeux que pour Auber, si bien que je finis par lui débiter mon discours et par lui demander, à lui, la place que j'étais venu solliciter de Scribe. J'ai comme une idée que je devais avoir l'air bête à ce moment.

Plus tard, quand j'avais acquis le droit de me présenter à Auber, je fus retenu par une autre considération. C'est le plus souvent au théâtre qu'on le rencontrait; il y passait presque toutes ses soirées. Mais avec le grand âge était venu le besoin de repos; il avait l'air de sommeiller dans sa stalle : ses grands yeux, à la vérité, restaient ouverts, mais la fixité du regard, presque immobile, disait que la pensée du maître était ailleurs. Cependant, un soir, à l'Opéra, je pus me convaincre qu'Auber ne dormait jamais que d'un œil au théâtre : ce fut en plein été; peu de spectateurs dans la salle; on jouait le *Prophète;* quand vint la marche magnifique du quatrième acte ce vieillard, âgé déjà de près de quatre-vingts ans, sortit de son apparente somnolence, prit sa tête blanche dans ses mains et murmura d'une voix frémissante d'émotion :

— Que c'est beau! que c'est donc beau!

Il n'y a que les vraiment grands artistes pour avoir de ces élans-là devant l'œuvre d'un autre.

C'est qu'Auber avait parfaitement conscience de sa gloire, qu'il jugeait assez grande pour ne pas amoindrir celle des autres. Et puis, ce qui le rendait si cher à tous, c'était de le voir sur la brèche jusqu'à la fin, et la somme de jouissances dont tout le monde lui était redevable. Auber était si vraiment populaire que ce fut comme une explosion d'enthousiasme le soir où son œuvre de vieillesse, le *Premier jour de bonheur*, réussit à l'Opéra-Comique. On l'attendait à la sortie des artistes pour l'acclamer. On criait : Vive Auber! Peu s'en fallut qu'on le portât en triomphe. Et comme j'étais parmi cette foule, je puis dire que cette manifestation fut toute spontanée ; il y avait un peu de tout dans cette masse agitée : des artistes et des désœuvrés, des hommes du monde et des hommes du peuple; c'est là la particularité et la haute valeur d'un talent réellement populaire de s'imposer à tout le monde, de charmer le profane en même temps que de satisfaire le délicat, de maintenir la popularité de son talent dans un juste milieu où l'art garde ses droits, tout en descendant dans l'extrême limite de l'aisance, de donner des sensations directes qui s'imposent, sans qu'il faille réfléchir pendant des années avant de se rendre compte de ses impressions.

Je ne veux pas ouvrir ici un cours d'esthétique musicale et entamer des discussions savantes : car rien ne me semble plus inutile que de procéder par comparaisons; si tous les musiciens étaient sublimes de la même façon, la musique finirait par nous faire mourir d'ennui. Un artiste n'est pas plus grand parce qu'il tente des conceptions plus vastes qu'un autre. Tout homme qui arrive à la perfection dans son art particulier est un grand artiste. Et le musicien, si essentiellement français, si complètement l'expression de sa race, qu'il semble avoir dit le dernier mot d'un genre qu'on appelait l'opéra comique et qu'il a porté si haut qu'on ne peut pas le dépasser en grâce et en esprit, ce musicien est un grandissime artiste

Paris l'a compris ainsi en fêtant l'anniversaire d'Auber; en même temps la ville qui a vu naître ce charmant génie de la musique française a célébré cette date. Je ne veux pas amoindrir la gloire de la ville de Caen, qui s'honorait en honorant la mémoire d'Auber; mais c'est surtout à Paris que le compositeur de la *Muette* appartient. Car une gloire n'est pas toujours la propriété de la cité qui l'a vu naître, et les nombreuses maisons que j'ai vues dans mes voyages, toutes ornées de plaques commémoratives rappelant la naissance d'un grand homme, m'ont toujours laissé indifférent. La véritable patrie de l'artiste est celle où son esprit se développe à l'aise, où son talent grandit, où est la pensée de toute sa vie et où l'on retrouve les origines et les traces de toutes ses œuvres. Auber a appartenu à la ville de Caen avant d'appartenir à Paris, c'est vrai. Mais **Paris le garde définitivement pour la postérité** : car c'est Paris qui lui a donné la vie intellectuelle; c'est Paris qui l'a inspiré, c'est Paris qui l'a vu mourir dans toute sa gloire, et Paris se chargera de conserver à l'avenir le respect dû à cette grande mémoire.

GUSTAVE DROZ

Le jour où la gloire parisienne a, pour la première fois, lui sur l'œuvre de Gustave Droz, le plus surpris de cette faveur inespérée était l'auteur; les petits contes réunis plus tard sous le titre : *Monsieur, Madame et Bébé,* sont nés du caprice d'un moment pour les besoins d'un recueil parisien; ils ont fait le tour du monde; on les a traduits dans toutes les langues; ils ont fait, en un tour de main, la fortune littéraire d'un écrivain qui jusqu'alors s'était servi de la plume comme d'un délassement agréable; il ne pensait certainement pas lui-même que ses fantaisies passeraient du journal dans un volume qui restera l'une des manifestations les plus personnelles de la littérature de ce temps.

On se souvient encore de la sensation que firent à leur première apparition, dans la *Vie parisienne,* les ravissantes petites études dans lesquelles, en peu de pages, l'auteur sut concentrer plus de finesse, d'observation, d'humour et de sentiment, qu'il n'en eût fallu pour faire le succès d'un gros roman. Les délicats y flairaient sur-le-champ un esprit primesautier; les fantaisies avaient une saveur toute particulière d'originalité. Alors que le désœuvré n'y voyait encore qu'un agréable jeu de l'esprit fait pour le distraire, les hommes du métier se disaient déjà que le tour original de cet écrivain nouveau dénotait une personnalité curieuse, appelée à prendre sa place dans la littérature contemporaine; l'homme du métier devinait sans peine que ces pages, en apparence si légères, étaient l'effort d'un esprit préoccupé de la forme; on aurait dit un écrivain du dernier siècle transporté par un miracle dans notre société et en étudiant les particularités.

D'où venait cet écrivain? On n'en avait jamais entendu parler; il n'avait pas, comme tant d'autres, parcouru successivement toutes les étapes de la carrière; il n'était même pas des nôtres. M. Droz était peintre, ancien élève de l'atelier Picot, nous disait-on; il ne se doutait pas lui-même qu'un jour il pût prendre place parmi les écrivains de son époque. Le hasard le révéla à lui en même temps qu'au public. On venait de fonder la *Vie parisienne :* le directeur de ce recueil rencontre son camarade Droz et :

— Faites-moi donc quelque chose pour mon journal, lui dit-il.

— Un dessin?

— Un dessin si vous voulez, mais je préférerais un article.

— Un article! moi? Et avec quoi, grand Dieu?

— Avec ce que vous voudrez.

— Mais je ne sais rien, je ne vois personne; je ne sors guère que pour aller à la salle d'armes.

— Soit! Faites-moi une étude sur une salle d'armes.

Ce fut le début. Mais, de même que l'homme le plus pacifique sent naître en lui des ardeurs militaires quand on le plonge dans un uniforme, M. Droz se découvrit des goûts littéraires une fois qu'on lui eut mis la plume dans la main. Jusqu'alors, il s'était acheminé dans la vie, observant à droite et à gauche les hommes et les choses qui lui passaient sous les yeux; il lui semblait doux maintenant de donner une forme à ces observations et de les présenter au lecteur. Il le fit timidement, comme un homme qui n'a aucune conscience de sa valeur, et si quelqu'un fut plus surpris que le public de ce succès foudroyant, ce fut bien l'auteur; il s'était modestement abrité derrière un pseudonyme; quelques pages suffirent pour le mettre en évidence. Ce collaborateur de hasard devint l'âme et le succès de la partie littéraire du journal; et quand paraissait le dernier numéro de la *Vie parisienne,* le public allait droit à la signature du premier article; s'il y trouvait la signature Gustave Z..., le lecteur se précipitait sur le numéro. On n'a pas vu de succès plus rapide et mieux justifié.

La première série de ces ravissantes fantaisies fut réunie en volume. Il est rare que les choses éphémères du journalisme trouvent un regain de succès en librairie. La publication de *Monsieur, Madame et Bébé* fut un succès de vogue; le lecteur qui avait parcouru les articles dans le journal semblait ravi de les retrouver dans leur ensemble pour les conserver dans sa bibliothèque. Il nous est arrivé à tous de prendre dans un moment de désœuvrement un livre que nous avons souvent lu, de l'ouvrir par distraction plutôt que guidé par le désir de le relire, de jeter machinalement les yeux sur un chapitre, puis d'achever la lecture avec le plaisir que nous procure l'inconnu. *Monsieur, Madame et Bébé* est du nombre des volumes qui ont le privilége de ne jamais vieillir dans l'esprit du lecteur, et cela tient à cette particularité dont chacun ne se rend peut-être pas compte, mais qui en fait le charme pour le délicat, à savoir que la note artistique y domine. On relit le volume de Gustave Droz comme on contemple avec un plaisir toujours renouvelé un bibelot précieux qu'on a vu cent fois. Seules, les œuvres dans lesquelles l'artiste a mis toute son âme ont ce privilège de toujours nous séduire, comme on éprouve une nouvelle émotion chaque fois qu'on s'arrête, par exemple, devant un bon tableau qu'on a vu mille fois et que néanmoins on désire toujours revoir.

De tout cela, il ne me reste plus rien à dire. L'éloge de ces pages distinguées n'est plus à faire. Faute de pouvoir parler utilement de la littérature, j'aurais voulu présenter l'écrivain à mes lecteurs. Mais je le connais peu. Moi qui me pique de connaître tout

Paris, j'ai rarement causé avec M. Droz; il n'est pas un de ces Parisiens inévitables qu'on rencontre partout; sa vie est très fermée et sa personne paraît inaccessible; chacun a lu les ouvrages de M. Droz et ses rares amis sont seuls à le connaître personnellement; il vit seul, tout à fait à l'écart. L'écrivain qui a si bien décrit un coin de la vie mondaine, met rarement les pieds dans un salon; on ne le rencontre nulle part, pas plus à une première représentation que dans un foyer de théâtre; les petits tableaux qui ont fait la fortune littéraire de M. Droz, et qui semblent étudiés d'après nature, sont faits de *chic,* comme on dit dans les ateliers, avec cette intuition qui, chez quelques esprits privilégiés, remplace l'étude. De tout ce que raconte M. Droz, il n'a jamais rien vécu, et cependant il a trouvé la note vraie et juste sans' exagération, comme un homme doué de ce qu'on appelle une seconde vue.

Ce phénomène d'ailleurs n'est pas rare chez les écrivains. Dans un ordre d'idées plus vastes, par exemple, Balzac avait le don magnifique de deviner une société qu'il ne fréquentait point. Au théâtre, on a vu des auteurs soulever un coin du monde qu'ils n'avaient jamais entrevu. Quoi qu'en dise l'école réaliste moderne, l'esprit humain n'est pas précisément un objectif qu'il faut braquer sur un point déterminé pour obtenir une photographie; la cervelle humaine vaut mieux que cela; elle agit par des influences mystérieuses et obtient des résultats qu'on essayerait en vain d'expliquer. Ainsi il se peut très bien, et M. Droz le prouve une fois de plus, qu'un écrivain devine un milieu dans lequel il n'a jamais vécu et qu'il lui suffit de retracer d'après quelques indications vagues qu'il a recueillies en passant. A la réalité des choses devinées par l'écrivain se mêle alors une certaine dose d'idéal qui ennoblit son œuvre, car la copie brutale d'un objet, l'étude réaliste d'une société ne constituent pas des œuvres d'art. Ce qui donne une saveur toute particulière et une valeur plus grande aux choses de l'esprit, c'est la note personnelle que l'artiste ajoute aux choses qui se présentent à ses yeux et qui font l'objet de son étude.

Entre le commencement et la grande maturité de l'écrivain, la politique a fait invasion dans son talent. L'auteur de *Monsieur, Madame et Bébé,* agacé par les orgues de Barbarie qui jouent la *Marseillaise* sous nos fenêtres, a tourné ses regards vers la politique et celle-ci a répandu une certaine amertume dans cette âme de philosophe humouristique ; de cette influence est né le dernier ouvrage de M. Droz, *Tristesses et Sourires,* dans lequel l'écrivain fait un retour vers le passé au détriment des mœurs nouvelles qui sont sorties du bouleversement dans lequel la politique jette la France depuis la guerre.

Jamais M. Droz n'a eu plus de talent que dans sa dernière œuvre ; mais aucune publication n'a démontré mieux que celle-ci le trouble des esprits à notre époque; le charmant philosophe de la première heure s'assombrit; son talent d'observation si fin, si enjoué et si profond sous une apparente légèreté, a pris une note grave; le temps présent semble peser sur lui plus que de raison.

Il se peut, qu'en tournant nos regards vers le passé, nous regrettions aussi bien que M. Gustave Droz le relâchement des mœurs sociales, de la vie de famille et de bien autres choses encore qu'il a dépeint de main de maître dans *Tristesses et Sourires*. Mais ce n'est pas une raison pour nous asseoir comme lui, tristes et découragés, sur le bord du chemin, pleurant le passé sans consulter l'avenir. Ce n'est pas la première fois, depuis sa création, que le monde traverse des crises qui bouleversent toutes choses et qui nous semblent définitives à l'heure où nous perdons toute confiance. Mais que M. Droz se rassure. Si les civilisations ne prennent pas toutes le même chemin, elles arrivent toutes vers le même but. La déchéance du genre humain ne dépend ni de quelques années ni d'un siècle. L'histoire des peuples est faite d'élans et de défaillances. La civilisation que nous traversons marque une de ces étapes de l'humanité, elle ne la résume pas tout entière. L'équilibre ébranlé finit par se rétablir. Le monde n'est pas plus mauvais aujourd'hui que jadis et, le fût-il, ce ne serait pas une raison pour douter de l'avenir, qui est au triomphe de l'honneur et de la justice. S'il en était autrement, ce serait la fin du monde : tout s'écroulerait, tout disparaîtrait, l'œuvre de M. Droz comme le reste; et ce serait vraiment dommage pour la littérature française.

CHAM

Le retour à Paris, qui demeure la page capitale dans les impressions de voyage d'un boulevardier, a été attristé, au mois de septembre 1879, par la mort d'un artiste qu'on appelait « l'inépuisable Cham », et qui, depuis quarante ans, sonnait les fanfares de la gaieté française. Avec le célèbre caricaturiste disparut une des plus curieuses physionomies de la grande ville, en même temps qu'une des plus fécondes incarnations de son esprit. La semaine parisienne ne finissait réellement que le septième jour, quand Cham avait dit son mot sur les derniers incidents. Son œuvre est la chronique illustrée depuis tantôt un demi-siècle : toutes les grandeurs et les folies des générations trépassées s'y retrouvent, résumées en quelques lignes, qui en disent souvent plus long que les articles les plus acclamés et déjà oubliés. C'est l'essence de l'esprit parisien de savoir condenser en peu de mots une page de l'histoire, de juger une situation par un trait d'esprit, ou de la dénouer par un éclat de rire. On n'a pas d'exemple d'un esprit à ce point parisien qui semblait défier le temps, et qui, au déclin de la vie de Cham, avait conservé toute la fraîcheur et la spontanéité des jeunes années.

Entre les deux plus grands maîtres du crayon humoristique, Cham avait su se faire une place à part et que le souvenir de Gavarni n'a pu amoindrir, pas plus que le talent puissant de Daumier, qui complétait avec lui la grande trilogie des caricaturistes français de ce siècle. Cham ne ressemblait pas plus à ses deux aînés que ceux-ci ne se ressemblaient entre eux; chacun des trois est l'expression d'une individualité nettement définie, et il serait difficile d'établir où commence la supériorité de l'un et où finit l'infériorité de l'autre. Gavarni traverse son temps, la tête pensive, le sourire aux lèvres, observateur réfléchi de la comédie parisienne; son œuvre est empreinte de la singulière mélancolie qui vient de l'étude trop approfondie de l'espèce humaine où, les unes après les autres, s'envolent toutes les insouciances pour faire place à une amertume qui, finalement, déborde et tue l'esprit. Gavarni était un observateur plus qu'un caricaturiste. Son œuvre est l'étude d'un temps qu'on peut reconstruire dans sa pensée avec les merveilleuses lithographies dont quelques-unes sont des chefs-d'œuvre de cet art charmant qui maintenait à la reproduction le cachet primesautier d'une œuvre originale, et qui a été tué par les procédés mécaniques, nécessités par les forts tirages auxquels la pierre ne pouvait pas résister. Les légendes de Gavarni, dont un grand nombre restent des merveilles d'esprit, ne font pas rire; on sourit du bout des lèvres comme d'un trait ingénieux, mais qui appuie singulièrement sur les tristesses et les déboires de la vie; il s'amuse à détruire une à une les illusions des hommes, insistant sur la fourberie des femmes, les désenchantements des amoureux; s'efforçant de mettre en lumière les ridicules du mariage, dépouillant la vie de toute sa poésie avec l'âpre plaisir d'un esprit qui porte dans son cœur un profond mépris des hommes et de leurs illusions et qui semble plus préoccupé de faire souffrir ses contemporains que de les divertir.

A côté de Gavarni surgit alors Daumier, et, avec lui, la caricature française atteint son apothéose. Celui-ci fait de son crayon une massue et frappe avec frénésie sur tout ce qui le gêne et l'irrite; chez lui, le crayon lithographique devient une arme de combat; il appuie sur les ridicules des hommes; il étudie de préférence ce qu'ils ont dans leurs traits de particulièrement désagréable, et s'efforce de le mettre en évidence, en ayant bien soin de l'exagérer; c'est ainsi qu'il atteint le *summum* du grotesque, tout en étant servi par une science prodigieuse et par un art si grand de construire un corps humain que, parfois, son œuvre fait rêver aux grands maîtres anciens. Ici, la légende devient un hors-d'œuvre que, le plus souvent, des amis ingénieux improvisaient sous le dessin; toute la valeur de l'œuvre est dans le crayon. Daumier, qui est un indiscipliné, déteste le bourgeois, et il n'a qu'un désir, c'est de le montrer particulièrement déplaisant; il arrive, par l'exagération de la nature, à la plus puissante expression du grotesque; il porte aussi au fond du cœur une passion politique, et il frappe sur ses adversaires en les couvrant de ridicule; ici, en plus d'une page, la caricature devient un chef-d'œuvre. Gavarni s'escrime contre les ridicules de son temps, tenant le crayon comme une épée légère, et émaillant le combat de mots d'esprit. Daumier, comme un hercule de la foire, saisit ses contemporains et les jette si lourdement sur le sol, qu'on entend craquer les os. Silencieux lui-même, il exècre les phraseurs et aplatit les avocats; son tempérament d'artiste est toujours offensé par l'élément bourgeois; il lui voue une haine féroce et invente une bourgeoisie plus laide que nature, avec des têtes imbéciles se balançant sur des corps ramollis; il a un idéal politique, et, dans sa haine de ce qui lui résiste, il fait une salade de ministres et de princes, histoire de divertir le populaire et de le faire rire aux dépens des puissants du jour. Daumier est le caricaturiste pamphlétaire dont chaque coup de crayon s'efforce de faire une blessure.

Et, entre ces deux hommes de haute valeur artistique, Cham vient se placer un beau matin; il n'a pas la grâce de Gavarni, ni la science de Daumier; son œuvre, dépouillée de ses légendes, ne peut pas prétendre à prendre rang dans les arts français. On ne le conservera pas dans les collections, comme les lithographies de Gavarni et de Daumier, et cependant il devient l'un des premiers caricaturistes de ce siècle, peut-être le plus populaire des trois. Grand comme un tambour-major, maigre comme un Anglais, avec son masque froid, auquel de formidables moustaches et une longue barbiche donnent à dessein une allure militaire, Cham se promène à travers la vie parisienne sans amertume et sans passion, riant de tout, croquant les hommes et les choses du jour, raillant tout le monde sans jamais blesser personne, et demeurant un homme de bonne compagnie au milieu des plus folles explosions de sa gaîté; le crayon est toujours prêt, l'esprit toujours en éveil, avec une bonne humeur naturelle, une grande droiture de caractère qui le faisait respecter, et un large fond de bonté qui lui attirait toutes les amitiés. Entre temps, et dans un âge déjà avancé, il avait des retours vers les illusions de jeunesse et un désir ardent de sortir du cadre étroit de la caricature pour faire un peu de peinture. Doux comme un enfant, obéissant comme un écolier, il s'en allait discrètement travailler dans l'atelier de quelques peintres de ses amis pour vaincre le pinceau rebelle à son ambition. Au fond, il eût donné tout son bagage de caricaturiste pour une petite toile au Salon, le classant parmi les peintres.

Cham avait débuté par des dessins militaires sur les campagnes d'Afrique, et, de ces premières ardeurs, il lui était resté une certaine prédilection pour le troupier français. Dumanet faisait battre son cœur, comme la vision céleste de la vierge au rideau faisait battre le cœur de Raphaël; à ses amis, il montrait volontiers quelques études de soldats qu'il avait peintes d'après nature dans l'atelier de M. Yvon, je crois, ou bien des scènes guerrières qu'il avait faites à l'aquarelle chez son ami Eugène Lami. Ce petit musée intime était la joie et l'orgueil de ce grand enfant, qui ne se rendait pas bien compte de la situation exceptionnelle qu'il devait à sa verve comique. Cham avait tous les enfantillages du Parisien, dont le plus développé est son amour excessif du militaire. Que de fois l'ai-je vu, portant un petit chien sur ses bras, suivre un régiment sur le boulevard, marchant au pas militaire, renforçant la musique d'un harmonieux murmure de satisfaction. C'était là, je crois, la joie la plus douce de sa vie; il lui fallait un maître d'armes militaire pour l'exercice de l'épée chaque jour, qu'il maintint dans ses habitudes jusqu'à la fin de sa vie; il était d'une très belle force à l'épée, mais il ne s'en vantait jamais, pas plus de ceci que de son talent de dessinateur, car je n'ai pas connu d'homme d'esprit plus modeste et faisant, moins que celui-ci, étalage d'aucune de ses supériorités.

Cham avait de plus une qualité que seuls possèdent les hommes d'un esprit réel : il savait écouter les autres et rire de leurs drôleries plus que des siennes, dont il se méfiait. Les grands succès n'avaient rien enlevé de la candeur du jeune âge; ce grand rieur qui a diverti la France pendant quarante ans était, en ce qui concernait son œuvre, timide comme un enfant. Que de fois, dans mon jeune temps, l'ai-je vu arriver au bureau du *Charivari,* apportant à Louis Huart vingt-quatre croquis, avec leurs légendes, afin que son rédacteur en chef en pût choisir douze pour la Revue dominicale, acceptant toutes les observations, jetant tranquillement au panier les croquis qu'on ne trouvait pas drôles, n'insistant jamais pour imposer un bois qu'on ne jugeait pas réussi, n'invoquant jamais les succès passés et la situation acquise; il était toujours d'humeur égale, spirituel sans méchanceté, et sans relâche il semait dans la conversation, sans y faire attention, un nombre si grand de mots qu'une douzaine d'hommes d'esprit auraient pu se tailler une belle renommée dans le trop plein de l'homme le plus prodigieusement spirituel que j'aie vu dans ma vie.

Ce qui donnait un charme tout particulier à cette belle humeur intarissable, c'est qu'elle semblait inconsciente chez Cham; il disait les mots les plus drôles sans se douter qu'ils pouvaient produire un effet, tout naturellement, sans effort comme sans ostentation, et il semblait tout surpris d'avoir dit un mot d'esprit. De ses origines aristocratiques, il avait conservé des préjugés avec lesquels il ne transigeait pas, et il arrêtait d'une phrase sèche, quoique polie, l'ami qui tentait de risquer une plaisanterie à ce sujet ; profondément religieux, il n'admettait pas que, sur les articles de foi, on pût penser autrement que lui ; monarchiste dans l'âme, il s'accommodait mal de tout autre gouvernement ; il fut plus hostile toutefois à l'Empire, qu'il jugeait comme une parodie de la Monarchie, qu'à la République. Mais même sur ce terrain brûlant, son esprit aimable et conciliant n'arrivait jamais à l'aigreur, ce qui fait qu'il a pu vivre au milieu de républicains et faire son nom dans un journal avancé, sans perdre l'amitié d'un homme de son parti et sans offenser le sentiment républicain qui pardonnait toutes les saillies à cet homme de tant d'esprit. Le moyen, par exemple, de se fâcher avec Cham, qui a résumé toute la Commune en trois coups de crayon et cinq mots : le dessin représente un chiffonnier, ramassant un vieux papier dans un tas d'ordures, et s'écriant avec surprise : « Tiens, un décret de moi ! »

Feuilleter l'œuvre de Cham, c'est relire l'histoire politique et sociale d'un demi-siècle, racontée par un des plus spirituels Parisiens qui aient existé ; c'est la chronique permanente dessinée et écrite par un homme à ce point doué qu'en trois lignes il en disait plus qu'un historien en tout un volume prétentieux.

HECTOR BERLIOZ

Le soleil printanier qui luisait sur Paris en mars 1879, aurait pu s'appeler le soleil de Berlioz. Tous les journaux étaient remplis de la gloire de ce grand méconnu. Il a fallu qu'il mourût pour qu'on le plaçât à son rang. L'œuvre dédaignée du vivant de son auteur devient l'apothéose du trépassé. Toutes les fois que son nom paraissait sur une affiche, la foule accourait, se passionnait et applaudissait. Le Conservatoire, les concerts Pasdeloup, MM. Colonne et Lamoureux s'arrachaient les lambeaux de cette gloire tardive : c'était à qui en aurait un morceau; on se disputait l'honneur de fêter sa mémoire; toutes les mains applaudissaient, toutes les bouches criaient : bravo! tous les cœurs étaient gagnés par une même émotion. Chacun sentait qu'il avait sa part de responsabilité dans la longue souffrance de ce magnifique dédaigné, qui sortait de son tombeau, vêtu du suaire et le front ceint de lauriers. Il était bien temps! En ce qui me concerne, je ne puis assister à ces triomphes toujours renouvelés, sans être en proie à une hallucination terrible. Il me semble toujours que la hideuse Mort conduit l'orchestre; je la vois battre la mesure avec sa terrible faux et couvrir cette foule enthousiaste d'un regard d'inexprimable dédain.

Ce que Berlioz a dû souffrir défie la description. L'enfer du Dante n'est qu'un gai vaudeville à côté de cette vie de luttes, de défaillances et de désespoirs. Je ne pense pas qu'il y ait de douleur comparable à celle d'un homme qui mérite la gloire et ne rencontre que l'indifférence, toujours concentré en lui-même, luttant toujours avec la même ardeur et la même conviction contre l'éternelle ignorance. On le traitait de fou, ce grand esprit si solidement rivé au cerveau, qu'il n'a pas chancelé sous le dédain de ses contemporains; on appelait vanité son noble orgueil à triompher de la foule rebelle à son œuvre. Il s'était fait sur le boulevard une légende de Berlioz qui représentait ce grand maître comme une sorte de compositeur toqué; c'était à qui dirait son mot spirituel sur ce pauvre homme, histoire de faire rire la galerie attentive à la blague; on l'a accablé de lazzis et conspué comme un farceur. On l'a traîné aux gémonies, lui et sa musique. Son nom sur une affiche suffisait pour faire le vide dans une salle; on bâillait de confiance aux premières notes de ses symphonies; dans les soirées, un loustic musical égayait toujours le public en imitant sur le piano la musique de Berlioz, comme d'autres imitaient de la voix les comiques du jour. Le dit loustic, après quelques accords préliminaires, exécutait une cacophonie entremêlée de miaulements de chats et d'aboiements de chiens auxquels il ajoutait le chant du coq, le cri de l'âne et les grognements du rhinocéros. Et l'assemblée de se tordre de rire et de s'écrier d'une seule voix.

— Comme c'est cela! C'est du bon Berlioz!

Victor Hugo a ému son temps avec un chapitre intitulé : *Une tempête sous un crâne!* Qui oserait peindre ce qui s'est passé dans le crâne de Berlioz? Combien de fois cette grande intelligence était sur le point de s'enfouir à jamais dans la folie! Qui nous dira son désespoir, ses révoltes, ses angoisses, et l'incommensurable mépris de son temps qu'il a dû puiser dans tous ces dédains? De loin en loin, il s'enfuyait au delà de la frontière pour chercher, au milieu d'un public dont l'éducation musicale était plus avancée, ces bravos qui sont nécessaires à l'âme d'un artiste, comme la rosée bienfaisante est nécessaire à la vie d'une fleur; et toujours il revint avec plus d'amertume que jamais dans sa patrie dédaigneuse de son génie. Maintenant, quand j'entends la foule en délire acclamer cette œuvre inappréciée, il me semble que l'ombre de Berlioz plane sur la salle et qu'elle répond à ce tardif enthousiasme par un sourire de pitié. Elle n'est pourtant pas méchante, cette foule; elle est inconsciente dans le mal qu'elle fait, comme un enfant : elle a les cruautés du jeune âge, mais il suffit aussi de lui montrer du doigt le mal qu'elle fait pour qu'elle se repente et pour qu'elle pleure et demande pardon. En ce moment, elle demandait pardon aux mânes de Berlioz, elle jurait qu'elle ne le ferait plus jamais, et demain elle recommencera avec la même insouciance devant toute œuvre de l'esprit d'un homme qui veut l'entraîner en dehors des sentiers battus. Tel fut le lot des grands peintres que maintenant on cite avec admiration. C'est ainsi que la foule passe toujours avec indifférence devant tout ce qu'elle ne comprend pas sur l'heure. Il ne faut pas oublier que Millet, le grand peintre dont les œuvres atteignent maintenant des prix fabuleux, serait mort de faim avec ses enfants, à Barbizon, si certain soir les camarades n'avaient pas apporté un pain de quatre livres à ces désespérés.

Berlioz n'eut pas, comme d'autres de ses contemporains, la joie d'assister à l'apothéose finale, succédant à de si longs désespoirs. Il est descendu dans la tombe sans avoir, une seule fois, connu les ivresses de la popularité. Je me demande comment un homme de valeur peut vivre de si longues années en tête-à-tête avec le désespoir, et comment sont façonnés ces cerveaux d'élite dont la raison ne finit pas par chanceler sous de si terribles secousses toujours renouvelées ? Et tout autour de lui on s'étonnait qu'il ne fût pas plus gai ! On lui reprochait cette attitude réservée, ce regard hautain, cette froideur marmoréenne qui éloignaient de lui les enjoués de son temps. « C'est la vanité ! » s'écriait l'opinion routinière et docile. « C'est la douleur, » répondait l'écho.

La première fois que je le vis, c'était à Bade, au

temps jadis où la folie parisienne passait le Rhin en été, se concentrant en un vaste camp. Chacun avait l'habitude de laisser à Paris les soucis de la vie. A l'aube, la gaieté française sonnait la diane dans la Forêt-Noire; la journée était un long éclat de rire que répercutait l'écho dans les sapins. Au milieu de cette foule toujours souriante, je vis circuler un être à part, qui m'apparut comme la statue de la Désolation. Chacun était frappé de l'inexprimable tristesse de son regard. Ce visage maigre et anguleux semblait être taillé dans le marbre; des cheveux gris encadraient un front pensif; il était impossible de ne pas s'arrêter devant ce singulier personnage, et de ne pas le contempler avec intérêt. Dans cette foule enjoué et prête à toutes les folies, Hector Berlioz m'apparut comme un revenant d'outre-tombe. Dans les longues amertumes de sa vie, le sourire avait fui ses lèvres; il était attristé et attristant; il jetait un froid dans les explosions de l'esprit parisien; son apparition éteignait la gaieté subitement; on eût dit le glas funèbre se mêlant tout à coup aux quadrilles d'une fête villageoise. Chacun de nous avait une oreille attentive aux valses de Strauss exécutées par l'orchestre de la Promenade, et l'autre tendue vers le bruit de l'or qui tintait joyeusement sous le râteau du croupier. Seul, Berlioz vivait à l'écart des heureux; l'esprit tourné vers un idéal, il ne paraissait pas porter la moindre attention à la réalité. On me disait qu'il se tenait ainsi à distance par vanité, et chacun de répéter cette légende. Aucun ne pensait à la douleur qui devait ravager cet homme, dont on repoussait l'œuvre avec une si grande persistance. S'il avait consigné au jour le jour les déchirures de son âme sur un journal, quel livre il aurait laissé! Que de fois il a dû frôler le suicide, ce pauvre méconnu!

Si Berlioz avait vécu dix ans de plus, nous aurions probablement connu un autre homme. L'artiste incompris, au regard mélancolique, se fût transformé sous le succès. Que n'eût-il donné pour entendre une seule fois les acclamations de la foule; lui qui dut se contenter toute sa vie des encouragements de quelques délicats et des banals compliments des hommes de bonne éducation qui, par charité, lui faisaient l'aumône d'un applaudissement; il est mort dix ans trop tôt, avant que le goût de la musique ne se fût propagé dans le public et n'eût rendu les cerveaux rebelles accessibles à son talent. Maintenant, c'est une explosion d'admiration sur toute la ligne. L'écurie du Cirque retentit des applaudissements aussi bien que l'écurie de l'Hippodrome et la maison de Rothomago, sur la place du Châtelet. Il n'y a plus de concert possible sans Berlioz; on s'arrache les partitions dont personne ne voulait jadis; le dédain aveugle d'autrefois a fait place à une admiration sans partage. Rien ne manque à cette gloire : succès d'acclamation, succès d'argent. A dix ans de distance, Berlioz, qui faisait le vide dans une salle, fait accourir le monde. On refuse des places à tous les guichets.

Berlioz fait même de l'argent. L'anniversaire de sa mort devient une date lugubre. On s'émeut et on pleure. Chacun de nous sent qu'il y a une injustice à réparer ; on applaudit autant que jadis on sifflait, ce qui est tout dire ; les adversaires d'hier sont devenus les fanatiques du jour. On trépigne avec ardeur, on tape des pieds et on bat des mains ; on se figure que dans sa tombe Berlioz entend ce tapage, et qu'il s'en réjouit. On veut se réconcilier avec le grand mort, de peur qu'à l'heure de minuit il ne vienne tirer les oreilles à ceux qui l'ont bafoué de son vivant. Il est certain que ceux qui ont si longtemps nié son talent, et que les éminents critiques qui jugeaient avoir dit le dernier mot sur Berlioz, doivent être hantés de remords cruels ; ils n'osent plus tremper la plume dans un encrier, de peur que Berlioz n'en sorte comme le diable d'une boîte pour leur faire une grimace. Qu'ils se rassurent ! le pauvre homme est mort et enterré, et si son esprit rayonne encore dans l'inconnu, le grand martyr doit, à l'heure présente, ressentir pour ses détracteurs un sentiment de pitié.

Maintenant c'est à qui lui élèvera une statue sur les places publiques, et les générations à venir, en passant devant le bronze, ignorantes des avanies subies par Berlioz de son vivant, envieront cette gloire parisienne et diront de lui : « Quelle belle vie a dû être la sienne ! » Car c'est la fiction. Mais en réalité un autre aura déjà pris la place de Berlioz ; quelque génie primesautier et audacieux comme celui-là, musicien, peintre ou savant, et qui mourra comme lui de consomption et de douleur au milieu d'une foule indifférente mais qui, dix ans après la mort du martyr, fera cortège à sa gloire. En ce qui me concerne, je me borne à constater ce phénomène parisien, comme j'enregistre les faits et gestes de mon temps. Mais, lors même qu'il y aurait eu quelque exagération dans ces transports, qui oserait s'y arrêter et disputer à la mémoire de Berlioz la vogue qui maintenant va à lui comme jadis le dédain? N'a-t-il pas payé cette gloire de toute une vie terrible de déboires, d'angoisses et d'ambition inassouvie?

Ne croyez pas que la terrible leçon que ce mort est en train de nous donner nous corrige de notre fatuité à toujours dire le dernier mot sur toutes choses. Que demain un autre Berlioz surgisse au milieu de nous, et nous serons tout disposés à le traiter avec la même insouciance dédaigneuse. C'est le lot des esprits qui devancent leur temps de ne pas être reconnus par lui; il leur est loisible d'en appeler à la postérité, qui souvent est bonne personne et rachète les fautes du passé. Ce qui arrive à Berlioz est dans l'ordre voulu; il n'est pas une exception dans l'histoire des hommes, et on peut affirmer hardiment qu'il ne sera pas le dernier des martyrs de la pensée. A la vérité, les souffrances de leur vie sont bien peu de chose à côté de la gloire dont on couvre leur tombe. On n'achète pas trop cher la postérité au prix de toute une vie de déboires. La mémoire de Berlioz est vengée de tous les outrages.

ALPHONSE DAUDET

Comme le petit Léon de la chanson, mon vieux camarade Alphonse Daudet demeure, là-bas, là-bas, tout près du Luxembourg; c'est presque la campagne que cette partie du faubourg Saint-Germain.

Le grand carnet noir, pas plus élégant que le petit livre sur lequel une ménagère inscrit le linge qu'emporte la blanchisseuse, fait foi que, dans tous ses livres, Daudet s'appuie sur la réalité des hommes et des choses; il est rempli de notes qui demain se transformeront en romans.

Ce carnet confidentiel ne quitte jamais le romancier. S'il rencontre une figure originale, en quelques phrases il en arrête les contours comme un peintre dessine un passant original en deux coups de crayon. Les petits carnets de Daudet sont intéressants comme des albums remplis de croquis faits d'après nature. On y trouve la première ébauche de Fromont et de Risler, de la famille Joyeuse, du Nabab et tous les premiers croquis de ce touchant livre de *Jack*. Alphonse Daudet est un des plus grands écrivains français de ce siècle et on peut dire de son œuvre que pas un accident n'est inventé; tout y est observé, étudié d'après nature, les hommes et les mœurs. Mme de Barancy, la mère de *Jack*, n'est pas une fiction. Tout Paris a connu les modèles qui ont posé pour le *Nabab* et, si on le voulait, on pourrait mettre le nom véritable sous chacun des personnages de *Sapho*.

La maison d'Alphonse Daudet est l'Académie française du roman naturaliste, comme son œuvre en est l'expression la plus séduisante. Zola a peut-être plus de puissance littéraire, mais Daudet lui est supérieur, non seulement par l'élégance de la forme, mais aussi par l'émotion douce et pénétrante; il a surnagé dans son talent un vieux souvenir du poète des premières années, comme la tête a conservé dans l'âge mûr la douceur de la première jeunesse; de même il a conservé tous ses amis de jadis, ceux qu'il charmait à l'heure des débuts et qui sont restés, à travers les années, les camarades de ce maître littérateur.

Le véritable roman naturaliste est incarné en trois écrivains : Goncourt, Daudet et Zola; l'ombre de Flaubert plane sur ce groupe, uni par une communauté d'idées et par une amitié que les froissements d'amour-propre subis tour à tour par deux d'entre eux, par le succès du troisième, n'ont jamais pu entamer; chacun d'eux a marqué sa vie par l'œuvre supérieure : *Germinie Lacerteux*, l'*Assommoir* et *Sapho;* les trois écrivains ne se sont jamais quittés, n'ont jamais médit l'un de l'autre, et je vous garantis que rien ne dissoudra cette fraternité intellectuelle qui a pris naissance dans une commune admiration pour Gustave Flaubert.

C'est un spectacle rare dans le monde où l'on vit d'amour-propre de voir un groupe d'artistes se tenir par la main et traverser la vie en se serrant les uns contre les autres, bien décidés à former un faisceau compact et à s'imposer les uns par les autres. Il se peut que cette fraternité littéraire ne soit pas toujours au fond des âmes et que le succès de l'un ne plaise pas constamment aux autres, mais c'est une grande preuve de supériorité de ne jamais montrer publiquement les secrets tressaillements de l'amour-propre atteint par la vogue du voisin. La guerre civile et fratricide est inconnue dans le cercle d'écrivains dits naturalistes ; depuis la première heure où Alphonse Daudet et Émile Zola, les plus jeunes, se sont enrôlés sous le drapeau de Flaubert, cette fraternité littéraire ne s'est pas démentie un seul instant. Avant la venue des deux conscrits, les deux Goncourt avaient gagné leurs galons et Tourgueneff avait déjà apporté au groupe le prestige de son talent. Il y a déjà bien des années que dure cette camaraderie littéraire. A Flaubert, mort le premier, Tourgueneff succéda à la tête des naturalistes ; l'estime réelle pour le talent de l'écrivain russe, une certaine communauté d'idées et surtout une amitié vive, cimentée dans les réunions, désignèrent tout naturellement Tourgueneff au poste de chef de cette association de littérateurs.

Tant que Tourgueneff était là, Goncourt, malgré

ses cheveux blancs, se tenait, avec plus de résignation que de conviction, au second plan, jusqu'au jour où, après la mort de l'écrivain russe, il devait prendre la tête par l'ancienneté; maintenant, ils ne sont plus que trois dans cette petite église naturaliste, dont Goncourt est le souverain pontife et Guy de Maupassant le jeune abbé, appelé à devenir un personnage très important dans l'avenir. Comme dans le roman de Dumas, les trois Mousquetaires sont donc en réalité quatre. Guy de Maupassant, c'est Aramis. Inutile de parler du menu fretin qui voltige autour de ces chefs de file, moucherons agaçants qui bourdonnent autour des renommées assises et se nourrissent des miettes du naturalisme en littérature. Quelques-uns ont du talent et, avec le sentiment de discipline qui est la particularité de ces écrivains, ils vont maintenant à Zola et à Daudet, avec la même subordination qui a conduit ceux-ci vers Flaubert, au temps de leurs débuts.

Le milieu naturaliste est très intéressant. On peut dire de la maison de Daudet qu'elle est l'église de la congrégation naturaliste. Goncourt est un vieux garçon, Zola est un ours qui, les trois quarts de l'année, vit dans sa fosse à Médan; il faut donc aller chez Daudet pour les voir ensemble. La maison est charmante et hospitalière; un hôtel de bourgeois laborieux qui se serait réfugié dans le calme du quartier de la rive gauche; tout y respire le travail et la paix. L'auteur de *Sapho* est un des rares artistes, de Paris qui n'ait pas été atteint par cette soif de paraître, dont tout notre temps souffre sans exception. Zola lui-même n'y a pas échappé plus que les autres; après avoir acheté à Médan une bicoque pour quelques milliers de francs, il n'a pas pu résister au désir d'étaler sa prospérité sous les yeux des voyageurs de la ligne de l'Ouest, qui passe devant le castel où l'auteur de l'*Assommoir* a déjà enfoui plus de deux cent mille francs dans les bâtisses; de tout temps, la maison des Goncourt, qui sont entrés dans la vie avec un patrimoine, a été embellie par les objets d'art, les japonaiseries, les estampes rares et les dessins du dix-huitième siècle qui, avec le temps, ont acquis une si grande valeur, que l'auteur de *Chérie* peut songer à fonder une Académie naturaliste dont il serait le Richelieu d'outre-tombe.

La maison d'Alphonse Daudet est restée modeste : quelques bibelots entassés sur les meubles, une vingtaine d'esquisses ou de tableaux accrochés aux murs par les peintres amis, tout juste de quoi attester qu'un grand artiste habite cet appartement bourgeois; pas de velléité de luxe, aucun clinquant de mise en scène, rien que le confort strict, acquis par le travail et combiné avec la sage économie d'un père de famille qui songe à l'avenir de ses enfants. Madame Daudet, une femme d'une rare intelligence et écrivain de beaucoup de talent, elle aussi, a néanmoins le tact de ne vouloir paraître qu'une excellente ménagère; la maison respire l'ordre et la paix:

elle est charmante dans sa simplicité voulue.

Une ou deux fois par hiver je vais passer chez Daudet quelques heures dans sa province de la rive gauche, car malgré les bourrasques qui ont soufflé sur mes relations avec quelques intimes, je n'y rencontre que des amis. J'ai vu débuter Alphonse et je l'ai vu grandir avec une joie profonde : si, un jour, j'ai fait du chagrin à Goncourt, le critique seul s'en souvient. Il y a bien longtemps qu'une polémique tapageuse avec Zola a été terminée par une bonne et sincère poignée de main. Les médiocres seuls cultivent le ressentiment éternel; entre hommes intelligents, on ne se brouille pas à jamais pour un coup d'épingle, une égratignure d'amour-propre ou la discussion passionnée d'un instant.

Les trois chefs du naturalisme ne se ressemblent point; le tempérament de chacun est particulier comme sa littérature. Goncourt, avec sa crinière blanche que Tourgueneff semble lui avoir laissée par testament, est grave et pensif comme un écrivain qui juge ne pas avoir dans les préoccupations du public la place qu'il mérite. Est-ce par vantardise qu'il parle si haut de son mérite en évoquant l'ombre de son frère? Non! L'homme est simple et bon, et s'il crie par-dessus les toits la place à laquelle il pense avec raison avoir droit, Goncourt est comme le promeneur attardé qui traverse un bois et chante pour cacher sa peur; il voit les éditions s'entasser autour des romans de ses amis qui ont l'oreille du public plus que lui, Goncourt; si, parfois, il en ressent quelque mélancolie, il n'en est pas moins le camarade sincère des deux autres; c'est que ces trois écrivains sont unis par une affection que rien ne peut entamer; ils ont, dans le passé, le culte commun du souvenir de Flaubert et de Tourgueneff; dans le présent, le même principe littéraire qu'ils défendent, et tous trois ont une confiance égale en leur valeur certaine.

Zola et Daudet, les deux jeunes, ont pour leur ancien des tendresses exquises; il vous semble que, par leurs prévenances, ils veulent expier l'engouement du public qui va à eux plus qu'à leur vieux camarade; ils marquent de la sorte, devant les convives, la haute estime littéraire qu'ils ont réellement pour Goncourt. La place d'honneur à côté de la maîtresse de la maison, jadis réservée à Tourgueneff, appartient maintenant à Goncourt, comme un siège inamovible; il y est rivé à jamais comme un ancêtre et, ma foi, il y fait très bonne figure. L'âge a donné à Goncourt le physique de l'emploi : les cheveux blancs qui commandent le respect, la carrure d'épaules et l'embonpoint voulu qui lui donnent un certain vernis majestueux. Quand Goncourt parle, on l'écoute avec recueillement; le brio méridional de Daudet se tait, et le plus souvent, Zola, le grand révolté, approuve d'un signe de tête.

Ne vous avisez pas d'insinuer que Goncourt abuse de la description et rend de la sorte la lecture de ses œuvres, je ne dirai pas pénible, mais du moins laborieuse ; aussitôt Zola brandira sa massue et la tête d'Alphonse Daudet prendra une expression féroce. C'est qu'ils l'aiment, leur Goncourt, ils le vénèrent ; ils ne souffrent pas qu'on le discute. Aux environs de Rouen, Flaubert sortirait de sa tombe, et là-bas, en Russie, Tourgueneff se retournerait dans son cercueil si on touchait au camarade qui leur a succédé dans l'amitié des deux jeunes. Il ne faut pas discuter Goncourt ; autrement Zola devient, je ne dirai pas un tigre, car il n'en a pas l'agilité, mais un rhinocéros fonçant sur un mouton, Daudet se transformera en chacal qui, d'un coup de griffe briserait la colonne vertébrale à une brebis, et, n'était la timidité qui leur clôt la bouche, les aspirants naturalistes admis dans ce clan pousseraient un rugissement d'ensemble comme on n'en entend que dans la ménagerie de Bidel.

Il est certain que les sceptiques souriront et penseront qu'il n'est pas tant dans la nature humaine de se réjouir du succès considérable d'un rival. Que Goncourt, dans son coin, ait un nouvel accès de mélancolie en voyant, par exemple, la vogue formidable de *Sapho*, c'est possible ; que les nuits de Zola, à Médan, soient troublées parfois par les succès de son ami, je ne dis pas non. Mais s'il y a un petit tressaillement au fond des cœurs, rien ne paraîtra à la surface, et l'étroite amitié ne sera pas troublée pour si peu ; les trois écrivains sont solidaires de leur art et ils ne se laisseront pas diviser, soyez-en bien certains; ils ont bien du talent, mais ils sont bien forts aussi; ces trois romanciers sont en même temps trois malins.

Avec le succès de *Sapho*, Alphonse Daudet a repris la tête dans le groupe de romanciers. Chacun connaît à présent cette considérable étude de mœurs parisiennes. Je voudrais seulement combattre en quelques lignes le reproche qu'on a fait à Daudet de ne pas résumer en une sorte de moralité de fabuliste la leçon qui doit découler d'un livre que l'auteur dédie à ses fils quand ils auront vingt ans. Quelques-uns pensent que l'amant n'est pas assez intéressant et que le châtiment n'existe pas pour lui puisqu'il a la chance d'être lâché par sa maîtresse. Rien n'eût été plus facile pour Daudet que de tomber dans les redites, de nous montrer une fois de plus un artiste qui, las de la vie, se tue à la fin, à moins que sa maîtresse *se périsse* par le laudanum.

Ce dénouement de mélodrame eût, à mon sens, enlevé toute la valeur à *Sapho*. Mieux avisé, Daudet a choisi son héros dans la moyenne de jeunes gens dont les sentiments de devoir et d'honneur s'écroulent lentement dans les bas-fonds de la liaison parisienne avec son cortège voulu de capitulations de conscience et d'oubli des plus respectables sentiments. Quant à la leçon qui découle du dernier livre d'Alphonse Daudet, elle est terrible sans viser à l'effet, car tout ne finit pas avec le dernier mot du roman;

la moralité est bien nette sans être mise en vers; six années d'une telle vie laissent un sillon profond dans le cœur de l'honnête homme qui l'a traversée. Au delà des mers, Jean Gaussin emportera un souvenir cuisant de sa vie troublée, comme le forçat rendu à la liberté conserve éternellement les meurtrissures de la chaîne et du bâton de la chiourme.

LOUISE MICHEL ET LISBONNE

Lisbonne est une vieille connaissance pour l'auteur de cette étude. En 1882, il devenait, pour la seconde fois, directeur de théâtre. Sous l'Empire, il dirigea les Folies-Saint-Antoine, théâtricule qui fut situé aux environs de la Bastille; sous la troisième République, il devait pour quelques mois, rendre un éclat incomparable au théâtre des Bouffes-du-Nord. Entre les deux directions, Paris avait vu la Commune, sous laquelle Lisbonne se promut au grade de colonel des fédérés; ce fou, brave comme une lame d'épée, se battit comme un enragé; il eut une jambe cassée par une balle, fut condamné à mort d'abord, puis à dix années de travaux forcés qu'il a subies au bagne comme condamné de droit commun. Le bâton du garde-chiourme eut raison de toutes les résistances de ce révolté; l'amnistie nous le rendit.

Il y avait bien quinze ans que je n'avais vu Lisbonne quand, un matin, en entrant chez Brébant, quelqu'un, du coin de la salle, me cria :

— Bonjour, Albert!

C'était le citoyen Lisbonne, retour de Nouméa.

La déportation semblait avoir été favorable à sa constitution et je lui en fis mon compliment ; le bagne l'avait un peu engraissé, mais à part cela et la jambe qu'il traînait, sa performance, comme on dit sur le turf, ne laissait rien à désirer ; toujours cette tête de Tzigane, autour de laquelle flottent les longues mèches noires d'une véritable forêt de cheveux. Lisbonne me fit part de son projet de diriger les Bouffes-du-Nord, en attendant qu'on l'appelât au poste d'administrateur de la Comédie-Française, le jour où la Commune reviendrait. Il sortit de sa serviette une liste déjà longue d'actionnaires ; dans le nombre, les gros bonnets du parti.

— Citoyen, lui dis-je, si vous avez conservé un bon souvenir de nos anciennes relations, vous me ferez la grâce de me céder une action de cent francs. C'est la cotisation d'un laborieux, enchanté d'aider un homme qui veut se retremper dans le travail.

— Voici le reçu, Albert, fit Lisbonne en détachant la quittance d'un registre à souche.

Étant donné que j'avais des capitaux engagés dans le théâtre des Bouffes-du-Nord, ma curiosité de voir une répétition du drame de Louise Michel se doubla d'une question d'intérêt. Je m'en fus donc, un soir, trouver Lisbonne à son théâtre où l'on répétait *Nadine*. L'ex-colonel, bon enfant, comme toujours, voulut bien me permettre d'assister à cette petite fête ; il m'importait de voir le drame de Louise Michel et de l'entendre, car j'avais comme une idée que cela se gâterait le soir de la première représentation.

Cette soirée fut tout à fait intéressante; les Russes et les Polonais se rencontraient pour la première fois dans les batailles que l'ex-colonel Lisbonne était en train de régler; il était à l'avant-scène, une canne à la main comme un officier au combat; les figurants, recrutés parmi les ouvriers du quartier, se montraient récalcitrants. Lisbonne, assis sur une table à l'avant-scène, eut des accès de colère; de temps en temps, il se précipitait dans la mêlée, arrachait le fusil des mains d'un Polonais et lui démontrait la manière de s'en servir. Cet impresario pensait évidemment que c'était arrivé, car il mit une ardeur extraordinaire à conduire ses Polonais à la rencontre des Russes; il était magnifique, cet ancien colonel de la Commune faisant le coup de feu pour rire comme un simple pioupiou; il me rappelait Ney à la retraite de Russie.

Cela ne marchait pas toujours comme sur des roulettes, allez! Ce n'est pas une petite affaire de régler tant de luttes sanglantes en deux répétitions; il y eut des moments terribles. C'est un homme singulièrement énergique que ce Lisbonne; en voyant les Polonais se défendre si mollement contre l'envahisseur, le colonel eut des colères folles. A un moment donné il s'élança sur un facteur du Nord, officier au service de Paskiewitsch, le prit par le collet et lui arracha son fusil en s'écriant :

— Allons assez! on ne se bat pas ainsi! Fichez-moi le camp!

Entre ces deux hommes il y eut alors un moment de lutte : le Polonais, dégradé devant ses camarades, sur la scène des Bouffes-du-Nord, se révolta contre l'ex-colonel; ces deux hommes, pendant un moment, formèrent un groupe de lutteurs comme on en voit dans la sculpture antique de nos musées. Bientôt Lisbonne disparut dans les coulisses avec son Polonais; j'entendis comme un bruit vague de coups échangés dans le couloir, où Lisbonne flanquait une danse à son figurant, en vertu de ce principe immuable que tous les hommes sont frères!

Il faut dire aussi que ce n'est pas une petite chose que de régler sur un théâtre des batailles en deux jours, quand ailleurs il faut un mois. Mais les ressources du citoyen Lisbonne étant restreintes, il lui fallait faire des économies; comme actionnaire, je l'en loue. Dans une baignoire, Louise Michel suivait avec un grand calme et une visible satisfaction la marche de son œuvre. Son collaborateur, qui a gardé l'anonyme, un jeune homme pâle, à la chevelure blonde, se tenait à l'orchestre et prenait des notes d'une main tremblante, car il était sous le coup de l'émotion d'un premier début. Lisbonne était très curieux à observer; fiévreusement il roulait une cigarette entre ses doigts; de temps en temps il se précipitait dans la mêlée, conduisant tantôt les Russes, tantôt les Polonais au combat; il mettait une telle ardeur à régler toutes les batailles que, par moments, avec ses longs cheveux flottant autour d'une tête énergique, il ressemblait à un capitaine gaulois sur un champ de bataille; ce citoyen-là devait être redoutable dans les mêlées de la guerre civile. Je n'ai pas à m'occuper ici de cette phase de sa vie que l'amnistie a effacée, car j'ai toujours pensé que je n'avais pas le droit de me montrer plus sévère que la représentation nationale. Au fond, ce Lisbonne, qui peut être terrible à son heure, est, au repos, un bon enfant, qui parle de ses malheurs sans la moindre aigreur.

Cela demeure pour moi un secret indéchiffrable de voir des hommes traverser les dures épreuves du bagne ou de l'exil et conserver néanmoins, qui tout son esprit, qui sa bonne humeur ou son insouciance. Il me pousse des cheveux blancs rien qu'en passant devant Mazas, et ce Lisbonne, qui a été dix années au bagne, revint tout guilleret et avec une entière gaîté de Nouméa. En cette soirée mémorable, l'ex-colonel eut des accès de gaîté folle; son chef d'orchestre, un ancien des Folies-Dramatiques, s'était payé une tournée de trémolos qui se portait bien; il ne laissait pas à ses huit musiciens un instant de répit. La tempête de l'ambition grondait sous ce vieux crâne. Pour le départ des Polonais marchant à la rencontre des Russes, ce maestro avait composé un morceau en vue de l'Institut. Au moment solennel, il se tourna vers moi et me dit :

— Vous allez entendre ma marche française ! Elle est bien française, celle-là, bien française !

Pourquoi cet homme avait-il composé une marche française pour la Pologne ? Qui peut dire ce qui se passe dans le cerveau d'un chef d'orchestre des Bouffes-du-Nord ? L'orchestre fit un tel tapage qu'on n'entendait plus les appels à la révolution de Bakounine. Alors Lisbonne, interrompant la marche française en imposant silence à l'orchestre, s'avança vers la boîte du souffleur et dit au compositeur :

— Tu aimes la musique, toi ? Eh bien, il ne faut pas t'en priver. Mais fais-moi le plaisir d'emmener ton orchestre chez toi et laisse-nous répéter !

L'éminent maestro tourna vers moi sa tête affligée et semblait faire appel à mon intervention pour sauver sa partition d'un désastre ; je restai sourd à cette invocation si éloquente dans sa pantomime. Comme actionnaire, je ne pouvais pas avoir le droit de m'occuper de ces choses-là.

Dans un entr'acte, Lisbonne qui devinait mes plus secrètes pensées, me dit :

— Voulez-vous que je vous présente à notre grande citoyenne ?

— Cela me fera le plus grand plaisir.

— Eh bien, venez !

Nous montâmes dans le cabinet du directeur, car Lisbonne a un cabinet aussi bien que le directeur des grands théâtres. Louise Michel était assise devant le bureau du directeur : elle signait des entrées pour la répétition générale du lendemain. Il y eut un moment pénible. La grande citoyenne me traiterait-elle comme un lépreux de la presse maudite? Pendant la minute qui s'écoula entre mon entrée et ma présentation, je jetai un coup d'œil sur la grande citoyenne, tout de noir vêtue avec un long voile noir descendant de ses cheveux jusqu'aux mollets et qui lui donnait l'allure d'une vénérable matrone. Quand Lisbonne m'eut nommé, Louise Michel leva la tête, fixa sur moi ses yeux et me fit un sourire encourageant et d'une douce bienveillance. La tête n'est certainement pas belle, mais elle n'est pas ce qu'on en dit. Les yeux sont singulièrement intelligents. Souffrez que j'esquisse en quelques fugitifs coups de crayon cette figure contemporaine, sans passion et sans aucune arrière-pensée. Mon métier est de voir de près toutes les choses de la vie parisienne avec un entier sang-froid.

La grande citoyenne fut envers moi d'une tenue parfaite, comme une femme de bonne éducation qui recevrait chez elle un visiteur pour lequel elle n'aurait pas la moindre sympathie, mais à qui elle se croit obligée de faire un accueil aimable. Comment? Était-ce bien là cette femme si redoutée, qui veut « tuer les cochons quand ils sont trop gras?... » Rien dans les allures de Louise Michel ne trahit des préoccupations de cette nature. Cependant il y eut une seconde où son visage calme et enjoué de bourgeoise heureuse, prit un tout autre caractère. Dans le cours de la conversation, j'exprimais cette opinion, fort sincère d'ailleurs, que nous sommes tous d'accord sur un point, à savoir que les efforts d'une société civilisée doivent tendre à éteindre graduellement la misère.

— Vous voyez, concluai-je, qu'au fond nous voulons la même chose.

— Pas par les mêmes moyens, me répondit la grande citoyenne, et ses yeux, de doux qu'ils étaient, prirent tout à coup une expression terrible.

— Non, lui dis-je, pas par les mêmes moyens; je ne veux pas tuer de cochons, car je n'ai pas le moindre goût pour la charcuterie.

La glace était rompue; la grande citoyenne voulut bien sourire de cette boutade, et Lisbonne, tout à fait enchanté que la présentation eût si bien tourné, s'écria en pouffant de rire :

— Je vous l'avais bien dit que notre grande citoyenne est une femme charmante !

Mais oui, Lisbonne! Mais oui!

En effet, Louise Michel avait retrouvé sa bonne humeur, et sa conversation prit tout à fait un tour enjoué. Je voyais le moment où nous allions faire une partie de loto, la grande citoyenne, Lisbonne et moi, comme dans une maison de paisibles bourgeois. J'avoue que les deux êtres que j'avais là devant moi me déroutaient. Le passé n'avait pas laissé la moindre trace chez eux; ils parlaient de si terribles épreuves comme des touristes qui donneraient des renseignements à un voyageur prêt à se mettre en route. Pas de trace de la terrible Louise Michel des réunions publiques et des enterrements civils; une femme bien élevée, aimable et souriante; un homme bon enfant : ainsi m'apparurent Louise Michel et Lisbonne, ces deux êtres si redoutables à l'heure où la politique envahit leurs cervelles. Nous revînmes tout naturellement aux épreuves de la déportation. M. le directeur parlait de cela comme d'un souvenir lointain de mauvais jours, comme d'un incident tout naturel de la vie; cet homme qui fut dix années au bagne, sous le bâton du garde-chiourne, me contait cela comme une histoire ordinaire.

— Et vous, madame, dis-je à Louise Michel, qu'avez-vous éprouvé quand, vaincue, vous partiez à fond de cale pour Nouméa?

— Moi, dit la grande citoyenne, mais je n'ai rien éprouvé du tout, car je savais d'avance ce qui m'attendait.

— Et là-bas, madame, à Nouméa?

— Ah bah! fit Louise Michel, je savais bien que ça finirait : tout a une fin. En politique, une déportation c'est dix ans, et comme je ne suis pas vieille, on peut recommencer.

Et Lisbonne, avec un bon gros rire, ajouta :

— Oui, au départ de Nouméa, notre grande citoyenne a pris un billet d'aller et retour.

Sur ce mot de la fin, qui peint bien l'insouciance de ces singulières créatures devant une éventualité cruelle, je présentai mes respects à la grande citoyenne, et je garde le meilleur souvenir de l'exquise bienveillance avec laquelle elle a daigné s'entretenir avec un misérable ver de terre.

Bras dessus, bras dessous, enchanté de cette curieuse soirée, je m'en fus au Café du théâtre avec mon copain Lisbonne; son chef d'orchestre, une ancienne connaissance de l'ancien boulevard du Temple, à qui le directeur clément avait restitué sa marche française, voulut bien se joindre à nous, ainsi qu'un acteur nommé Noailles, qui est également un souvenir de jadis. Dans la pièce de Louise Michel, ce Noailles jouait un patriarche polonais qui se fait sauter la cervelle parce qu'il a trahi sa cause. Je venais de le voir répéter avec une belle conscience, ainsi que ses camarades, et toutes sortes de pensées avaient surgi dans ma cervelle. Dans ma stalle d'orchestre, où nous n'étions que cinq ou six invités, je songeais à ces acteurs qui partent pour leur carrière avec tant d'illusions et qu'on retrouve vingt ans après, en cheveux blancs, sans qu'ils aient fait un pas en avant; ils sont résignés dans les cent ou cent cinquante francs qu'ils gagnent par mois et qui, en défalquant les mois d'été, leur assurent bon an mal an des appointements de balayeurs. Et ils conservent toutes leurs illusions jusqu'au dernier souffle!

Alphonse Daudet a peint Delobelle. Mais que de figures autrement intéressantes il trouverait en descendant encore quelques échelons plus bas dans la vie des gens de théâtre. Je cite ce Noailles comme un exemple. Ce garçon, dans sa jeunesse, eut une heure où il entrevit la gloire et la fortune. Dumas le père s'était intéressé à lui et, sans l'entendre, il lui confia, pour une représentation au théâtre de Saint-Germain, le rôle d'Hamlet dans la tragédie traduite par Dumas. Le grand écrivain, très occupé à fournir des romans à cinq ou six journaux, n'eut pas le temps de suivre les répétitions. Quelle fut sa surprise quand, le soir de la première, Noailles joua Hamlet en auvergnat. Les rêves d'or et de gloire étaient finis. L'acteur retomba dans le néant. De temps en temps, je le voyais surgir dans quelque drame du boulevard, sans qu'il se fût corrigé de son accent auvergnat.

Et sur le tard, à deux pas de la vieillesse, il faisait partie de la troupe de Lisbonne, aux Bouffes-du-Nord, toujours gai, ne désespérant pas encore, au fond, de prendre à la Comédie-Française la place de Delaunay, qui veut se retirer. C'est que, voyez-vous, les gens de théâtre ne sont pas faits de la même pâte que nous; ils vivent d'illusions : ils ont des moments de douce béatitude quand ils jouent un rôle de prince et qu'ils croient que c'est arrivé. Ce Noailles est un modèle du genre; la vie lui a été dure; il n'a pas fait sa trouée; il est malade; l'avenir est pour lui sans consolation. Et il est gai! Je suis sûr que le jour où on lui a distribué son rôle dans la pièce de Louise Michel, l'acteur Noailles a dû rentrer au logis rayonnant de satisfaction en disant à sa femme :

— Plus de soucis désormais, ma chérie! Je viens d'être nommé bailli de Cracovie!

JACQUES OFFENBACH

La gloire parisienne est restée fidèle à Jacques Offenbach jusqu'à la fin de sa vie; à peine a-t-il connu quelques moments de défaillance, aussitôt rachetés par de nouveaux succès; pendant trente ans, il a tenu le monde sous le charme de sa gaieté et de son esprit. De cette tête d'oiseau sur un corps frêle se dégageaient le flot des mélodies, tantôt joyeuses, tantôt émues, qui ont fait le tour du monde et dont un grand nombre restera comme l'une des plus brillantes incarnations de ce qu'on appelle l'esprit parisien : son talent n'avait pas de devancier; il était primesautier autant que fécond. L'artiste admirait en Offenbach la prodigieuse somme de travail et l'inépuisable abondance de sa fantaisie. On lui a reproché souvent d'avoir gaspillé ses merveilleuses qualités dans ce que la routine appelle un genre inférieur. Rien n'est inférieur dans un art quelconque quand l'artiste y atteint la plénitude de son genre.

On peut dire que son profond amour pour la gloire, qui depuis trente ans l'avait bercé, a fait résister Offenbach pendant de longs mois à la mort qui l'étreignait. Nous autres, qui avons assisté à la dernière année de cet artiste, nous étions seuls à connaître l'énergie suprême avec laquelle Jacques Offenbach se cramponnait à la vie, non seulement pour la prolonger de quelques mois, mais pour achever sa dernière œuvre que, depuis des années, il caressait comme le couronnement de sa carrière.

Il y avait déjà cinq ou six ans que la mort avait saisi Jacques Offenbach à la gorge quand, pendant l'été de 1880, la lutte entra dans sa phase définitive. J'habitais avec Meilhac le pavillon Henri IV, à Saint-Germain, où Offenbach, agonisant, occupait un appartement du rez-de-chaussée. Le docteur, venu pour ausculter le malade, nous avait dit : « C'est effroyable, dans ce corps, détruit par l'épuisement, il n'y a plus rien. »

Mais nous, ses amis, nous savions qu'il y avait encore quelque chose que le docteur ne voyait point. Appelez cette chose l'âme, la flamme ou l'ambition de l'artiste, comme vous voudrez; mais, toujours est-il que cette force invisible soutenait le corps abandonné par la force physique, à ce point qu'il fallait le plus souvent porter le pauvre malade de son appartement jusqu'au restaurant, quand nous réunissions quelques amis communs à notre table. Les beautés du paysage qui nous environnait étaient fermées ou à peu près pour Offenbach; toujours condamné à garder la chambre, il ne voyait plus des magnificences de l'été que les buissons devant ses fenêtres du rez-de-chaussée, qui lui barraient la vue sur la terrasse et la forêt. Au cœur du mois de juillet, vêtu d'une robe de chambre garnie de fourrures, le malheureux était forcé de fermer la fenêtre, car le moindre courant d'air lui était fatal. De plus, une nouvelle maladie était venue se greffer sur les autres. Quand vers quatre heures, après le travail quotidien, Meilhac, Halévy et moi nous descendions chez Jacques pour faire son whist, dans cette température de serre chaude, nous le trouvions souvent étendu presque sans mouvement et nous nous demandions avec inquiétude : — Sera-ce pour aujourd'hui ?

Si habitué que fût Offenbach à toutes les souffrances, le dernier été le découragea. Quand, vers le soir, une chaise de poste vint nous prendre, Meilhac et moi, et que le musicien dut décliner notre invitation, répétée chaque jour pour la forme, de nous accompagner dans nos courses à travers les bois, il ne pouvait maîtriser son émotion ni cacher sa tristesse ; sa pensée était, plus souvent que par le passé, dans l'infini ; elle se manifestait par ces mots, toujours les mêmes, qui revenaient dans sa conversation comme un lugubre refrain :

— Quel bel article me fera Wolff quand je serai mort !

Et puis le lendemain, quand la veille, en rentrant, nous nous étions demandé si nous trouverions encore

Offenbach en vie, ding! ding! le piano retentissait au rez-de-chaussée; le maëstro était ressuscité; à la première heure, il s'était installé devant son travail; il m'envoyait de ses nouvelles par les graves et belles mélodies des *Contes d'Hoffmann,* entrecoupées de quart-d'heure en quart-d'heure par des accès effroyables d'une toux sans pitié. C'était la symphonie de la Mort qui se mêlait aux inspirations du musicien. Alors Henri Meilhac, qui sous son enveloppe de sceptique est bien le meilleur cœur que je sache, ouvrait la porte de communication de nos deux appartements et me disait :

— L'entendez-vous? Ding! ding! Le musicien d'en bas est à la besogne! Quel artiste!

Quel artiste! Ces deux mots disaient l'admiration profonde que nous avions pour cette volonté de fer, ce travailleur infatigable, ce lutteur étonnant dont la belle intelligence, soutenue par l'ambition, défiait la mort. Il faut avoir vu de près cette lutte suprême pour comprendre le respect qu'elle nous inspirait. Ding! ding! ding! Attendris, nous nous regardions : Ding! ding! ding! « Quand il sera mort, on lui rendra justice! » fit Meilhac. Ding! ding! ding! Comme une protestation contre nos appréhensions, le maëstro nous envoyait les rythmes entraînants! « Étonnant, » concluait Meilhac, « faisons comme lui! Travaillons! »

Au milieu des souffrances multiples des derniers mois, de cet affaiblissement toujours grandissant, notre pauvre ami eut des moments de bonheur ineffable. L'excellente femme qui maintenant est veuve, était à Étretat avec une partie de la famille, mais sa fille, Mme Tournal, cette créature d'élite faite de bonté et de tendresse, vint tenir compagnie à son père, qu'elle entourait de la plus touchante affection filiale qu'on puisse rêver. Le dimanche, c'était le tour du fils, qui, échappé ce jour-là du collège, venait s'enfermer dans la chambre aux fenêtres closes et déchiffrer les nouvelles compositions de la semaine. Ce jeune homme, mort peu de temps après son père, savait par cœur toutes les partitions du père et notamment celle des *Contes d'Hoffmann,* qui contient cinq ou six morceaux de premier ordre. Souvent, je descendais au rez-de-chaussée pour me faire rejouer mes morceaux de prédilection. Au commencement, Offenbach protestait toujours avec la coquetterie d'un artiste qui sait bien qu'il va se rendre. Il fallait le menacer en riant « d'un bon éreintement dans le *Figaro* » pour qu'il cédât; puis une fois parti, le maëstro ne s'arrêtait plus, et après chaque morceau, il concluait, en réponse à mes applaudissements : « Oui, c'est vraiment bon! » Quand on le poussait un peu, il ajoutait : « C'est admirable! » Et il avait raison.

C'est que dans cette partition des *Contes d'Hoffmann,* le maëstro avait mis toute son âme; elle devait être dans sa pensée le couronnement de sa vie, le dernier mot de son art comme elle est sa dernière œuvre. On ne peut dire définitivement ce que sera un ouvrage dramatique avant de l'avoir vu aux feux de la rampe. Mais ce fut un étonnement général quand Offenbach fit exécuter chez lui des fragments de son opéra; il caressait cette partition comme son enfant de prédilection; il disait naïvement : « C'est admirable ! » mais au fond il n'en pensait pas un mot; pas un jour ne se passait sans que le compositeur retournât, au milieu d'autres préoccupations, à cette œuvre chérie pour chercher à l'améliorer encore; il sentait fort bien que ses derniers travaux n'avaient rien pu ajouter à l'éclat de son nom et qu'il lui fallait frapper un grand coup. C'est pour cela que, ravagé par toutes les maladies imaginables qui s'acharnaient sur ce pauvre corps si frêle qu'on eût pu le croire à la merci d'un souffle, ce beau lutteur, penché sur son œuvre, résista si longtemps à la mort, et c'est pour cela qu'en le voyant à la besogne, chacun de nous, saisi à la fois de pitié et d'admiration, se disait : Quel artiste!

Quel artiste! C'est la seule oraison funèbre qui convienne pour Offenbach; elle dit tout dans sa brièveté. On a vu des musiciens plus magnifiques que celui-ci sans doute, mais nul n'a jamais mérité plus ce titre glorieux que Jacques Offenbach. C'était un artiste dans la plus belle acception du mot, et tout ce que je pourrais ajouter n'en dira pas plus long. De cette vie d'artiste, si enviée du profane, il a connu toutes les joies, mais aussi toutes les amertumes : les commencements humbles et laborieux, le combat pour le pain quotidien, le succès, la renommée, la popularité et les défaillances après les triomphes. Tant que la tête haute, ivre de ses lauriers, — on aurait pu le devenir à moins, — il s'était promené en vainqueur de théâtre en théâtre, portant ombrage à tout le monde, envié de chacun, on trouvait cela tout naturel. C'est à l'heure des désastres et non à l'heure du triomphe que l'artiste devait se montrer dans tout son éclat et répandre autour de lui le respect qu'on avait marchandé au vainqueur. Atteint dans sa prospérité perdue dans la direction de la Gaîté, chancelant sous les secousses de ses successeurs et de ses imitateurs, l'artiste se redressa et entreprit contre le Destin un combat à outrance. Au lendemain du désastre qui engloutit sa fortune, il était à l'œuvre où l'appelaient le devoir et l'ambition, ces deux admirables soutiens de l'homme autour de qui tout semble devoir s'écrouler à jamais.

Ce combat fut long, acharné, cruel, et il est à croire que le pauvre ami a dû en souffrir plus qu'il ne voulait le laisser paraître; l'excessive tendresse que le musicien avait pour son propre talent, et qu'on lui a si souvent reprochée, le tint debout dans la tourmente. La nature a décidément bien arrangé toutes choses, puisqu'elle a donné à ceux qui vivent de la gloire d'artiste, la confiance en leur étoile; l'homme qui ne s'attelle pas à la besogne avec la conviction de réussir mieux que les autres, perd le meilleur de son talent dans le doute de soi-même. Jamais Offenbach n'eût écrit cent partitions s'il avait perdu son temps à se discuter. Le Destin lui avait donné pour compagne une Muse aimable qui, au lieu de faire des scènes à l'artiste, lui passait les mains dans les cheveux et lui disait : « Tu es le plus beau et le plus grand! » Offenbach le croyait, ni plus ni moins que tous ceux qui existent par l'intelligence et le succès. Seulement ce que ses rivaux, qui ne le valent pas, se répètent devant la glace où se reflète leur image et leur idole, Offenbach le disait à haute voix à qui voulait l'entendre; chez lui la vanité était plus naïve que chez les autres, voilà tout!

Jacques Offenbach, après avoir connu les misères de la jeunesse et les ivresses du succès de l'âge mûr, eût certainement sombré dans la crise où il perdit sa fortune et une partie de la situation acquise, sans cette confiance absolue en sa valeur. Et pourquoi, en somme, ne l'aurait-il pas eue? Aucun musicien n'a eu des succès plus nombreux et plus populaires que celui-ci! Aux adulations du dehors se joignait, pour embellir la vie de l'artiste, l'affection du foyer. Une femme, vénérée de tous ceux qui ont eu l'honneur de l'approcher, dirigeait cette maison douce et honnête où le maëstro en rentrant retrouvait, avec le calme et le recueillement, la sincérité de son talent que tant d'autres perdent dans les joyeusetés du Paris sceptique. Sur le grand fauteuil, dans lequel il se plongeait en revenant au logis, se penchaient des enfants tendres qui inventaient pour leur père les noms les plus caressants, ceux qui, à la fois, pouvaient flatter son amour-propre d'artiste et son orgueil de père ; jamais on ne vit d'homme plus gâté, plus entouré que celui-ci. Aux grandes soirées, après les premières, tout Paris affluait dans sa demeure pour le féliciter ; après boire, on reprenait une à une toutes les mélodies que le public avait acclamées dans la soirées et qui, dans le trajet du théâtre à la maison d'Offenbach, étaient déjà devenues populaires, et le tout se terminait ordinairement par un cortège triomphal à travers l'appartement ; quelques jeunes gens hissaient Offenbach avec son fauteuil sur leurs épaules et tous les autres dansaient en rond autour du vainqueur de la soirée. L'ancien appartement de la rue Laffitte étant trop petit pour l'enthousiasme, souvent on promenait de la sorte Offenbach dans les escaliers. Quelle charmante maison et combien on y a dépensé de verve, d'humour, d'esprit et de gaieté !

Cette adulation perpétuelle et légitime se reflétait dans les allures du maëstro au dehors. Aucune admiration ne lui semblait trop grande, aucun hommage rendu à son nom ne lui paraissait démesuré. Ainsi, cinq ou six ans avant sa mort (il avait loué sa villa), Offenbach vint passer quelques jours à Étretat, à l'hôtel. « Faisons-lui une réception magnifique », disait-on. Aussitôt cette idée émise, elle fut exécutée. A la hâte, on dépouilla la collection d'armes d'un ami et on équipa douze hallebardiers d'opéra comique, rangés en bataille devant l'hôtel ; mon jeune neveu, représentant la cavalerie, se tenait sur un âne, agitant le drapeau tricolore du Casino ; un artificier de bonne volonté fut posté sur le balcon de l'hôtel avec la mission de tirer un feu d'artifice à trois heures de l'après-midi en l'honneur d'Offenbach. Au moment où la voiture entre dans la rue, les fusées partent, les soleils se mettent à tourner ; un tambour bat aux champs, les hallebardiers présentent les armes et je m'avance vers le maëstro pour lui présenter les clés de l'hôtel sur un plat en ruolz. Habitué à toutes les excentricités de la popularité, Offenbach ne comprit pas la plaisanterie ; il eut la larme à l'œil et me dit d'une voix émue : « C'est trop ! c'est trop ! »

On peut croire que je n'évoque pas ces fantômes d'un temps heureux de gaîté de cœur pour donner à cette étude un ton enjoué qui ne s'expliquerait pas en présence de la profonde tristesse qui m'envahit, tandis que la plume court sur le papier ; je le fais pour expliquer la naïveté enfantine de ce grand artiste et de ce bien cher ami, dont on a si souvent dénaturé le caractère ; elle a soutenu le travailleur acharné à l'heure où le succès devint rebelle pour aller à d'autres dont je ne nie pas le talent, mais qui très certainement ne valaient pas l'inventeur d'un genre dont ils n'avaient ni l'émotion, ni la grâce, ni l'esprit. L'artiste ne se tint jamais pour vaincu ; ni les maladies, ni les tristesses, ni l'injustice ne purent le terrasser ; dans cette crise terrible, il fut tout simplement admirable de ténacité, de confiance et de labeur. En le voyant ainsi à l'œuvre, toujours sur la brèche, courant d'une bataille perdue à une autre bataille, dans l'espoir d'y trouver la victoire, Paris eut un remords. Après s'être lassé d'entendre appeler Aristide « un Juste », il se dit qu'il avait été injuste ; il guettait une occasion de faire remonter Jacques sur le pavois, et, quand enfin le succès lui revint avec *Madame Favart* d'abord, avec la *Fille du Tambour-Major*, ensuite ce fut comme un cri de soulagement qui sortit des poitrines oppressées, par la vue de ce beau spectacle d'un artiste déjà âgé, et qui, avec une énergie toute juvénile, soutenait ce long combat contre la malechance !

Il n'eût pas été logique, il n'eût pas été moral que ce grand enchanteur mourût à la peine sans voir un retour de la Fortune. Depuis plusieurs années, la Mort le tenait à la gorge, décidée à ne plus lâcher sa victime, mais elle s'est montrée relativement clémente en permettant à Offenbach de finir sa carrière en pleine possession de la situation reconquise, tandis que sa dernière opérette avait dépassé la trois-centième représentation, pendant que l'Opéra-Comique répétait les *Contes d'Hoffmann* et que le théâtre de la Renaissance, le théâtre de Lecocq lui venait demander une partition. Cette dernière satisfaction donnée à son amour-propre a été, je crois, un des plus grands bonheurs de sa vie. Comme un souverain vaincu et revenu maintenant à sa puissance d'autrefois, Offenbach accueillit les ouvertures avec une joie secrète, c'est certain, mais aussi avec une grande hauteur :

— Enfin, dit-il au directeur, on entendra donc de la musique dans votre théâtre!

Paroles injustes, si vous voulez, mais ce fut le cri de délivrance d'une ambition d'artiste, après de longues et cruelles angoisses. Eh bien, mon cher Meilhac, vous qui, malgré les accidents qui séparent souvent des collaborateurs, aviez conservé une si grande affection pour cet artiste, une si profonde estime pour ce laborieux, voici l'heure où on lui rendra justice après sa mort. Vous souvenez-vous de ce que nous disions l'été d'avant, dans nos promenades champêtres, quand nous n'étions pas bien sûrs de retrouver Offenbach vivant en rentrant? Nous disions que le jour de sa mort on s'apercevrait de ce qu'il fut en récapitulant ses œuvres nombreuses, primesautières, originales, qu'il n'a prises à personne et dont ses imitateurs se sont inspirés avec bonheur; nous disions qu'avec Offenbach disparaîtrait un des plus beaux tempéraments d'artiste qu'on puisse voir et que sa vie de labeur appellerait tous les respects sur sa tombe. Eh bien, soyons sans crainte : le nom d'Offenbach est inscrit à jamais dans l'histoire artistique de ce siècle. La Postérité verra ce qu'elle devra retenir de ces cent deux partitions; elle fera un choix, mais quel qu'il soit, il suffira pour qu'en feuilletant l'œuvre qui restera, ceux qui survivent à Offenbach disent de lui : Quel artiste !

LEO LESPÈS

(Timothée Trimm)

Celui-ci a connu pendant quelques années tous les enivrements de la gloire à Paris; il en avait atteint les hauteurs où commence la popularité. Jamais journaliste n'a régné sur un si grand nombre de lecteurs; il avait la clientèle des villes et celle des campagnes. La France, d'un bout à l'autre, l'écoutait quand il parlait au million de lecteurs du *Petit Journal,* sous le pseudonyme de Timothée Trimm; il avait débuté comme un véritable artiste, et il a fini dans l'oubli.

Léo Lespès était déjà à son apogée quand je le vis pour la première fois; il avait déjà publié dans le *Figaro* des articles dont le succès fut énorme. Sous ses dehors excentriques, sous ces vêtements curieux, dont la coupe et le choix des étoffes témoignaient du désir de l'écrivain de se faire remarquer, se cachait un véritable artiste, amoureux de sa profession jusqu'à l'enthousiasme. Un article de Léo Lespès à l'ancien *Figaro* était toujours un événement; il le caressait pendant des semaines avant de le livrer au lecteur; il ne paraissait ambitionner que les suffrages des délicats. Il y avait deux hommes en Lespès : l'un qui ne semblait demander à la littérature que le moyen de jeter chaque jour un certain nombre de louis par la fenêtre. Celui-là brassait des romans et des articles d'annonces avec une facilité extraordinaire : il eût fait dix articles par jour pour pouvoir s'offrir des asperges en janvier et des fraises en février; il dépensait cinq louis à son déjeuner avec l'aisance d'un grand seigneur doublé d'un fou. On disait de lui : « Mais Lespès trouverait le moyen de dépenser dix louis dans un restaurant à trente-deux sous par tête. » Rien n'était ni trop rare, ni trop cher. Sa plume ingénieuse et habile troussait avant le déjeuner un prospectus de marchand ou un feuilleton à volonté : au bout de ce travail, Léo Lespès n'entrevoyait que l'or pour assouvir ses appétits de prodigue. C'est lui qui, le premier, a imposé aux restaurateurs la mode de présenter toute la corbeille de fruits pour que le client pût choisir les meilleurs. Mais, en même temps, l'autre Lespès, l'artiste, ciselait avec amour un de ses articles pour l'ancien *Figaro*, sans souci du plus ou moins d'argent qu'il lui rapporterait, uniquement préoccupé de maintenir sa réputation dans le cercle restreint des amis littéraires et du lecteur délicat.

La création du *Petit Journal,* les besoins toujours croissants d'une vie de désordre, poussée jusqu'à la démence, devaient avoir raison de ce tempérament d'artiste en le jetant dans le travail fiévreux de chaque jour, dans une production hâtive qui alimente la bourse, mais émousse le talent. L'entrée de Léo Lespès au *Petit Journal* fut une source de fortune pour la maison. Timothée Trimm à la première colonne, Gaboriau au feuilleton, l'un assaisonnant l'événement du jour, tantôt avec esprit, tantôt avec émotion, l'autre tenant le lecteur en haleine avec ses romans judiciaires d'un intérêt si grand, et pour diriger le tout, un esprit inventif et toujours en éveil. C'est ainsi que, l'un portant l'autre, le *Petit Journal,* son chroniqueur et son romancier, prirent dans la vie parisienne et même sur toute l'étendue du sol français une importance qu'avant eux aucun journal et aucun journaliste n'avaient atteinte. C'est ici que se place l'apothéose de l'écrivain, mais cette apothéose était aussi le commencement de sa décadence. Dans les improvisations hâtives de toutes heures devait se perdre un talent fin et distingué qui, à son origine, était appelé à de plus belles destinées.

Très certainement, et ceci n'est douteux pour personne, la grande popularité qui accueillit le nom de Timothée Trimm fut aussi le signal de la décadence de Léo Lespès. L'observateur distingué de tant de jolies fantaisies, publiées dans le *Figaro* bi-hebdomadaire, fut seul à ne pas s'apercevoir qu'en devenant ce qu'on appelle un vulgarisateur, il vulgarisait son propre talent. On a vu des écrivains résister pendant des années à l'improvisation quotidienne : la passion de la politique et des questions sociales alimente chaque jour leur verve ou leur colère; mais dans le domaine de la fantaisie, il est bien rare qu'un publiciste résiste longtemps aux excès de travail. Timothée Trimm eut au *Petit Journal* la bonne fortune d'avoir pour directeur l'ingénieux Polydore Millaud, l'homme dont le cerveau, toujours en ébullition, trouvait dix sujets d'articles par jour, et qui fut le plus précieux des collaborateurs pour les journalistes de sa maison. Millaud s'efforçait aussi de rendre la tâche plus facile à son rédacteur en vogue; il l'entoura de tout un état-major d'hommes érudits qui apportaient chaque matin à Timothée Trimm des notes précieuses pour l'article du jour. Et, si j'insiste sur ce point, ce n'est point pour amoindrir le succès du chroniqueur aimé des masses, mais pour insister, au contraire, sur l'excessive ingéniosité d'un journaliste, dont le mérite fut surtout de trouver une forme juste et claire pour intéresser la foule à des questions historiques ou scientifiques auxquelles l'écrivain, lui-même, ne s'intéressait que médiocrement.

Timothée Trimm devint une puissance dans un journal dont le succès dépassait tout ce qu'on avait jusqu'alors vu dans la presse parisienne. De son ancien métier de trousseur de réclames commerciales, il avait conservé ce merveilleux instinct de frapper la foule par une phrase, par un de ces mots qu'on n'oublie pas. Nul n'entendait mieux que lui l'art de déguiser une affaire sous un article séduisant. Timothée Trimm bénéficia de l'énorme publicité du *Petit Journal* dans la mesure de son talent et de son influence. On n'a jamais vu sur le pavé de Paris et on ne verra pas de sitôt un rédacteur gagner les sommes folles qui ont embelli quelques années de la vie de Lespès. Mais, hélas! il était une de ces natures insouciantes qui ne s'occupent jamais du lendemain, et sa brouille avec la maison Millaud, qui fut le commencement de sa détresse, le surprit dans la même situation pécuniaire où il avait passé sa vie avant qu'il eût trouvé son plus grand succès. Notre pauvre confrère, abattu par l'abandon du public qui ne suivit point son chroniqueur adoré au *Petit Moniteur*, souffrait peut-être sérieusement pour la première fois de sa vie. Lui, qui avait supporté tant de mauvais jours avec une bonne humeur qui semblait intarissable, devint sombre et morose ; il souffrait de l'abandon du public qu'il avait pensé entraîner à sa suite et qui demeura fidèle au *Petit Journal,* où le pseudonyme de Thomas Grimm remplaça le nom adulé de Timothée Trimm. C'est dans cet abandon du public qu'il faut chercher la cause première du mal qui a emporté notre ami. Orgueilleux à l'excès, Léo Lespès ne se plaignit point ; il avait toujours sur les lèvres ce sourire charmant et dans la causerie ces boutades spirituelles qui le rendaient sympathique à tous ; mais on sentait que l'orage grondait dans cette vaste poitrine, et dans ses éclats de rire on découvrait aisément comme un hoquet fait de larmes et de désespoir.

C'est ainsi que nous l'avons vu dans les derniers mois de sa vie. Lui, qui a passé sa vie en voiture, se traînait péniblement sur le trottoir. Le pauvre Léo faisait peine à voir. Son pantalon à la houssarde flottait autour de ses jambes amaigries par la maladie; le fameux gilet de velours ballottait autour d'une poitrine, autrefois si puissante et dont maintenant la respiration était si pénible qu'elle faisait prévoir le râle final à courte échéance. Autour du cou flottait toujours la fameuse cravate rouge, mais de l'ensemble se dégageait une mélancolie qui serrait le cœur. Lespès ressemblait à un de ces vieux manoirs tombés en ruines et sur la façade desquels le temps a respecté les armes qui témoignent de l'ancienne grandeur du châtelain. Tout ce qui restait de ce passé quelquefois brillant, toujours bruyant de Léo Lespès, ce furent les yeux qui avaient conservé leur fine malice d'autrefois.

Vous savez comment il est mort dans cette sinistre maison du faubourg Saint-Denis, à la maison municipale de santé, où sont déjà restés tant des nôtres. Qui oserait lui reprocher d'avoir fini dans cet état de dénûment, succédant à tant de prodigalité? Car, en somme, le pauvre homme n'a fait du mal qu'à lui-même.

SARAH BERNHARDT

Pendant ces derniers dix ans, Sarah Bernhardt a escaladé les hauteurs les plus escarpées de la gloire parisienne. Artiste dramatique de premier plan, il ne lui a pas pas suffi de prendre dans l'opinion publique la place restée vacante depuis la mort de Rachel; elle a voulu obtenir des récompenses au Salon comme sculpteur; elle s'est vu acclamer sur la jetée du Havre par dix mille personnes, venues pour assister à sa rentrée triomphale de son premier voyage en Amérique; elle a traversé les principales scènes de Paris en marquant sur chacune son passage par des créations qui firent époque dans la vie de la grande artiste; elle a été attaquée avec la dernière malveillance et défendue dans les moments difficiles avec le plus grand dévouement. Depuis ses débuts à l'Odéon, dans le *Passant*, de Coppée, jusqu'au nouveau voyage au delà des mers que Sarah Bernhardt entreprend en ce moment, sa carrière a été une suite de triomphes que chacun connaît. Mais le point culminant de sa vie, c'est son ascension en ballon dont elle a consigné les péripéties dans un petit livre, rempli d'un bout à l'autre de jolis dessins. On y voit Sarah Bernhardt sous tous les aspects : de face, de trois quarts, de profil, de dos, en femme avec une longue traîne, en homme avec un costume de velours. Ce petit livre marque l'apothéose de Sarah.

Je vois d'ici l'étonnement du collectionneur qui, dans un siècle, découvrira ce volume sur le quai. Ne croyez pas que je fasse cette supposition par dédain pour le talent de l'écrivain. On trouve bien, chez les étalagistes du quai, Virgile et Horace, Corneille et Victor Hugo; Sarah serait là en très bonne compagnie. Mais je présume que ce collectionneur sera fort surpris en voyant que, vers la fin de ce siècle, une jeune femme d'infiniment de talent et un jeune peintre d'avenir ont consacré un volume spécial à leur propre glorification. La jeune femme se désigne sous le nom de Doña Sol, tout comme si, avant elle, personne n'avait joué ce rôle, et s'il devait disparaître avec l'interprète acclamée de l'héroïne de Victor Hugo. Le jeune peintre qui a accompagné Sarah en ballon, M. Georges Clairin, un homme de beaucoup de talent et un charmant Parisien, se plaît à dessiner son propre portrait une centaine de fois; il est toujours aux côtés de Doña Sol, si bien qu'on finit par le prendre pour Mounet-Sully dans le rôle d'*Hernani*.

Le collectionneur de l'avenir pourra être surpris de cette singulière publication. Moi, je ne m'étonne plus de rien. Que demain on vienne me dire que, dans la nuit de mardi à mercredi, on a déboulonné

Napoléon de la colonne Vendôme pour le remplacer par Sarah Bernhardt, je trouverai cela fort naturel. Peu à peu on s'habitue à toutes les extravagances de son temps, et, en ce qui concerne tout particulièrement Sarah Bernhardt, elle peut se livrer à toutes les fantaisies, protégée qu'elle est contre toute critique acerbe, non seulement par sa qualité de femme charmante, mais encore par sa situation au théâtre, où elle occupe la première place.

Donc, en 1878, Sarah Bernhardt a voulu poser sa candidature à l'Académie française par le récit de son excursion en ballon avec le peintre Clairin. C'est une chaise qui raconte la chose. Quelle chaise? Celle sur laquelle la sociétaire du Théâtre-Français s'est assise dans le ballon. Vous pensez bien que cette chaise doit savoir bien des choses que le commun des mortels ignore absolument. De ce jour où Sarah Bernhardt s'est assise sur elle, la chaise a gardé une profonde impression. Qui l'aurait cru!

La chaise raconte cette scène étourdissante. Il se fait un mouvement dans la foule. Doña Sol arrive au bras de l'aéronaute Tissandier; elle est suivie du jeune peintre Clairin. Doña Sol monte dans le panier. Naturellement, le peintre Clairin s'y installe également. On s'assure que la chaise, qui doit porter un si précieux fardeau, est bien d'aplomb. Écoutez maintenant cette chaise littéraire :

« Tout à coup, je fus inondée par un flot de dentelles. Doña Sol s'était assise sur moi! »

Je me permets d'appeler l'attention du lecteur sur cette charmante phrase. Moi, je trouve cette expression délicieuse pour peindre ce qu'on ne peut pas dire autrement. Un flot de dentelles : le mot est resté dans la langue boulevardière. « Asseyez-vous donc sur votre flot de dentelles! » C'est du pur dix-huitième siècle!

Enfin, le ballon s'élève dans les airs, portant Sarah Bernhardt et le peintre Clairin, plus M. Godard, qui, très certainement, n'est pas le plus heureux des trois. Habitué aux ascensions, M. Godard n'a pas, comme les deux touristes, les émotions de l'imprévu. Doña Sol devient rêveuse; elle murmure, l'ingrate :

— Il me plairait vivre toujours ici!

Pas une larme pour le théâtre! Pas un souvenir pour le public idolâtre. Pas une pensée pour ses auteurs. Doña Sol est tout entière à la contemplation de l'infini, à ce point que du haut des cieux, la chaise l'affirme, Sarah Bernhardt, fatiguée d'être assise, s'écrie en sautant debout :

— Cette chaise m'embête!

Le mot y est. Cette phrase mémorable a été dite à seize cents mètres d'altitude. Quel contraste avec le galant flot de dentelles. Nous sommes en plein réalisme. En lisant ce passage, Zola interrompt son nouveau roman, pousse un cri de joie et dit : Le naturalisme triomphe.

C'est au-dessus de Vincennes que Doña Sol a prononcé cette phrase, désormais mémorable. Un peu avant, comme le ballon descendait rapidement vers la place de la Bastille, il fallait jeter du lest. Écoutez la chaise :

« Doña Sol réclama le plaisir d'ouvrir le sac et de couvrir de sable l'impudent génie de la Liberté. Une famille anglaise, qui prenait l'air au balcon de la colonne, fut aveuglée par notre lest. Le père regarda d'un air courroucé l'élégant génie, croyant à une mauvaise plaisanterie de sa part. »

Et le ballon court toujours. Il quitte le génie impudent ou élégant, au choix. Le voici au-dessus du Père-Lachaise. Doña Sol salue en passant les tombes amies. Sarah Bernhardt effeuille le bouquet de son corsage et les blancs pétales tombent au hasard dans le champ de repos, enveloppé majestueusement dans un voile blanc. On ne s'explique pas comment du haut d'un ballon on aperçoit les tombes amies au milieu d'un épais nuage qui couvre le cimetière, mais il ne faut pas chicaner pour si peu le charmant écrivain. Au delà du cimetière, on songe à dîner. « Godard fait sauter le bouchon d'une bouteille de champagne ; un nuage qui passe boit à longs traits l'écume blanche et s'en va porter l'ivresse dans le ciel. Alors, tous les nuages se mettent à voltiger, se baisant, se choquant, se brisant et nous enveloppant entièrement de leur ivresse céleste. »

L'auteur ne nous dit pas si un de ces nuages en goguette n'était pas par hasard Jupiter, qui, on le sait, prenait quelquefois cette forme pour se faufiler dans le voisinage d'une belle.

Tandis que l'ivresse céleste va son train, le peintre Clairin dessine la scène sur son album, et doña Sol met le couvert; on mange des tartines de foie gras, on boit le champagne, les hommes dans un verre, doña Sol dans un gobelet d'argent. Quand la bouteille est vide, on la lance dans l'espace; elle tombe dans le lac de Vincennes « qui fronce les sourcils, tandis que les cygnes effrayés battent des ailes! »

On irait tout exprès en ballon pour voir un lac froncer les sourcils, n'est-il pas vrai? Cela vaut le flot de dentelles et la mauvaise plaisanterie du génie de la Liberté. Le récit de doña Sol est plein de ces jolies choses. Au moment où la bouteille vide est lancée dans l'espace, doña Sol s'écrie :

— Pauvre bouteille! Elle me fait l'effet d'une vieille comédienne. Brillante et capiteuse, elle nous a tout donné; et, ingrats et repus, nous la jetons sans regrets dans l'éternel oubli.

Sarah Bernhardt s'est laissée aller là à un accès de mélancolie; elle sait aussi bien que moi que son souvenir à elle est impérissable. Si la postérité oubliait la comédienne, nos musées conserveraient certainement les œuvres de la statuaire, les pages inspirées dues à la palette de Sarah Bernhardt et ses œuvres complètes littéraires dont la place est marquée à côté des grands classiques français.

Mais retournons en ballon, pour contempler avec doña Sol les grands spectacles de la nature. De nouveau les touristes voient une scène admirable. C'est le soleil qui se couche devant les yeux émerveillés de doña Sol. Nous avions déjà les nuages, grisés par le champagne. Maintenant vous allez savoir pourquoi le soleil se couche tout rouge à l'horizon.

« Le soleil, furieux de se coucher si tôt, est rouge de colère! »

Voyez-vous le pauvre soleil forcé de se coucher malgré lui et rougissant de colère comme un enfant qu'on envoie au lit. Et dire que depuis six mille ans, disent les uns; depuis l'inconnu, affirment les autres, le soleil rougit ainsi chaque soir de colère, sans que les savants se soient rendu compte de ce phénomène. O siècle de progrès, combien je t'admire! Dieu merci! tu as aboli l'inquisition. Autrement Sarah Bernhardt payerait cette révélation inattendue de sa vie. Pauvre enfant! Je la vois devant le saint tribunal. Le président l'invite à reconnaître son erreur, mais Sarah Bernhardt, hautaine et fière, répond:

— Et il rougit tout de même de colère!

Que de peintres une telle scène pourrait inspirer; que de tragédies elle ferait naître. Peut-être bien que le sujet prêterait à une opérette, dont le dénouement ne manquerait pas d'originalité. Au troisième acte, la science triompherait, et Galilée épouserait Sarah Bernhardt.

A présent, préparez-vous aux fortes émotions, lecteurs. Du haut des cieux, doña Sol récite une complainte de Boccace, complainte qui provoque une discussion littéraire entre Sarah Bernhardt et le peintre Clairin. On discute Alfred de Musset et Boccacio devant M. Godard, qui écoute. Mais les plus belles choses ont une fin. La nuit vient, il faut descendre. Quand les touristes ne sont plus qu'à cinq cents mètres de la terre, Godard crie dans un porte-voix pour appeler les habitants à son secours. Une trompe lui répond.

En entendant le son de cette trompe, Sarah Bernhardt s'écrie :

— Ah! mon Dieu, je manque mon entrée.

Et, éperdue, se croyant appelée par Hernani au Théâtre-Français, elle veut se jeter dans le vide.

Mais le peintre Clairin est là; d'un mot il calme les alarmes de doña Sol :

— Calmez-vous, dit-il, ce n'est pas la trompe d'Hernani, mais celle du chef de gare qui répond à l'appel de Godard.

L'écrivain distingué passe ensuite à une description poétique du chemin de fer :

« La ligne noire serpentant en tous sens, réveillée par les cordons d'acier, le silence partout, et puis tout à coup un monstre formidable arrivant à fond de train avec des yeux flamboyants de colère, crachant des flammes de sa gueule de fer et formant avec sa chaude haleine des bataillons de nuages qui s'enlèvent hardiment vers le ciel. »

Sarah Bernardt ne nous dit pas pourquoi cette locomotive est en colère. Le motif ne peut pas être le même que celui qui fait rougir le soleil. Celui-ci est irrité parce qu'il est contraint à se coucher; la locomotive est probablement en colère parce qu'elle est forcée de veiller à cette heure tardive.

Enfin, le ballon est à terre. Doña Sol, enlevée par les bras vigoureux du peintre Clairin, touche le sol; elle met des bottes, des bottes, des bottes, et voici les trois touristes en route pour l'auberge. On leur offre du pain et du fromage.

— Ah! mais je n'aime pas le fromage, objecte doña Sol.

Le peintre Clairin, toujours prompt à la riposte, réplique :

— Pour une fois, vous l'aimerez.

La jeune femme envoie un coup de badine à son compagnon.

Que va-t-il se passer, grand Dieu! On voit poindre à l'horizon un duel entre Sarah Bernhardt et son compagnon de voyage. L'affaire s'arrange, et Sarah Bernhardt mange du fromage pour la première fois de sa vie.

Au théâtre, dans les nuages ou au delà de l'Océan, Sarah Bernhardt est inséparable de la gloire parisienne. Une longue absence de la patrie ne diminue en rien les enthousiasmes de la foule. Ce qui s'est passé au Havre en 1884, au retour de Sarah de l'Amérique, défie la description.

Depuis la rentrée des Cendres de Napoléon, le vieux Neptune n'avait pas vu de spectacle plus émouvant que cette arrivée inouïe de Sarah Bernhardt dans le bassin de la Compagnie Transatlantique; les reporters parisiens sont sur la jetée; cinquante mille Havrais sur les quais; plusieurs bandes de musiques; le corps des vaillants sauveteurs, les héros de la mer, au pont de débarquement; dès l'aube toute la ville sur pied, braquant des lorgnettes sur l'Océan; dans cette foule un homme morne et silencieux, murmurant de temps en temps ces mots : « Pourvu qu'elle vienne! » Cet homme est M. Duquesnel, le directeur de la Porte-Saint-Martin, qui attend la future Théodora. C'est ainsi qu'on se figure Napoléon interrogeant l'horizon pour voir si Grouchy s'avançait.

Cette arrivée au Havre a été un spectacle plein de grandeurs inouïes, qu'il faut fixer par quelques traits de ma plume comme un document historique pour les générations à venir. D'une part, les navigateurs de l'*Amérique* essayant de percer la brume pour découvrir les côtes de France. Je vois Sarah sur le pont, pâle et silencieuse; je ne me sens pas la moindre envie de la railler quand je pense aux angoisses de la grande artiste, que quelques heures seulement séparent encore de son fils, de la terre, de la France, de Paris et de son nid, qui fut alors à l'avenue de Villiers. Mais plus près du Havre, l'émotion n'est pas moins grande à bord du *Diamant*, qui file au devant de l'*Amérique*. Le jeune Maurice Bernhardt est sur le pont du yacht avec le peintre Clairin, le correspondant du *Figaro* et plusieurs autres intimes qui ont gardé l'anonyme. Dans cette immensité on se cherche quelque temps sans se trouver; une légère fumée à l'horizon indique la marche du bateau transatlantique; le *Diamant* fait jouer toute sa vapeur. Comme les naufragés de la *Méduse,* les passagers du petit yacht attachent leurs mouchoirs à leurs cannes pour se faire remarquer. De son côté, le commandant de l'*Amérique* attache un pavillon à Sarah Bernhardt et l'agite en l'air en signe d'allégresse; on s'aperçoit enfin! d'abord de vagues silhouettes qui peu à peu prennent un corps, quelques cris étouffés, quelques larmes discrètes sur les joues des vieux marins. L'émotion est à son comble; on aborde, on s'élance sur le pont de l'*Amérique* et, vaincue par l'émotion, Sarah Bernhardt prononce ces mots devenus historiques :

— Combien a-t-on fait hier au Théâtre-Français? C'est tout simplement admirable!

C'est un beau spectacle de voir un transatlantique entrer dans le port du Havre; le géant s'avance majestueusement accroché à un remorqueur minuscule, une preuve de la vérité éternelle de la sagesse des nations d'après laquelle on a souvent besoin d'un plus petit que soi. Mais cette fois la foule ne regarde pas les bateaux; elle concentre toute son attention sur Sarah Bernhardt. Une immense acclamation sort de toutes les poitrines; les fanfares soufflent dans les cuivres; les chapeaux s'agitent, les mouchoirs voltigent en l'air, le peuple crie : « Vive Sarah! » Marie Colombier monte au grand mât, agite son chapeau

et comme le dernier défenseur du *Vengeur*, crie :
« Vive la Nation ! » Et enfin Félicie, la femme de
chambre, qui a appris l'anglais, à ce qu'il paraît,
étonne les populations par ces mots :

— Hip ! hip ! hourrah ! English spoken here !

Quand, dans les temps futurs, quelque grave philosophe écrira un gros et lourd ouvrage sur l'état des
esprits dans la seconde moitié de ce siècle, il se
heurtera à chaque instant contre la figure envahissante de cette grande tragédienne et de cette charmante femme. La conclusion sera forcément celle-ci :

— Il faut que cette comédienne ait vraiment eu un
talent hors ligne pour se faire pardonner ses extravagances et pour abuser pendant de si longues années
de la gloire parisienne sans jamais la lasser.

L'ABBÉ CROZES

Un jour de la seconde semaine de novembre 1884, trois convives étaient attablés au *Bon La Fontaine,* rue de Grenelle : l'abbé Crozes, jadis aumônier de la Grande-Roquette, celui qui, pendant de si longues années, a prodigué les consolations de son ministère à tous les criminels de Paris, avait invité à déjeuner deux de ses anciennes connaissances, retour du bagne de Nouméa : l'un a été condamné pour de nombreux vols et abus de confiance à la Compagnie de Lyon ; l'autre a, en 1876, tué d'un coup de revolver un négociant, venu pour un règlement de compte. Les deux anciens forçats ont, sans retard, rendu visite à l'abbé Crozes, qui les a reçus comme de vieux amis ; on est allé manger au cabaret, car le bon vieillard n'a plus de cuisinier depuis qu'il est entré à l'infirmerie Marie-Thérèse, rue Denfert-Rochereau, asile pour les vieux prêtres fondé par Mme de Chateaubriand. Il n'est pas de criminel condamné depuis 1840 qui n'ait, à l'expiration de sa peine, fait une visite à son bon ami l'abbé ; le refuge où celui-ci s'est retiré ne désemplit pas. Toujours la même scène se renouvelle. L'abbé, les mains tendues, va au forçat libéré et l'accueille comme une brebis égarée qui rentre au bercail.

— Oh! mon bon ami, s'écrie le vieillard, que je suis donc content de vous revoir. Vous n'avez pas mauvaise mine. Voulez-vous prendre quelque chose? Non? Eh bien! voici cent sous. Au revoir, mon bon ami, venez me voir de temps en temps.

Et si le forçat insiste, ce vraiment saint homme se met en campagne pour lui trouver une place; malgré ses soixante-dix-neuf ans, il court la ville, frappe à toutes les portes, et ne prend de repos que lorsqu'il a trouvé un travail quelconque pour son bon ami, l'assassin ou le voleur, sorti du bagne ou de la maison centrale.

J'ai toujours pensé que, lors même qu'on ne guillotinerait plus, il convenait de maintenir la peine de mort dans notre code. Qu'on leur coupe la tête ou non, c'est le cadet de mes soucis, mais il est utile que les ignobles gredins qui assassinent d'un cœur léger aient le châtiment suprême suspendu au-dessus de leurs intéressantes têtes. Pendant soixante-trois nuits, les rêves de Cornet ont été hantés par le spectre du bourreau; il ne dormait que par intervalles, sautant à tout instant debout sur son lit, dans les hallucinations de l'homme qui sent le couperet s'abattre sur sa nuque. L'abbé Crozes, qui avait une longue expérience de ces choses, a constaté le même effroi de la mort chez tous les condamnés qui lui ont passé sous les yeux. Aussi ne les quittait-il pour ainsi dire pas un jour; chaque matin, il leur donnait du courage pour la nuit suivante.

Dans la déconsidération du prêtre à notre époque troublée, la figure de l'abbé Crozes est seule restée debout dans son austérité incontestée; c'est l'image même de la bonté humaine. De grande et puissante famille, l'abbé eût pu devenir évêque s'il avait connu une ambition autre que celle de ramener les égarés à de meilleurs sentiments. C'est pour cela que, à la fondation de la Petite-Roquette, il demanda, en 1840, à son ami Gabriel Delessert, préfet de police, à être nommé aumônier de la prison des Jeunes-Détenus; de là, il passa plus tard à la Grande-Roquette. On évalue à cinquante mille le nombre des petits et grands criminels à qui il prodigua l'assistance de son ministère; il a passé quarante ans de sa vie au milieu du crime; il a, pour soulager les malfaiteurs, non seulement sacrifié son patrimoine, mais encore son traitement; on cite de lui des actes qui touchent à la légende.

L'abbé Crozes, pendant de longues années, fut aumônier du Père-Lachaise en même temps que de la Roquette. Un jour, il fut abordé sur une tombe par une dame en deuil; son fils unique avait versé dans le crime et attendait à la Roquette son transfèrement au bagne; elle invoqua l'assistance de l'abbé pour obtenir une commutation de peine, et lui remettant un chèque : « Voici, non pour vous, monsieur l'abbé, mais pour vos pauvres! » disait-elle.

Le don était considérable : cinquante mille francs ; par pièces de vingt et de quarante sous, l'abbé Crozes distribua, dans le cours des années, la moitié de l'argent à ses malfaiteurs. Un jour, il apprit que la dame généreuse, par un revers de fortune, était tombée dans la misère. Aussitôt, l'abbé va la trouver et :

— Chère madame, dit-il, voici mes comptes ; il me reste une somme de vingt-six mille trois cent quatre francs trente-cinq centimes que je vous rapporte, car, hélas! maintenant vous en avez plus besoin que mes protégés!

Malgré cette bonté angélique, l'abbé Crozes n'échappa pas à la malveillance. Dans un dîner d'amis, M. le conseiller Merlin, alors président des assises, racontait à ses amis que, étant juge d'instruction, on lui avait dénoncé le digne prêtre comme ayant gardé des sommes destinées aux prisonniers. Une enquête fut ouverte, et l'aumônier de la Grande-Roquette arriva avec sa comptabilité tenue en bon ordre, comme celle d'un épicier; toutes les sommes reçues y étaient inscrites comme l'argent donné, avec les noms et les dates. Pour si peu, le prêtre ne se découragea point et il continua comme par le passé à vouer sa vie tout entière aux criminels; le plus souvent, il réussit à s'en faire des amis; ils étaient de son intimité et, à un certain point, de son ministère. Un jour de fête, il a dit, dans la chapelle de la Roquette (qui contient d'ailleurs une statue de la Vierge, offerte par Sarah Bernhardt), la messe devant une assistance nombreuse ; il avait, pour répondre la messe un assassin, pour tenir l'encensoir un gredin qui avait violé sa propre fille et pour diriger le chant un faussaire.

Tout n'était pas fini quand le condamné était parti pour le bagne ou la centrale ; alors, l'abbé Crozes devenait pour son ami un homme d'affaires dévoué. Il s'occupait des rentrées, si l'assassin laissait des débiteurs sur le pavé de Paris. Il se mettait en communication avec les familles pour obtenir des secours en argent pour le forçat ; il entretenait avec lui une correspondance suivie, lui donnait de bons conseils et lui demandait des nouvelles de sa santé. Rejeté de la société, le criminel trouvait de la sorte, en l'abbé Crozes, un dernier ami qui s'intéressait à lui ; la bonté de ce digne prêtre traversait les mers et suivait ses protégés jusqu'à la Nouvelle-Calédonie. Donc, rien d'étonnant à ce que les forçats libérés vinssent voir leur ami au retour dans la patrie. La première visite de Doré, condamné à mort pour faits se rattachant à la Commune, a été pour l'abbé Crozes, qui l'a reçu à bras ouverts et lui a demandé des nouvelles de toutes les anciennes connaissances.

Maintenant encore, quoique retiré de la vie active, le vieux prêtre continue son œuvre de charité : il donne tout ce qu'il possède aux condamnés libérés :

ils trouvent en lui un appui certain. Agé de soixante-dix-neuf ans, l'abbé Crozes est un vieillard bien portant, sans une infirmité et avec une entière lucidité d'esprit. Il est très occupé ; ses journées sont prises par les démarches qu'il tente pour procurer du travail aux condamnés libérés — ce qui n'est pas facile — et il passe ses soirées à répandre les principes religieux dans les Sociétés Saint-François-Xavier, cercles fondés par lui en collaboration avec le fameux Père jésuite Milleriot, pour répandre la morale parmi les pauvres. Malgré son âge avancé, l'abbé Crozes s'est mis dernièrement en route pour Rome, où il soumit à Mgr Ferrata des projets de réformes liturgiques, portant spécialement sur le calendrier chrétien.

Une si longue vie employée dans une pensée constante de combattre le crime par une bonté vraiment angélique, dont le sceptique peut sourire, mais qui n'en reste pas moins comme un idéal rayonnant au milieu de tous les égoïsmes, une si belle existence devait surtout remplir le successeur de l'abbé Crozes d'une double admiration pour le prêtre et l'homme. Sous ce titre : *Souvenirs de la Grande-Roquette*, l'abbé Moreau a consigné pour ainsi dire toute la carrière de l'admirable abbé Crozes en deux gros volumes qui sont pleins des documents les plus curieux sur les relations du célèbre aumônier avec les criminels du dernier demi-siècle.

L'ouvrage est forcément incomplet, car les notes

et les dossiers de l'abbé Crozes ont été détruits deux fois, en 1848 et sous la Commune ; il n'a sauvé que les lettres intimes adressées à lui par les familles des condamnés et qui offrent le plus vif intérêt. Naturellement, ces lettres ne peuvent pas être considérées comme des documents apportant la lumière sur les grands crimes, car elles ont toutes été écrites dans le but visible d'intéresser le prêtre au condamné et de plaider sa non culpabilité. S'il en était autrement, l'abbé Crozes n'en eût pas autorisé la publication. Mais elle répond précisément à la pensée constante de l'excellent abbé, celle d'appeler la commisération sur les déchus et de plaider en quelque sorte les circonstances atténuantes devant la postérité, après avoir sauvé tant de têtes indignes d'une telle bonté, après avoir obtenu la commutation des peines pour un grand nombre, et après avoir ramené peut-être quelques-uns à de meilleurs sentiments.

Si ce grand effort d'une si belle âme n'a été qu'un rêve, ce n'est pas à nous de troubler la vieillesse d'un si vraiment brave homme en lui faisant entrevoir le néant du résultat obtenu en présence de quarante années de dévouement et d'abnégation admirables. L'abbé Crozes est un de ces êtres privilégiés qui traversent la vie sans préoccupation autre que de répandre le bienfait autour d'eux ; rêveurs, soit, mais portés par une idée si grande qu'ils appellent le respect. Saisi d'une ambition personnelle, l'abbé Crozes, avec son origine et ses relations, pourrait être, à l'heure présente, dans un évêché et compter parmi les grands prélats de son temps. A quatre-vingts ans, nous le retrouvons, comme à ses débuts, avec le même empressement de venir au secours de ceux qui lui semblent dignes de la pitié des hommes et même de défendre les autres, que tous, excepté lui, jugent indignes de tout sentiment de commisération. Il est plus pauvre qu'à ses débuts, parce qu'il a tout donné, non seulement les sommes relativement considérables qu'il a récoltées, mais encore tout ce qu'il possédait et ce qu'il gagnait. Défenseur acharné du système cellulaire à la création des prisons modernes, car il espérait de beaux résultats de l'isolement des criminels, le voici sur le seuil de l'éternité, emprisonné lui-même dans une cellule de la maison hospitalière où il s'est retiré. Personnellement, je ne sais pas le moindre gré à l'abbé Crozes d'avoir sauvé un nombre considérable de têtes ou d'avoir rendu à la société un grand nombre de réclusionnaires avant le temps fixé par la condamnation. Il n'en est pas moins vrai qu'un prêtre de cette trempe, fait de bonté pure, nous apparaît comme une consolation. Il ramène la pensée à la légende qui fait de l'homme un être formé à l'image de l'idéal divin, ce qui, qu'on le croie ou non, est toujours plus flatteur que la théorie matérialiste qui nous donne pour ancêtres les orangs-outangs des forêts du Brésil.

FRÉDÉRICK LEMAITRE

Les artistes dramatiques disent généralement qu'il n'est pas de pire métier que le leur, parce qu'ils ne laissent pas de trace de leur passage ici-bas, et qu'une fois le comédien mort et enterré, le public perd rapidement son souvenir.

Il y a pourtant des exceptions. Dans les grands mouvements littéraires, chez tous les peuples et à toutes les époques, on voit surgir un acteur de génie, qui s'identifie si complètement avec les aspirations intellectuelles de son temps, que son nom reste à jamais inscrit sur le livre d'or de l'histoire littéraire.

Frédérick Lemaître est du nombre de ces privilégiés. On ne pourra parler, dans les temps les plus reculés, du mouvement romantique de 1830 sans prononcer son nom ; il ne fut pas seulement l'interprète distingué de tant d'œuvres dramatiques, il en fut le collaborateur jusqu'à un certain point, car on peut dire que le génie de ce comédien alimentait l'imagination de ses contemporains. A des œuvres nées de l'enthousiasme il apportait sa force et sa passion. Si vous parlez aux anciens, à ceux qui ont connu Frédérick en pleine possession de son talent, du théâtre de 1830, le nom du comédien vient sur leurs lèvres en même temps que celui du poète et souvent avant lui. Nous autres, hommes d'un autre temps et d'une autre civilisation, nous ne pouvons, devant son cercueil, éprouver le même attendrissement. Nous n'avons pas eu la joie de voir le grand comédien dans toute la maturité de son talent considérable. Mais quoique Frédérick fût déjà au déclin de sa carrière quand nous le vîmes pour la première fois, il s'imposa du premier coup à l'admiration de tous. Le plus sceptique, en le voyant apparaître sur les planches, sentait qu'il avait devant ses yeux une force supérieure. On avait beau se montrer rebelle au jugement acquis, et se barricader dans sa stalle pour ne pas subir l'influence du voisin, le comédien avait bien vite raison de vos hésitations ; il vous entraînait en un tour de main dans le tourbillon de sa passion, et de sa griffe puissante il écrasait le spectateur récalcitrant.

Tous ceux qui ont vu Frédérick Lemaître sur le tard, ont dû éprouver la même sensation. C'est un sentiment commun à tous les hommes de se révolter contre les enthousiasmes de leurs aînés. Tous, plus ou moins, nous ne voulons pas accepter les gloires que nous lèguent nos prédécesseurs. Notre vanité n'admet pas que quelque chose de vraiment grand et de vraiment beau ait existé avant nous. Il nous semble qu'une renommée qui n'a pas puisé sa consécration dans nos propres bravos, n'est pas solidement rivée sur son piédestal. On se croit toujours supérieur à ses devanciers et, partant, on n'accepte jamais leur jugement.

Il ne me coûte rien d'avouer que la première fois que j'ai vu Frédérick, il m'eût été particulièrement doux de le trouver moins superbe qu'on ne le disait autour de moi. Mais comment se soustraire à ses émotions avec un artiste de cette trempe qui dominait vos misérables réticences de toute la majesté de son génie? Au milieu de ces acteurs de notre siècle, Frédérick apparaissait comme un géant; les autres avaient beau s'affubler des costumes d'une autre époque, ils restaient des boulevardiers. Au milieu d'eux, Frédérick faisait l'effet d'un héros légendaire; il avait des gestes d'un autre siècle que le nôtre et des attitudes tellement imposantes qu'on se demandait si ce comédien n'avait pas été oublié par la Mort, et si en réalité il n'appartenait pas aux époques héroïques de l'histoire? Autour de lui, les autres acteurs faisaient l'effet de petits crevés faméliques qui, d'un œil craintif, contemplent au musée d'artillerie la gigantesque armure d'un preux des temps passés.

C'est ainsi qu'il a marché à travers les générations, sans souci des transformations que le théâtre subissait. Frédérick n'était pas de ceux qui savent accommoder leur art au goût du jour; il forçait la mode à se subordonner à son génie. De ci, de là, on le voyait apparaître dans un drame moderne, écrit au courant de la plume dans le seul but d'amuser le public, mais il suffisait de cette apparition sur les planches pour que le niveau d'une œuvre médiocre fût élevé de plusieurs degrés et pour qu'un mélodrame du boulevard prît les proportions de la tragédie.

Qui ne se souvient d'une de ses dernières créations dans le *Crime de Faverne ;* il jouait le rôle d'un notaire que l'infidélité de sa femme rend fou. Un notaire? Qu'y a-t-il à tirer d'un rôle de notaire? Le plus souvent, un notaire est un personnage comique au théâtre, et il suffit qu'il entre pour que, de confiance, le public éclate de rire. Et Frédérick Lemaître, déjà brisé par les années, faisait un notaire! Vous rappelez-vous ce mélodramatique incident de la folie dont le génie du comédien fit une des plus magnifiques scènes qu'il soit possible de voir au théâtre? Ce n'était plus un drame de l'Ambigu, ce n'était plus dans le répertoire contemporain; ce n'était plus un notaire; on avait sous les yeux une figure shakespearienne, et on pouvait croire qu'un grand tragédien interprétait la folie épique du *Roi Lear*.

Il n'y avait pas à se défendre contre une telle sensation. On ne pensait plus au théâtre, on ne songeait plus à l'acteur. On se trouvait transporté dans des régions plus vastes. Ce n'était plus la douleur d'un seul homme, mais la souffrance humaine tout entière rendue par un artiste de génie. Oui, vraiment, quand on se souvient de cette belle soirée qui fut un des derniers éclairs de la vieillesse de Frédérick, on se sent attendri devant ce cercueil où repose le plus grand comédien de ces dernières cinquante années.

De même que sur les planches il fut d'une race autre que ceux qui l'entouraient, il avait conservé jusqu'à la fin la folie et l'insouciance de cette belle génération dite de 1830, dont les œuvres sont encore, à cette heure, la plus belle gloire de l'art et de la littérature française de ce siècle. Que l'homme privé ait eu des écarts blâmables, peu nous importe! Frédérick Lemaître fut de la tête aux pieds un grand artiste. De nos jours, où la situation d'acteur est devenue une sorte de profession commerciale qu'on exerce avec plus ou moins de talent, mais presque toujours avec une tenue de livres irréprochable; de notre temps, où la foi a disparu, où la littérature dramatique naît du désir de faire une bonne affaire et non de laisser à la postérité une grande œuvre, les comédiens sont devenus des hommes d'affaires; ils ne s'attachent plus à un théâtre, ils ne s'émeuvent plus d'une idée. Peu leur importe cette scène ou une autre; en dehors de leur rôle, pas le moindre intérêt pour l'œuvre. Où est la passion? Où est la flamme? Où est la conviction? Regardez autour de vous et demandez-vous ensuite si dans le nombre de comédiens respectables que vous applaudissez toute l'année, il en est beaucoup qui sacrifieraient le bien-être à leur art? En peinture, c'est absolument la même chose. Quel est le rêve des peintres contemporains? D'avoir un hôtel! S'il leur fallait souffrir pour leur art, s'ils étaient forcés de lutter jusqu'à la fin comme Millet, ou de conquérir l'admiration de la postérité par une vie de privations, comme Eugène Delacroix ou Théodore Rousseau, ils choisiraient peut-être une profession plus lucrative.

Allons, ne faisons pas les fiers! Nous ne valons pas ceux qui nous ont précédés. Nous n'avons pas leurs admirables enthousiasmes, leur divine foi en l'art. Nous n'avons pas d'idéal! Nous nous noyons dans le réalisme et le bien-être! Nous ne sommes pas du bois dont on fait les grandes intelligences, qui traversent la vie sans autre préoccupation que celle d'être des artistes et rien que des artistes. Frédérick Lemaître était encore de ceux-là! Il n'avait aucun souci de la prospérité après laquelle courent les soi-disant artistes de notre temps; je ne crois pas qu'il en doive mourir de plus pauvre que lui, mais je ne pense pas non plus qu'une vie de comédien commande plus de respect que celle-ci, avec Frédérick, c'est une vraiment grande gloire qui est partie et un vraiment grand artiste qui a disparu.

Il faut se reporter à la soirée d'adieu de Déjazet, au théâtre des Italiens, pour résumer nos impressions sur ce comédien de génie. Il entra en habit noir; brisé par la fatigue, Frédérick n'était déjà presque plus qu'une ombre; son regard mélancolique errait sur ce public assemblé dans un but de charité. Il me semblait qu'il voulait dire à ce public: « Ma vieillesse attristée aurait, elle aussi, besoin d'une telle soirée? » Puis, secouant ce cauchemar, Frédérick se redressa et salua le public avec une majesté incomparable. Rien que ce mouvement trahissait l'artiste de génie. Ce ne fut rien, mais ce fut assez pour que la salle tout entière se levât pour acclamer une dernière fois l'illustre comédien qui se jeta dans les bras de Déjazet, sa camarade de misère. Si, au lendemain de cette soirée, on avait organisé une représentation pour Frédérick, le public, ému à l'aspect de ce superbe vieillard, eût certainement apporté de quoi le mettre à l'abri du besoin le reste de ses jours.

Quand on parle de Frédéric Lemaître, il ne convient pas de se demander si l'homme privé fut à la hauteur de l'artiste? Mais qu'il me soit permis au moins de laver sa mémoire d'un reproche dont on a parfois abusé pour accabler le vieillard. On lui en voulait notamment d'avoir accepté une pension d'un gouvernement que ses opinions ardentes condamnaient. Rien n'est plus haïssable que l'ingratitude, mais dans ce cas spécial, la pension accordée par un souverain à un grand artiste, n'est pas le seul fait d'un homme qui en oblige un autre, mais bien un acte de justice, de réparation publique envers un comédien dont le génie a tant fait pour l'art de son pays. Quand un souverain, dans tout l'éclat de sa puissance, accorde cette pension à un artiste de la trempe de Frédérick Lemaître, il y a pour le chef de l'État autant d'honneur à signer le décret, que pour le comédien à l'accepter sans condition, sans capitulation d'aucune espèce, non comme une aumône que ce prince jette à un solliciteur, mais comme une sorte de récompense nationale offerte par la patrie.

LE PÈRE HYACINTHE

Le succès toujours grandissant des matinées dominicales avait décidé celui que jadis on appelait le Père Hyacinthe et que maintenant on désigne sous le titre laïque de Papa Loyson, à rouvrir, en 1879, rue Rochechouart, un théâtre fermé, hélas! depuis de trop longs mois. La nouvelle église gallicane fut inaugurée dans un local que les époux Montrouge ont exploité pendant un temps. Plus tard, la *Tertullia* fut convertie en café-concert, avec cette enseigne alléchante: *Folies-Montholon*. Hier, c'était un café-concert; M. Loyson a planté une croix sur la façade, et c'était une église. C'était quelque chose comme une parodie de la religion, jouée par un seul acteur, jadis un des plus célèbres prédicateurs français et qui avait inventé ensuite une religion à lui, qui lui permettait de se marier et d'être à la fois le Pape et le seul desservant de son culte. Cette religion est au catholicisme ce que l'ancienne salle Tertullia est à Notre-Dame. Ce qui donnait un moment de vogue à ces représentations du Père Hyacinthe, c'était sa femme qui l'assistait et qu'on voulut voir plus que lui; une fois la première curiosité passée, l'entreprise de M. Loyson périclita et disparut ensuite. Il est bon de conserver un croquis des matinées de l'église anglicane du Père Hyacinthe, qui jadis fut une des plus grandes gloires parisiennes et qui, maintenant, n'est guère plus qu'un obscur déclassé.

Voici le procès-verbal de cette parodie religieuse :

Dès deux heures et demie, la salle est comble. Les gamins du quartier se sont installés sur la galerie, près de la chaire qui est à l'avant-scène, pour mieux voir les acteurs. Tout près de la scène, sur cette galerie, l'orgue, masqué en partie par un rideau de serge verte derrière lequel se cacheront les chanteurs. A-t-on rengagé les anciens artistes des Folies-Montholon? Je ne saurais le dire. En somme, l'aspect de cette salle est froid : pour une église, elle n'est pas assez sévère; pour un café-concert, elle manque de gaîté. Les curieux, qui pénètrent par toutes les ouvertures, se fâchent en se voyant empilés comme des harengs, tandis que les premiers rangs près de la scène, à peu près vides encore, attendent les spectateurs privilégiés. Sans le moindre respect pour l'église, les premiers arrivés démolissent les barrières, comme les troisièmes places d'une ménagerie font au moment où le dompteur va entrer dans la cage; ils envahissent tout, si bien que les invités spéciaux qui arrivent peu à peu, sont refoulés dans les couloirs où ils protestent en vain; il en résulte un tumulte incessant, quelques commencements de rixe, un désordre complet qui ne se calme qu'au moment où l'orgue commence à pousser les premiers grognements. Tout autour de moi, on parle moins de M. Loyson que de sa femme, qu'on est désireux de voir. La femme d'un prêtre catholique, cela ne se voit pas tous les jours. Deux dames placées devant moi interrogent toutes les personnes aux alentours pour les prier de leur montrer Mme Loyson. Sur la réponse qu'elle n'est peut-être pas venue, une des dames s'écrie :

— Il faut bien que Mme Loyson soit ici pour faire les honneurs.

Ailleurs la conversation roule sur le célibat des prêtres. A ma droite, je surprends un petit bout d'entretien sur ce chapitre entre un homme âgé et une dame rondelette.

— Il a fort bien fait de se marier, dit la dame.

— Cependant, hasarde le monsieur, c'est une condition essentielle...

— Alors, reprend la dame, en clignant des yeux, votre cousin, le prêtre, est tout à fait chaste ?

— Absolument, répond le monsieur.

— C'est singulier, riposte la dame en soupirant.

Et chaque fois qu'une dame entre par la petite porte des artistes, le public se lève, croyant voir Mme Loyson. Peu de recueillement, comme on voit ; une salle houleuse de première représentation et des conversations qui n'ont rien de commun avec la religion. Si, de temps en temps, on entendait crier :

« Orgeat, limonade, de la bière!... » ce serait complet.

Et cependant je jure que je n'étais pas venu pour rire. Jamais je n'avais entendu le Père Hyacinthe. Je pensais bien qu'il n'aurait pas grand'chose à m'apprendre, mais je ne demandais pas mieux que de montrer la plus grande déférence pour l'orateur qu'on m'avait dit être considérable. Si peu à peu mes illusions ont disparu, ce n'est pas ma faute. Rien, dans cette église, n'était fait pour tourner la pensée vers des sujets graves. Les quatre pots de fleurs sur ce singulier autel étaient d'un effet comique irrésistible; cette porte d'entrée des artistes s'ouvrant à tout instant derrière l'autel reportait l'esprit vers Mme Macé-Montrouge, l'ancienne étoile de la Tertullia, bien plus que sur la religion. Ce public curieux, enfiévré par l'attente, ne poussait point à la méditation. C'était plus fort que moi, je voyais à la place de cet autel les chanteuses des Folies-Montholon comme un bouquet de fleurs, si bien que lorsque les premiers accords de l'orgue retentirent, je pensais que c'était l'ouverture.

En ce moment, il se fit un mouvement dans la foule; la porte des artistes s'ouvrit de nouveau; le servant en lunettes semblait présenter les armes. M. Loyson parut; derrière lui un personnage dans un costume de pasteur protestant ou d'avocat, je ne sais au juste, et qui ressemblait à Jules Favre. Le Papa Loyson ne portait pas précisément le costume de prêtre catholique, mais quelque chose d'approchant : la soutane noire et un surplis en mousseline sans broderie ; de plus, une étole en moire blanche. La tête était encore fort belle quoiqu'un peu boursouflée par les années. M. Loyson descendit les gradins et s'agenouilla devant l'autel.

En ce moment, aux sons de l'orgue vint se mêler une voix féminine. Que chantait-elle? Je ne saurais le dire ; mais toujours est-il que cela ressemblait plutôt à un air d'opérette qu'à un chant religieux. On ne serait pas surpris d'entendre cet air dans un vaudeville à la mode. Tout cela n'était pas beaucoup de nature à porter les esprits au recueillement d'un culte quelconque. Après la préface, dite en français, M. Loyson monta à la tribune. Déjà le servant en redingote, aux longs cheveux et orné de lunettes, y avait transporté le verre d'eau sucrée traditionnel ; là-haut dans cette chaire, éclairée par un bec de gaz, la tête de M. Loyson était vraiment belle, elle devait tenter les peintres, c'est certain.

C'est à cette chaire que j'attendais M. Loyson, sans le moindre parti-pris de le railler, prêt à l'écouter avec attention, comme un homme qui n'est pas un imbécile écoute un autre homme d'une intelligence supérieure. Je pensais à cette vaste et belle église de Notre-Dame, jadis bondée le jour où parlait ce grand orateur ; pour le reconstituer dans sa véritable allure, je me le figurais au milieu de cette belle et imposante architecture, faisant entendre son organe plein de séduction devant la foule respectueuse et recueillie. Ici, sur cette chaire recouverte d'un tapis de velours rouge, le haut du corps se dessinait sur la peinture fraîche des murs, d'un ton clair et gai, comme un salon bourgeois fraîchement décoré. La tête de M. Loyson était plongée dans l'ombre; de la main il réclamait le silence qui se fit aussitôt.

Alors, adieu les illusions : ce n'est pas encore le sermon. M. Loyson tire de sa poche un carré de papier, le déplie et lit une sorte de prospectus de sa nouvelle Église; elle a été fondée avec le concours du primat d'Écosse, de l'évêque de l'Église catholique suisse et de l'évêque d'Edimbourg, qui seraient venus s'ils n'étaient pas retenus chez eux. Bientôt la messe que l'orateur considère comme une des plus essentielles manifestations de l'Église catholique, sera régulièrement dite dans cette enceinte vouée à Dieu, après avoir été vouée au vaudeville français. M. Loyson attend, pour le seconder dans sa tâche, un prêtre éminent dont il ne peut pas encore dire le nom. Aussitôt que cet artiste sera arrivé, la messe sera célébrée par lui et par son directeur, M. Loyson. En attendant, on se bornera à une réunion dominicale avec une prédication entre deux prières. Mais pour les fidèles qui auraient besoin de son assistance, M. Loyson se tiendra, le jeudi, de deux à cinq et de sept à huit heures, dans l'appartement attenant à l'église.

Je vous avoue franchement que toute cette partie de la cérémonie ressemblait beaucoup plus à une réclame théâtrale qu'à un office religieux. M. Loyson avait l'air de réclamer pour cette fois l'indulgence du public comme un bénéficiaire qui s'excuse vers minuit de ne pouvoir suivre le programme, parce que Mme Judic, qui doit chanter *C'est dans le nez qu'ça me chatouille!* n'est pas arrivée.

Ici, je veux rendre à mes lecteurs les impressions diverses que j'ai éprouvées à cette première représentation de la nouvelle Église. Je serai sincère jusqu'au bout.

Après cette petite annonce de régisseur en détresse, M. Loyson s'est redressé. Les deux mains appuyées sur la chaire, la tête haute, dans une attitude pleine de dignité, l'orateur impose silence à la foule houleuse. La prédication commence, et le public attend avec anxiété. Que va nous dire ce prêtre révolté? Nous sommes prêts à l'entendre. Tous, nous attendons un discours extraordinaire, plein d'audaces, quelque chose comme un manifeste de la nouvelle Église. Rien! M. Loyson parle de lui, de lui et encore de lui. S'il a fondé cette Église, c'est pour soutenir le catholicisme français; s'il a écrit des lettres à Mgr Guibert, c'est par une déférence que lui, prêtre, doit avoir pour le successeur de saint Denis, quel qu'il soit; il bénit la liberté qui lui permet d'inaugurer ce temple, cette liberté d'hier qui est, selon l'orateur, le flux d'un grand peuple qui n'aura plus de reflux; il est d'avis que la France est essentiellement catholique ; M. Loyson l'a dit d'ailleurs à son ami M. de Pressensé ; il a beaucoup d'amis parmi les protestants, il respecte le protestantisme. Il a beaucoup d'amis parmi les critiques autorisés, entre autres l'illustre Renan ; il respecte également M. Renan ; il est soutenu par les évêques anglais, qu'il ne respecte pas moins ; M. Loyson ne veut pas voir une religion nouvelle. Seulement, il y a des réformes à faire. Lesquelles ? Il ne le dit pas. M. Loyson respecte aussi la démocratie, mais il ne veut pas de la démagogie ; il ne veut pas davantage de la superstition. Mais il ne nous dit pas ce qu'il veut au juste.

De temps en temps, l'orateur s'arrête, s'éponge la figure ruisselante de sueur, ou porte le verre d'eau à ses lèvres, puis il reprend : Il y a des croyants partout, en haut et en bas de l'échelle sociale ; dans les régions officielles, il y a des hommes qui font semblant de croire pour sauver leur situation. Personne ne comprend ; quelques applaudissements se font entendre : un coup de sifflet, un seul, mais un coup de sifflet bien net, bien carré. M. Loyson paraît surpris, et il continue :

La France est catholique et elle doit rester catholique, M. Loyson l'a dit à M. Renan, aux évêques anglais et à M. de Pressensé, qu'il respecte de plus en plus. On attendait également un petit compliment pour M. Isidor, grand rabbin de France, mais il n'est pas venu. M. Loyson déteste les athées. M. Loyson n'aime pas la superstition ; il voudrait fonder, en religion, ce que sous Louis-Philippe on appelait le juste milieu, mais il ne nous dit pas comment. L'orateur semble se méfier de son auditoire ; il n'ose pas s'aventurer ; son discours est un rébus indéchiffrable. Tout ce que j'ai compris, c'est que sa maison n'est pas au coin du quai et que sa religion ne blanchit pas en vieillissant.

Rien que des phrases creuses admirablement débitées, des rengaines politico-religioso-philosophiques, accompagnées de gestes superbes. Pas une audace ! Pas une crânerie !... M. Loyson me faisait l'effet d'un grand virtuose qui joue admirablement un air que personne ne comprend et qu'il ne comprend peut-être pas lui-même. De quel droit fonde-t-il cette Église?... Il va vous répondre : M. Loyson est prêtre catholique quand même ; son caractère est indélébile ; il est libre d'enseigner le catholicisme selon sa conscience. Ah ! enfin, il va nous faire voir le fond de sa pensée.

Eh bien ! non, M. Loyson juge à propos de clore la cérémonie par une anecdote qui est d'ailleurs fort belle et qu'il raconte admirablement. On a trouvé dans les fouilles romaines une pierre dans laquelle une caricature était gravée ; elle représente un soldat chrétien de la garde en extase devant un Christ qui a une tête d'âne. Mais que peut la raillerie contre la vérité ? Rien.

Ici M. Loyson devient magnifique comme acteur ;

il se dresse sur la pointe des pieds; d'un geste superbe il étend les deux mains vers le ciel, tandis que son regard s'illumine.

— Des siècles et encore des siècles se sont écoulés, s'écrie-t-il, et le Dieu à la tête d'âne est toujours debout !

Cela dit d'une voix tonnante, M. Loyson s'éponge le front et descend de la chaire, tandis que l'orgue rejoue un nouvel air plein d'entrain. Cette fois, c'est le baryton des Folies-Montholon qui chante, et tandis que le public se demande ce qu'on a bien pu lui dire, car il n'a rien compris, Papa Loyson s'agenouille de nouveau devant les quatre pots de fleurs de son autel et reste en extase dans la prière; pendant ce temps on organise une quête devant laquelle le public semble fuir avec épouvante.

Et au moment où je quittais ce théâtre ou cette église, je me demandais encore si je n'avais pas entendu un faux Père Hyacinthe, car il me semblait impossible que ce prédicateur irrésolu, ce diseur de riens fût le grand orateur que je m'étais fait une joie d'entendre. Mes convictions personnelles n'ont pas à intervenir dans cette affaire; j'étais allé là comme un Parisien désireux d'entendre une grande parole qui, jadis, fit courir tout Paris à Notre-Dame, et je n'ai trouvé qu'un comédien de talent. Il m'est arrivé de subir une grande impression dans une belle cathédrale aussi bien que dans un temple protestant ou dans une synagogue. Si ce n'est pas la propre croyance qui se réveille, c'est la foi des autres qui vous surprend. Mais dans ces Folies-Montholon, devant cette parodie de la religion catholique, ni chair ni poisson, sans caractère, sans grandeur, avec cet autel ridicule et les quatre pots de fleurs, au pied desquels M. Loyson s'est agenouillé, je suis resté froid comme devant une représentation de *Mithridate* au Théâtre-Français.

Cette église n'est pas une église, ce prêtre n'est pas un prêtre, et cet auditoire n'est pas une assemblée de fidèles, mais une foule de curieux qui semblent venus là par désœuvrement, parce qu'ils n'ont pas pu trouver de place dans un autre théâtre; tout cela manque de grandeur, de poésie, d'audace, de crânerie et de sincérité ; cette cérémonie de l'église anglicane (M. Loyson, seul gérant) fut ennuyeuse comme une conférence au troisième Théâtre-Français. Moi, personnellement, j'ai laissé toutes mes illusions dans cette cour de la rue Rochechouart; en entrant dans l'église gallicane, j'étais un auditeur désireux d'entendre enfin l'illustre Père Hyacinthe ; je l'ai quittée la mort dans l'âme et la colère au fond du cœur contre M. Hyacinthe Loyson, à qui je ne pardonnerai jamais d'avoir été si complètement médiocre.

VICTOR MASSÉ

Ce fut, à proprement parler, un charmeur que ce musicien si Français qui mourut en juillet 1884; il était bien de sa race par la grâce et l'esprit de son talent. Qui sait sa musique connaît l'homme sans l'avoir vu jamais, souriant et bon, aimé et aimant, une de ces véritables natures d'artiste concentrées en elles-mêmes, dont le premier bégaiement fut pour l'art que la bonne fée avait déposé dans son berceau et dont le dernier râle fut un dernier murmure de tendresse pour son art. On peut dire de cet ami exquis qu'il n'avait pas un ennemi parmi ceux qui ont vécu à ses côtés dans les différentes phases de sa vie. Tous étaient groupés autour de cette tombe; les amis de sa jeunesse, les témoins de sa vie de labeur et les respectueux de cette carrière d'artiste qui ne connaissaient pas l'homme et l'aimaient pour son œuvre. Il n'était pas nécessaire qu'on entretînt avec Victor Massé un long commerce de relations pour l'apprécier.

On passait près de lui et déjà on l'aimait; on restait dix ans sans le voir et on l'aimait toujours; partout où il a passé, il a laissé des traces sympathiques. Tout était également agréable en cet artiste, son inspiration comme sa personne, et tout était également respectable en lui, son labeur et ses sentiments. Certes, je n'importunerais pas mes lecteurs par mon chagrin, qui lui serait parfaitement indifférent, je le sais, si tout le Paris intellectuel, le Paris véritable, le Paris de la pensée et de l'art, à côté duquel ce qu'on appelle vulgairement le Tout-Paris n'est qu'une assemblée de comparses, n'avait été profondément ému de cette mort si longtemps prévue et qui a néanmoins mis la grande famille artistique en deuil. Depuis l'Institut, où siégeait le Maître, jusque dans les coulisses de l'Opéra, où il fut si longtemps chef des chœurs, il y a eu devant la mort de Victor Massé une explosion de regrets et de sympathies.

C'est que l'homme était excellent autant que l'artiste, et ici l'amitié pour l'un et l'admiration pour l'autre se doublaient encore par le respect profond pour cette lutte mémorable que Massé a soutenue, pendant six ans, contre le mal impitoyable qui s'était abattu sur le pauvre musicien.

Il y avait plus de vingt-cinq ans que je connaissais Victor Massé. Je lui fus présenté dans une réunion d'artistes et d'écrivains, moi, l'humble débutant, à ce jeune homme, déjà glorieux. Le plus grand nombre des convives réunis ce soir-là chez Théodore Barrière nous a déjà quittés. *Les Faux Bonshommes* avaient placé notre amphitryon Théodore Barrière au premier rang; Henri Murger, le chantre de la *Vie de Bohème*, se trouvait là à côté de Victorien Sardou, dont l'étoile se levait, et tant d'autres; la mort a fauché cruellement dans le premier groupe d'artistes que je voyais à Paris; Édouard Plouvier, qui fut également de cette fête, est mort misérablement. Nous avons été chercher Henri Murger à cette sinistre maison du faubourg Saint-Denis, à la maison Dubois, où tant d'artistes ont rendu le dernier soupir. Barrière, à peine guéri de la cataracte, a été enlevé en quelques jours à notre amitié. Victor Massé devait survivre à ses amis, mais comment, grand Dieu! Après six années de souffrances inouïes à travers lesquelles sa pensée était restée debout, il est également parti!

Avez-vous remarqué combien l'image des personnes que nous avons réellement aimées reste vivante et jeune dans notre souvenir? L'âge les transforme, la maladie les abat et notre tendresse ne veut pas les concevoir autrement qu'au premier jour. Tel que j'aperçus Victor Massé pour la première fois, resplendissant de santé, au teint frais et rose, à l'abondante chevelure blonde, aux yeux bleus, doux et pensifs, tel que je le vis pour la première fois chez Barrière, je le vois encore en ce moment. Quand, il y a quatre ans, au Pavillon Henri IV, à Saint-Germain, je suis allé m'asseoir pour la dernière fois au chevet de cet ami, déjà terrassé par le mal, à côté du malade qui souffrait le martyre, condamné par la science sans retour, une image consolante se dressa aussitôt dans mon esprit : celle de l'artiste plus jeune de vingt ans, plein de vie, nous chantant des mélodies d'une voix fraîche et nous donnant une heure d'émotion artistique qui est restée gravée au cœur des survivants.

Cette hallucination, devant l'œuvre de la mort qui allait son train, évoquait en notre esprit le fantôme de l'artiste d'il y a vingt ans. Elle se trouvait alimentée par la pensée du musicien qui était resté debout, jeune et plein d'enthousiasmes, dans ce pauvre corps amaigri et condamné à l'immobilité; la main, crispée par le mal, courait sur la partition de la *Nuit de Cléopâtre,* dans l'inquiétude de l'artiste, possédé non de la peur de mourir, mais de la peur de ne pouvoir écrire la dernière note de la partition qu'il savait être la dernière. A l'autre bout de l'hôtel, Jacques Offenbach, pour qui l'agonie commençait deux fois par jour, se cramponnait, avec ce qui lui restait de vie, à ses *Contes d'Hoffmann,* comme un artiste qui voit la mort accoudée sur son piano, grimaçante à travers les angoisses du musicien qui lui semblait demander un répit, non pour lui, mais pour son œuvre. Nous allions ainsi, Henri Meilhac et moi, de l'un à l'autre, toujours surpris de les voir encore de ce monde. La vie parisienne allait son train ; les landaus et les victorias amenaient joyeuse compagnie, les postillons faisaient claquer leur fouet, au tournant, sous la porte cochère, à travers les grelots des chevaux; les mail-coach arrivaient de Paris avec de jeunes femmes et de jeunes hommes resplendissants de santé et d'insouciance, et, au milieu de tous ces jeunes fous, respirant à pleins poumons, les deux moribonds du Pavillon se trouvaient être plus vivants que les autres par l'ardeur de leur âme, luttant contre les corps dévastés.

Les artistes seuls savent mourir de la sorte à la peine, parce que toute leur vie a été échafaudée sur leur art et qu'ils ne croient rien avoir perdu de leur vitalité tant que la pensée créatrice ne les abandonne pas. Les dernières années de Victor Massé ne peuvent se comparer qu'à l'effroyable agonie d'Henri Heine. Je n'ai pas connu le grand poète, mais je puis me faire une idée de ce qu'il a pu être dans ses dernières années, d'après le spectacle, à la fois plein d'épouvantes et de consolations, que m'a donné Victor Massé; il était paralysé comme le poète et en proie aux plus abominables douleurs comme lui; mais aucune de ses facultés intellectuelles ne lui faisait défaut; entre deux commencements d'agonie, l'un et l'autre songeaient à leur art; du matelas sur lequel il gisait, de cette fameuse tombe du matelas dont parle Heine, sa pensée s'envolait, quelquefois avec une légère teinte de mélancolie, mais, le plus souvent, souriante, d'un sourire de jeunesse plein de grâce. Ainsi, Victor Massé, cloué sur son lit à Saint-Germain, envoyait à Paris, qu'il apercevait au fond du paysage ensoleillé, un salut de remerciements pour les succès passés et un sourire plein de promesses pour les succès à venir. Seulement, chez Heine, aux accès de gaieté même se mêlait le trait d'une ironie incisive ; peut-être pensait-il à l'abus qu'on ferait plus tard de son nom en lançant sur le marché toutes sortes de *Mémoires* sans le moindre intérêt, et qui ne peuvent rien ajouter à la gloire d'un si grand poète.

A part cela, l'artiste de la musique avait pour la mort le même mépris que l'artiste en littérature. Le calme admirable avec lequel Victor Massé a prévu tous les détails de la cérémonie suprême, rappellent les boutades d'Henri Heine mourant et plaisantant l'adversaire à la faux. C'est que les grands artistes véritables font de tout temps la part entre ce qui disparaîtra avec eux et ce qui leur survivra. Cette fameuse théorie, toujours mystérieuse, sur les fonctions du corps et de l'âme, ne se présente jamais d'une façon plus troublante que chez les hommes qui vivent par la pensée, alors qu'ils sont atteints, comme Victor Massé, de l'impitoyable mal qui brise une à une toutes les forces, mais qui semble ne pas pouvoir venir à bout de leur cervelle. Il y a là une lutte suprême entre ce qu'il y a de plus élevé chez l'homme, son esprit, et ce qu'il y a de plus bas en lui, la boue, d'où la légende le fait venir et vers laquelle il redescend. L'homme est vaincu, mais l'artiste ne veut pas se rendre : les membres sont brisés,

mais l'intelligence reste debout. A travers les cris
arrachés par la souffrance physique, et jusqu'à travers les spasmes de la mort, la pensée va de l'avant,
occupée d'hier et de demain, jamais du moment.

Il ne peut y avoir de spectacle plus lamentable que
celui d'un grand artiste réduit à l'état d'une chose
immobile; il n'en est pas de plus consolant que
de le voir conserver toute son ambition et toute
sa passion pour son art dans le cruel effondrement de son corps. Je ne connaissais pas une
note de cette *Nuit de Cléopâtre* que Massé a laissée
après lui. Mais, aux tressaillements de l'âme de ce
très grand artiste, quand il parlait de cette dernière
œuvre à travers ses souffrances, je devinais qu'il devait avoir mis dans cette partition son talent tout
entier; quand il parlait de cette œuvre, pour laquelle
il désirait vivre encore, son teint livide reprenait peu
à peu les rougeurs de la fièvre de jeunesse, qui fait
bouillonner le sang; l'œil, que le mal avait refoulé
au fond de l'orbite, s'éclairait de ce rayonnement de
la pensée qui, détachée de tout ce qui est indigne
d'elle, s'enfuit vers l'idéal; la voix, souvent voilée
par les cris de douleur, reprenait son charme de
jadis aussitôt que le pauvre malade avait un moment
de calme : il parlait de son passé sans excès d'orgueil comme sans fausse modestie, tout en caressant
de sa main amaigrie, aux doigts de squelette, la partition de *Cléopâtre*, comme s'il lui confiait ses plus
secrètes sensations et son renom devant l'avenir; de

temps à autre, il reprenait *les Saisons,* ce chef-d'œuvre de grâce incompris au théâtre, mais que tous les délicats savent par cœur; il passait les mains dans les feuillets de la partition comme un père qui se sent mourir laisse errer ses doigts dans la chevelure de son enfant, en se demandant ce que l'être préféré entre tout va devenir après lui. Ce spectacle faisait mal et réconfortait l'âme; quand on avait envie de pleurer en voyant Massé étendu de la sorte, presque sans mouvement, l'admiration pour le grand artiste, luttant jusqu'au dernier souffle, séchait aussitôt la larme comme le soleil boit la rosée; on éprouvait une certaine fierté devant cet exemple d'héroïsme moral; il témoignait d'une âme d'artiste fière et hautaine qui ne voulait pas se laisser abattre tant que ce misérable corps contenait encore une seule inspiration. Car ce serait offenser la mémoire de ce pauvre ami que d'affirmer que l'espoir d'une guérison le tenait debout dans le désastre. Victor Massé savait parfaitement qu'il ne se relèverait plus; il s'était mis en règle avec le Destin qui le frappait si cruellement, et ne lui demandait que le sursis nécessaire pour dire le dernier mot de ce qui était au fond de sa pensée.

L'artiste, et je parle ici, bien entendu, de l'homme vraiment digne de ce nom, est un être privilégié; la vie ne finit pas pour lui comme pour le commun des mortels, quand la maladie le saisit et le cloue sur un lit de douleur. L'homme qui vit par la pensée n'est jamais vaincu tant qu'il se sent en pleine possession de l'esprit sur lequel repose sa vie. La paralysie, chez Heine ou chez Victor Massé, peut torturer un à un tous les membres du corps sans que, pour si peu, l'artiste songe à se rendre. Des souffrances physiques qui le brisent, l'artiste, pourvu que la pensée reste entière, se réfugie dans son art comme le condamné à mort dans un asile sacré; il y respire à pleins poumons l'air vivifiant de son art, à ce point qu'il ne s'aperçoit plus qu'il va mourir.

C'est cruel à dire, mais les six dernières années de Victor Massé, ce long temps marqué par des crises de chaque jour, furent peut-être les plus heureuses de sa vie; il ne courait plus le cachet comme au temps de sa jeunesse, où il lui fallut chasser l'inspiration pour conquérir le pain quotidien; il n'était plus contraint à tenir l'emploi de chef des chœurs à l'Opéra, poste honorifique tant que vous voudrez, puisque Hérold l'avait illustré de son génie, mais qui, néanmoins, condamne un grand musicien à une triste servitude. Le mal, en l'arrachant violemment à toutes ces fonctions envahissantes, avait rendu pour ainsi dire Massé à lui-même : il pouvait enfin dépenser tout ce qui lui restait de vie pour son art. A mesure que le corps s'écroulait, la pensée, plus libre que jadis, s'élevait vers les hauteurs sereines; aucun souci de la vie matérielle ne venait plus l'arracher à ses rêves d'artiste, ils le soutenaient et le consolaient de tous ses maux.

Le malade faisait pitié à voir, mais le musicien offrait un spectacle admirable de volonté et de passion. On peut plaindre la famille qu'il a si tendrement aimée; on peut pleurer l'ami, non le compositeur à qui le Destin, à travers ses coups cruels, avait conservé le plus précieux des biens pour un artiste : la plénitude de la pensée.

THÉRÉSA

Depuis plus de vingt-cinq ans, Thérésa est non seulement la première artiste des cafés-concerts parisiens, mais une des premières artistes de ce temps. Ancienne actrice sans grande valeur, elle surgit, vers l'année 1860, à l'Alcazar du faubourg Poissonnière. En une semaine, son succès s'établit, et tout Paris voulut la voir; elle entraînait le public par les gaudrioles et les tyroliennes; elle le charmait par son talent réel et incontesté dans les chansons d'une allure plus gracieuse ou émue. Bref, ce fut un délire, et le café-concert vit alors affluer le public le plus distingué de Paris.

Un beau matin parurent les *Mémoires de Thérésa*. La diva de la chanson prenait la parole pour raconter au public sa vie tout entière en un volume à trois francs cinquante dont quarante mille exemplaires furent vendus en huit jours. Deux ans auparavant, mon vieux camarade Ernest Blum, poussé par les besoins d'un début laborieux et ayant de nombreuses charges, avait fait un coup de maître : avec un petit bouquin à couverture rose, contenant, sous le titre alléchant de *Mémoires de Rigolboche,* quelques potins agréablement tournés sur les coulisses des Délassements-Comiques, Ernest Blum avait gagné une vingtaine de mille francs. Ce chiffre dit la grande place que la cascadeuse Rigolboche occupait alors dans les préoccupations de tout Paris. En collaboration avec Alexandre Flan, l'ingénieux Blum avait écrit pour les débuts de la sauteuse une de ces jolies petites revues pleines de jeunesse et d'esprit, qui firent du théâtre des Délassements-Comiques le rendez-vous du Paris galant et élégant. Le foyer de ce spirituel boui-boui de l'ancien boulevard du Temple était le centre de réunion de tous les hommes d'esprit du temps. Jamais petit théâtre n'avait vu et ne reverra un si grand nombre d'habitués hors ligne. About, Meilhac, Halévy y passaient toutes leurs soirées.

Les vingt mille francs des *Mémoires de Rigolboche* ayant été absorbés par une liquidation laborieuse du passé, Ernest Blum redevint Gros-Jean comme devant et retourna au Bouillon Duval du boulevard du Temple, où nous nous rencontrions le soir, au milieu d'une société d'élite. Blum, pensif, méditait un nouveau coup. Un soir, entre le plat du jour et le fromage, il devint souriant:

— Une idée, me dit-il, si nous faisions les *Mémoires de Thérésa?* Il paraît que vous la connaissez. Voyez donc si elle veut consentir.

En moins de temps qu'il n'en faut pour l'écrire, je fus à l'Alcazar. Quel public dans les avant-scènes!

Les plus grandes dames de Paris se hasardaient dans cette tabagie pour entendre la *Gardeuse d'ours* et le *Sapeur*. Une heure après, je revins au boulevard du Temple avec le consentement de Thérésa. Blum poussa un cri de joie, puis :

— Demain, à l'aube, nous chercherons un éditeur, dit-il, et nous commencerons par lui demander chacun une avance de cinq cents francs. A nous les folles ivresses !

Comment se fit ce livre ? C'est une épopée ! Thérésa, qui est une artiste classée aujourd'hui, ne m'en voudra pas si j'entre dans la série des révélations. Elle nous donna quelques indications sur son origine que nous entourâmes de pas mal de poésie. Moi, personnellement, j'inventai pour la circonstance un père fantaisiste à Thérésa, un vieux ménétrier qui, après le labeur du jour, enseignait la musique à sa petite Thérésa. Pas un mot de vrai dans cette légende, qui, néanmoins, à la lecture, impressionna si vivement la diva populaire, qu'elle versa d'abondantes larmes sur ce souvenir de son enfance. Ernest Blum avait débuté au *Charivari* par des esquisses de l'ancien boulevard du Temple ; je venais de donner au *Figaro* mes premières nouvelles à la main. Feuilletons, échos, entrèrent à merveille dans les *Mémoires de Thérésa* : avec toutes ces broutilles, nous parvînmes à confectionner un joli volume à trois francs que Paris s'arrachait. Henri Rochefort, qui entrait dans le journalisme en même temps que nous, s'était chargé d'écrire le dernier chapitre de cette œuvre, histoire de rire, car il n'était pas de l'affaire, mais cette entreprise amusait ce grand rieur. Le livre, bien entendu, parut sous le nom de Thérésa, ce qui nous permit de nous faire quelques réclames en passant. Tout un chapitre était consacré aux remerciements que Thérésa adressait à la presse, et, dans ce chapitre, on lit ces lignes charmantes, échappées à la jeunesse ambitieuse de deux débutants :

« Je veux remercier aussi MM. Ernest Blum et Albert Wolff, deux vaillants journalistes de beaucoup de talent, etc. »

Ceci, c'est un comble, n'est-il pas vrai ?

La mise en vente des *Mémoires de Thérésa* ne marcha pourtant pas comme sur des roulettes. Au dernier moment, un obstacle sérieux vint à surgir. Le directeur de l'Alcazar, dont la fortune reposait sur Thérésa, éleva la prétention d'interdire la publication ; il craignait que toutes nos historiettes, dont quelques-unes passablement agressives et mises dans la bouche de Thérésa, ne fissent du tort à la diva et, par contre-coup, à l'Alcazar. Thérésa nous refusa le bon à tirer sans lequel l'imprimeur ne voulait pas livrer un livre publié sous le nom de la chanteuse populaire. Que faire ? Rochefort fut dépêché au directeur de l'Alcazar comme ambassadeur extraordinaire ; après plusieurs jours de négociations, il fut stipulé que le directeur de l'Alcazar, assisté de deux amis, entendrait la lecture des *Mémoires de Thérésa*, et qu'ensuite on prendrait une décision suprême. Blum et moi, nous avions déjà emprunté pas mal d'argent sur cette bonne affaire. Si maintenant le directeur et Thérésa nous refusaient leur autorisation, tout était compromis. On voit que la situation était menaçante. Rochefort, qui faisait alors le compte rendu du *Charivari,* et qui gagnait ses cent soixante-dix francs par mois, aussi bien que Blum, Louis Leroy, Pierre Véron et moi, n'en avait pas moins une certaine autorité sur le monde théâtral; nous le priâmes de nous assister dans le grave débat qui allait s'engager devant la cour suprême, présidée par le directeur de l'Alcazar.

Nous fûmes exacts au rendez-vous. Le tribunal siégeait chez Thérésa, au faubourg Poissonnière, près de l'ancienne barrière. Le prétoire, c'était la salle à manger de Thérésa. La Cour se composait du directeur, du secrétaire général et de M. Hubans, chef d'orchestre de l'Alcazar. Rochefort s'était chargé de la lecture. « Mes enfants, nous avait-il dit, cela va être bien drôle! » En effet, ce fut bien drôle! A tout instant, le directeur de l'Alcazar interrompait le lecteur; il appuyait sur des niaiseries avec la majesté d'un président de Cour d'assises devant qui défileraient deux criminels dangereux. Thérésa gardait le silence, aussi bien qu'une de ses amies qu'elle avait conviée à cette petite fête littéraire. Au fameux chapitre de l'enfance de Thérésa, les deux femmes sanglotaient; le directeur de l'Alcazar, lui aussi, en fut ému; il me semblait voir une larme glisser sous les paupières de M. Hubans. Seul, le secrétaire général de l'Alcazar ne se montrait pas attendri; il aimait mieux la rigolade, comme il disait. Dans cette mémorable journée, Rochefort fut d'une éloquence rare; c'est dans cette salle à manger de Thérésa qu'il préludait aux futures joutes oratoires. A sept heures du soir, le président déclara que la faim l'obligeait à suspendre l'audience jusqu'au lendemain. Mais Rochefort tint bon; il déclara [ne pas vouloir s'en aller sans une solution. « On dînera sur le pouce et on recommencera. » Le pot-au-feu de Thérésa fut renforcé par quelques jambonneaux de bonne volonté que nous allâmes cueillir chez les charcutiers du quartier, et le directeur de l'Alcazar envoya chercher chez lui deux bouteilles de vin fin pour arroser ces agapes littéraires.

Pendant le dîner, le directeur fut très gai, mais, après le café et le pousse-café, il redevint, comme par miracle, président, et, après m'avoir tutoyé au dessert, il m'appellait de nouveau « Monsieur » et répondait à notre avocat Rochefort en le traitant d'honorable orateur, en style officiel d'un homme qui se rend compte de sa haute situation. Pendant ce temps, Ernest Blum alignait des chiffres, il calculait ce que nous rapporterait le livre, en même temps qu'il additionnait les sommes que nous ne pourrions pas rembourser au cas où Thérésa ne donnerait pas finalement le bon à tirer. Homme de théâtre, Blum entrevoyait deux apothéoses : l'une, gaie et souriante, avec une bonne fée laissant tomber des billets de mille francs d'une corne d'abondance; l'autre, lugubre et terrible, avec un ballet varié dansé en notre honneur par les principaux huissiers de Paris. Je crois que les débats ne seraient pas encore terminés à l'heure où j'écris ces lignes, si, vers neuf heures du soir, le président de la cour littéraire n'avait pas été vaincu par le directeur de l'Alcazar. Thérésa était forcée de se rendre à son devoir où l'attendait une foule idolâtre, et M. le directeur était impatient de connaître le chiffre de la recette. Cinq ou six pages furent supprimées par l'arrêt de la cour, et, d'une main tremblante, Thérésa apposa sa signature au bas de la première page, qui contenait la dédicace que voici :

Je dédie ce livre à celui à qui je dois tout, au public.

THÉRÉSA.

Il était dix heures du soir, quand trois jeunes hommes descendaient le faubourg Poissonnière : ils riaient tellement, que le passant s'arrêtait et se disait : « Voilà trois gaillards qui ont certainement fait ripaille dans une gargote du boulevard extérieur! » Ces trois fous étaient Rochefort, Blum et moi, avec le précieux bon à tirer. Huit jours après, parurent ces *Mémoires* extraordinaires où le public payait trois francs le plaisir de relire nos articles qu'il avait déjà lus pour trois sous dans nos journaux, et que nous avions adroitement intercalés entre cinq ou six chapitres complètement inédits. Dans le chapitre de la presse, nous avions eu soin de n'omettre aucun nom; tous ceux qui tenaient une plume dans un journal de Paris avaient leur compliment; à chacun, la diva populaire disait un mot aimable, et, comme Blum est un malin, il me fit même ajouter à la fin quelques lignes charmantes pour la presse de province, afin de gagner ses faveurs à notre publication, d'où dépendait notre repos et un peu notre avenir. Car Ernest Blum ne gagnait guère que quinze cents francs avec une pièce à grand succès aux Délassements-Comiques, et moi, je me souviens d'avoir fait des démarches inutiles auprès de Louis Huart, directeur du *Charivari*, pour obtenir de sa générosité deux cents francs par mois. Vains efforts! Je n'ai jamais atteint ce chiffre énorme. On nous payait deux sous la ligne; un feuilleton nous rapportait seize à dix-sept francs. En 1859, je fis mon premier voyage à Bade, et, comme il me fallait quinze louis pour l'entreprendre, je laissai à mon rédacteur en chef dix-sept feuilletons; il fallait trouver dix-sept idées d'articles et les développer pour trois cents francs.

Eh bien, aujourd'hui que tous ces vieux souvenirs reviennent sous ma plume, je me surprends à regretter cette jeunesse envolée, et son insouciance et son audace. Les *Mémoires de Thérésa* firent fureur;

on se les arrachait sur toute la ligne des boulevards; les journalistes, enchantés des compliments que leur faisait Thérésa, marchèrent comme un seul homme. Toutes les feuilles de Paris et des départements étaient bourrées de comptes rendus. L'affaire fut excellente. Nous offrîmes à Thérésa un service à thé en argent massif, qu'on peut encore voir dans sa villa d'Asnières. Depuis, nos têtes ont blanchi; Thérésa est propriétaire de plusieurs maisons de rapport. Rochefort s'est fait assez connaître. Blum est devenu un auteur à succès, et les trois jeunes hommes qui descendaient le faubourg Poissonnière avec le bon à tirer de Thérésa sont restés amis; il a neigé sur leur tête, non sur leur amitié.

ROSSINI ET MEYERBEER

En novembre 1868, l'église de la Trinité était bondée comme un théâtre le soir d'une première représentation... Depuis trois jours on s'était arraché les billets : la foule panachée, chamarrée, avait dès dix heures du matin occupé toutes les places réservées.

Ceux qui de bonne heure avaient envahi l'église sans autorisation préalable ont été expulsés au dernier moment; seule une dame entre deux âges a résisté; sommée de s'éloigner, elle s'est réfugiée dans un confessionnal en jurant qu'elle était venue là pour avoir un entretien avec le curé; cette fausse dévotion n'a pas eu de succès.

— Vous reviendrez dans l'après-midi, lui a-t-on répondu.

La pauvre dame s'est éloignée en maudissant ses juges; quand on s'est levé de bonne heure pour entendre une messe en musique chantée par les premiers artistes de Paris et qu'on vous remplace ce délicieux programme à la dernière heure par un solo de sergent de ville, on a bien le droit de se plaindre.

Aux alentours de l'église stationnait une foule compacte, mais indifférente. Dans les rues circulaient les voyous, qui criaient :

— Demandez la biographie de mossieu Rossini et les dernières paroles qu'il a prononcées sur son lit de mort.

Ces paroles, vous les avez lues dans toutes les gazettes :

« Celui qui a écrit le *Stabat* avait la foi ! » aurait dit Rossini à son curé.

Cette confession, avec le portrait et la biographie, se vendait dix centimes le tas. Ce n'est vraiment pas cher.

Quand après avoir traversé la foule à grand'peine, j'ai enfin pu pénétrer dans l'église, elle était déjà envahie par le tout Paris qui était venu là, autant pour la rentrée de l'Alboni que pour la sortie de Rossini.

Ce n'est que de très loin que j'ai pu voir le catafalque où gisait le cercueil. La Nilsson chantait, l'Alboni aussi. Faure emplissait l'église de sa voix puissante.

On écoutait avec bonheur. On était ravi, transporté, mais point ému, car de ce génie musical qui reposait sous ce catafalque l'âme avait fui depuis le jour où l'auteur des chefs-d'œuvre que vous savez avait renoncé à la vie d'artiste.

Il était étranger aux dernières générations, qui se vengeaient de son dédain par l'indifférence. Que ceux pour qui il écrivait ses grandes œuvres se morfondent dans les souvenirs et les regrets; mais qu'il nous soit permis à nous, pour qui il ne daignait plus faire que des calembours, de garder notre douleur pour des deuils plus grands et plus sincères.

Rossini ne voulut pas se contenter du plus pur de la gloire parisienne; il ne lui suffisait pas d'être le premier compositeur de son temps, il en voulait encore être le seul et, comme Paris lui refusait cette concession, il se retira dans la renommée acquise et avec sa retraite, entra tout vivant dans son tombeau. Sa demeure devint un temple élevé à son immortalité. L'Opéra plaça la statue de l'illustre Italien sous son péristyle, comme on fait pour un mort. Rossini ne vivant plus pour nous, quoi d'étonnant à ce que son souvenir s'effaçât peu à peu de nos cœurs? Pour Paris, Rossini était déjà entré depuis trente ans dans l'éternité, quand on apprit un matin avec surprise qu'il venait de disparaître définitivement. On lui fit des funérailles grandioses, mais la foule ne fut pas émue. Nous pouvions toujours admirer le maître, mais sa mort ne laissait pas de vide, car il nous avait dédaigné dans les dernières trente années de sa vie.

Il faut bien en prendre son parti et se dire avec une sincérité féroce que la douleur de ceux qui restent se mesure sur le vide que le défunt laisse après lui. Quand un grand artiste tombe dans la plénitude de son travail, la foule est frappée au cœur; elle se dit qu'avec celui qui est parti se sont envolées des jouissances inconnues et que le cercueil qui renferme le cadavre a englouti aussi les œuvres à venir. Quand mourut Meyerbeer, au moment où, avec l'ardeur du jeune âge, il faisait répéter *l'Africaine* à l'Opéra, ce fut un deuil profond pour tous ceux qui, espérant en l'énergie du vieux maître, songeaient avec émotion aux œuvres que son cerveau, toujours en ébullition, eût pu enfanter encore. Le chemin de fer du Nord emporta avec le cadavre une partie de notre propre intelligence. Meyerbeer était des nôtres; il vivait au milieu de nous; il travaillait pour nous; nous assistions pour ainsi dire à ses luttes de chaque jour; sa dernière pensée fut pour sa dernière œuvre. Peu de jours avant, on l'avait encore vu accroupi à l'avant-scène de l'Opéra, enfoui dans sa partition, cherchant le mieux, rêvant le beau; c'est ainsi que sont morts Beethoven, Mozart et les autres; c'est ainsi que meurent les grands hommes... sur la brèche.

Ceux de ma génération ont tous plus ou moins éprouvé la même désillusion, quand pour la première fois ils rencontrèrent Rossini : il se promenait au boulevard des Italiens comme un rentier retiré des affaires, détaché de son propre génie; tout vivant il était parvenu au rang de dieu, d'un dieu en marbre; il se mirait dans sa gloire; autour de ses lèvres ce sourire narquois de l'homme qui ne juge plus l'époque digne de son attention. On allait chez lui le dimanche soir comme on va à l'église. Le dieu de la musique consentait à se laisser aduler; on ne jouait ou chantait chez lui que ses propres œuvres. Pour ses fidèles, rien n'existait en dehors de lui ; le XVIIIᵉ siècle avait eu Mozart ; le XIXᵉ possédait Rossini : que pouvions-nous demander de plus? L'immortel auteur de *Guillaume Tell* et du *Barbier* n'était plus possédé par cette fièvre du créateur qui ne doit quitter un artiste qu'au dernier souffle ; son silence obstiné dénotait le vaste orgueil d'un homme de génie dédaignant la génération qui osait adorer un autre dieu à côté de lui ; il attendait, pour revenir à l'Opéra, que, selon sa parole téméraire, les juifs Meyerbeer et Halévy eussent fini ce qu'il appelait si dédaigneusement leur sabbat. La postérité avait commencé pour Rossini de son vivant, et cette apothéose ambulante eut le don de m'agacer horriblement ; quand je le voyais circuler sur le boulevard, sans fièvre, sans passion, détaché de tout ce qui soutient et fait vibrer une âme d'artiste, tout mon être se révoltait contre celui que les flatteurs ont appelé le sublime paresseux.

Puis en voyant passer l'autre, celui dont la critique fanatique déchiquetait les incessants efforts, tout en s'inclinant devant le silence de Rossini, quand je rencontrais sur le boulevard ce travailleur acharné, ce penseur infatigable — celui-là aussi un grand artiste, mais passionné pour son art jusqu'au dernier râle — je me sentais envahi par un profond respect pour le lutteur indomptable. Pour moi, partitions à part, le vrai artiste était celui-là, inquiet, tourmenté, passionné, en un mot, vivant. A travers ses lunettes bleues, on voyait l'étincelle briller dans ses yeux, et de l'autre côté de la chaussée on entendait battre son cœur. Celui-ci était une âme; l'autre n'était plus qu'un corps. On se réchauffait au contact de Meyerbeer; l'aspect de Rossini vous faisait froid dans le dos; ce n'était plus un homme vivant de notre vie, de nos passions, de nos aspirations; c'étaient en quelque sorte les restes mortels d'un homme de génie qui circulaient sur le trottoir.

Paris a fait aux deux grands compositeurs les funérailles qu'ils méritaient. Pour le sublime paresseux il a organisé une solennité musicale dans une église, après quoi chacun est retourné à ses affaires. Pour le travailleur à outrance, pour Meyerbeer qui mourut sur la brèche, Paris a improvisé une des plus belles journées dont le souvenir nous soit resté. Toute la ville était sur le parcours du cortège funéraire; les illustres et les humbles marchaient derrière le corbillard, l'Institut et les sociétés chorales. Avant de conduire Meyerbeer à la gare du Nord, on voulait faire repasser ses dépouilles mortelles devant ses champs de bataille. Quand, devant l'Opéra-Comique, les musiciens, renforcés par les chanteurs, entonnèrent la prière du *Pardon de Ploërmel,* une même émotion s'empara de tous les cœurs; rue Drouot, à l'entrée des artistes de l'ancien Opéra, tous les chanteurs étaient groupés; au moment où le char funèbre passait, tous les yeux se remplirent de larmes; cent mille personnes se pressaient autour de la gare du Nord pour dire un dernier adieu à ce musicien allemand de naissance, mais Français dans l'âme, car son génie s'était envolé des rives de la Seine. La mort devait le surprendre sur sa dernière œuvre. Peu de jours avant sa fin il s'était encore occupé de l'*Africaine* à l'Opéra; nous étions jusqu'au dernier moment resté en contact avec son génie.

C'est pourquoi la mort de Meyerbeer a produit une si grande émotion, tandis que la fin de Rossini n'a été pour le monde artistique qu'une nouvelle à sensation. L'un a été arraché à la vie au milieu de la lutte, comme meurent les artistes; leur dernier râle est pour l'art et, quand ceux-là disparaissent, un frémissement parcourt les veines de la foule.

Meyerbeer est mort de la mort héroïque du soldat sur le champ de bataille; Rossini, avec tout son génie, est décédé comme un glorieux invalide dans un bureau de tabac!

CHARLES MARCHAL

De temps en temps, un de ceux qui semblent avoir fait un pacte avec la gloire parisienne, se brûle la cervelle pour apprendre à la grande ville que, dans tous les pays, la roche Tarpéienne est toujours près du Capitole. Un bon gros Alsacien, rieur s'il en fût, et qui, une heure avant son suicide passait encore pour un homme heureux, s'est brûlé la cervelle en 1877, parce qu'on n'aurait pas trouvé sur le pavé de Paris d'être plus malheureux que ce peintre.

Comment un homme si sympathique, un artiste d'un talent estimable qui a eu son heure de vogue, est-il mort ainsi? Son malheur a été révélé à Paris en même temps que sa fin tragique. Ce n'est qu'en voyant cet atelier abandonné de la place Pigalle avec les tableaux inachevés, témoins d'un labeur inutile, qu'on a compris les combats terribles qui ont précédé la fin; ce n'est qu'en apercevant le peintre étendu sur son lit, la tempe perforée par une balle, laissant un sou pour toute fortune, qu'on a reconnu que ce garçon si jovial en apparence était, depuis longtemps, l'un des désespérés de Paris. Ce rieur avait si bien caché sa tristesse que le secret n'en a été connu qu'après sa mort. La vie parisienne est pleine de ces surprises terrifiantes. Une grande ville comme celle-ci est bien faite pour cacher la douleur; on vit si loin les uns des autres, chacun affairé de sa propre vie et de ses propres luttes, qu'on ne fait pas attention au voisin. On le rencontre de temps en temps; on le voit souriant, on le croit content : on se serre la main en passant, on se perd de vue et on apprend ensuite que cet être, en apparence heureux, a été poussé par le morne désespoir à cet acte final que ceux qui n'ont pas souffert traitent de lâcheté et que les autres appellent la délivrance.

Il faut avoir connu la vie misérable pour comprendre comment la souffrance matérielle peut être doublée chez l'artiste de la douleur intellectuelle, comment la misère de l'homme combinée avec le désespoir du peintre peut graduellement conduire à ce lugubre dénouement un être doué d'une belle humeur et d'une robuste santé : il n'est pas un de nous qui n'eût secouru ce pauvre désespéré, s'il nous avait confié ses peines. Mais comment deviner les angoisses de cette existence tourmentée sur ce visage toujours souriant? L'artiste était fier, et ici l'aveu de la gêne se compliquait par cette confession douloureuse que les œuvres du peintre lui restaient pour compte, que trente années de travaux ne lui avaient pas définitivement acquis la faveur du public; que lui, un vétéran ou à peu près, ne trouvait pas dans son art les ressources de la vie quotidienne. Un négociant peut avouer sans honte que sa prospérité a sombré sous les désastres; pour l'artiste cet aveu est autrement pénible, car chez lui le malheur se fonde sur la décadence de son talent; alors il se tait, il pleure dans l'isolement jusqu'au jour où la mesure est comble et que, voyant son passé écroulé et son avenir sans espoir, il écrit trois lettres à ses amis, il approche le canon d'un revolver de la tempe, et avec une énergie féroce il lâche la gâchette; c'est fait.

Tout autour de moi j'entends depuis longtemps discuter la question du suicide. Des hommes à qui la vie sourit semblent surpris que la douleur puisse finir ainsi; quelques-uns affirment sommairement que c'est une lâcheté; c'est bientôt dit et cela dépend des circonstances. Oui, j'avoue que l'être faible qui, pour une futilité, une simple question d'amour-propre ou un revers de la fortune se tue, peut jusqu'à un certain point être traité de lâche. Mais quand on se se trouve sur le tard, après une vie laborieuse, sans ressource pour le lendemain; quand on sent que le labeur devient inutile et que l'effort reste sans effet; quand on n'a plus devant soi que la vie sans but, l'intelligence affaiblie; quand on s'avoue que cet argent qu'on emprunte à droite et à gauche, on ne pourra plus jamais le rendre, qu'un service d'amitié devient, pour la conscience de celui qui le reçoit, une aumône; quand on est las de cette vie d'expédients sans issue possible, lorsqu'on a essuyé toutes les humiliations dont la moindre est un refus d'argent; oh! alors c'est insulter la douleur humaine que de lui infliger si légèrement l'épithète de lâcheté.

Quelques-uns encore ont fait sur ce cadavre de la philosophie facile; ils prétendent qu'un artiste robuste et fort n'a pas le droit de se tuer, qu'un homme aussi solidement bâti trouve toujours à gagner sa vie. Comment? ils ne l'indiquent point. On se figure aisément, en sortant d'un bon dîner, le cigare aux lèvres, qu'un artiste fort n'a qu'à demander un travail matériel pour l'obtenir aussitôt et qu'il est facile, par exemple, après avoir vécu cinquante années dans les choses de l'intelligence, d'embrasser sur le déclin de la vie, le métier de fort de la Halle, d'égoutier ou de balayeur. Et les commentaires de marcher! Et la discussion de s'échauffer. A la place de Marchal, j'aurais fait ceci, et j'aurais fait cela! Un homme ne se tue pas pour si peu. Que diable, il faut de l'énergie!

Non, il ne faut pas laisser la mémoire de ce pauvre garçon se noyer dans l'oraison funèbre de la rengaine; il mérite mieux que cela. Ce ne fut ni un lâche, ni un faible: ce fut un pauvre homme qui, nous ne savons depuis combien de temps, luttait contre l'adversité, silencieusement, sans phrases, toujours souriant, cachant sous sa fierté d'homme l'incommensurable douleur de l'artiste, ne se plaignant jamais, qui s'enfermait dans son atelier avec sa désolation. A présent que nous savons la vérité, nous pouvons mesurer l'étendue de cette souffrance. Un de ses amis nous racontait :

— Charles venait une fois par semaine dîner à la maison, et on le plaisantait sur son appétit féroce. Ma petite fille lui disait : « Je t'aime bien, mais tu manges trop. » Et on riait, on riait.

Et c'est dans les larmes que l'ami concluait ainsi :

— Oui, on riait, car nous ne nous doutions pas que le malheureux n'avait probablement pas déjeuné.

Comment, se demande-t-on, un artiste qui n'était pas le premier venu, peut-il périr si misérablement sur le pavé de Paris? Mon Dieu, la raison en est bien simple; Charles Marchal n'était pas un de ces improvisateurs qui jettent sur le marché des travaux exécutés sans peine; l'imagination était rebelle, son labeur pénible; il était de ceux qui dépensent pour un ouvrage plus qu'ils n'en tirent. Ses tableaux qui sont au Luxembourg, n'ont peut-être pas rapporté en moyenne à Marchal plus que des journées d'ouvrier.

La reproduction de *Phrynée* et de *Pénélope*, par la gravure, semblait être pour le peintre un commencement de prospérité, mais ce ne fut qu'un jour sans lendemain, sa vue s'affaiblissait... Ses derniers ouvrages exposés au Salon étaient déjà en pleine décadence.

Alors, à cinquante ans, le pauvre garçon s'est trouvé sans ressources; de plus, pour faire un tableau il faut de l'argent; il faut vivre et payer le modèle. L'argent qu'on tire d'une œuvre si péniblement produite, n'est pas en proportion avec la somme de travail; tout tableau vendu dans de mauvaises conditions au marchand est un pas de plus vers la ruine; plus on travaille plus on s'appauvrit. Le découragement survient, et le talent périclite; la besogne devient plus laborieuse et plus coûteuse à mesure que l'intelligence s'affaiblit. On a beau siffler, chanter et rire, pour se cacher à soi-même toute l'étendue de son malheur et surtout pour le cacher aux autres, il arrive toujours un moment dans la vie des malheureux où la souffrance l'emporte sur l'éclat de rire, allez! Ah que ce pauvre homme a dû se désoler! Si les murs de son atelier pouvaient parler, ils nous raconteraient cette épopée navrante d'un artiste qui se sent glisser sur la pente terrible du malheur! Que de larmes déchirantes cet infortuné a dû verser loin des hommes! On ne le voyait pas pleurer, on ne l'entendait pas se plaindre, et voilà pourquoi ce martyr résigné est mort dans l'abandon quand, avec une fierté moins belle, il aurait encore pu vivre de longues années sur la bourse de ses amis. Dans le nombre, il y a des cœurs exquis qui n'auraient pas laissé mourir Marchal de la sorte. On le savait gêné mais non misérable; son apparente insouciance fut telle, que l'*amie* qu'il désigne dans sa lettre à la bienveillance de quelques camarades n'a pas voulu croire à son malheur. Le matin, il l'avait quittée gaiement, avec son beau sourire; quelques heures après, on vient annoncer à la femme que le peintre s'est logé une balle dans le crâne; elle a cru à une mauvaise plaisanterie, tant l'idée d'un tel dénouement était loin de sa pensée!

Et comment eût-on pu deviner la vérité? Quand on rencontrait Marchal, il vous tendait la main joyeusement, et son large sourire s'épanouissait sur ses lèvres. Le malheureux ne s'est pas tué précipitamment, dans un accès de désespoir subit. Ce dénouement devait être arrêté dans sa pensée depuis de longs mois. Tous ceux qui, dans une vie agitée, ont subi un instant le vertige du suicide, savent qu'il n'est pas facile de finir ainsi. Oui, on rentre chez soi, on écrit quelques lettres, le pistolet tout armé est là sur la table; on le contemple sans effroi, on le porte à son front, mais quand il s'agit de lâcher la gâchette, c'est une autre affaire. Les hommes qui ont traversé de dures épreuves, qui ont connu cette heure terrible du découragement où l'on est plus près de la mort que de la vie, doivent savoir qu'il n'est pas si aisé qu'on le pense d'aller jusqu'au bout.

Il y a des gens qui dans un moment d'affolement se brûlent la cervelle ou se jettent dans l'eau; d'autres sont conduits lentement vers l'acte final par la force de la réflexion et la douleur sans cesse renouvelée. Tout dans la mort de Marchal prouve qu'il n'a pas agi sous le coup du désespoir d'un moment. On peut croire qu'il s'est suicidé lentement, graduellement, comme un homme qui sait ce qu'il veut. Cette balle doit avoir une histoire terrible à nous raconter, depuis la dernière pièce de 5 francs, suprême espoir, jusqu'à ce dernier sou, final désespoir! Et vous croyez que l'homme qui, le sourire sur les lèvres, a pour ainsi dire assisté depuis des journées entières à sa propre agonie, est un lâche? Allons donc! Ne croyez-vous pas plutôt qu'il faut un courage surhumain pour supporter une si grande désolation sans la laisser deviner à qui que ce soit au monde? Savez-vous un supplice plus cruel que celui de ce pauvre garçon que dix minutes avant sa mort on appelait encore le jovial Marchal? Au moment où, pour la dernière fois, il allait monter à son atelier, l'artiste rencontra sur la place Pigalle deux de ses amis, et leur tendant la main :

— La peinture se *ballade*, s'écriait-il, on voit bien que les tableaux du Salon sont livrés.

Et d'un ton insouciant, il se mit à parler de l'Exposition future; ses dernières paroles furent la dernière expression de sa fierté d'artiste; il allait mourir et il ne voulait pas avouer sa défaite.

— Les amateurs, dit-il, refusent de prêter mes tableaux pour l'Exposition universelle, ils ont peur qu'on abîme mes ouvrages; ils y tiennent, à ce qu'il paraît.

Et sur ce, un bonjour joyeux, un éclat de rire en passant à la concierge; puis le drame final là-haut dans cet atelier, témoin dans ces dernières années de tant d'efforts impuissants.

Un dernier regard sur les ouvrages inachevés, trois lettres à des amis pour leur recommander une pauvre femme qui allait devenir veuve sans avoir été épouse... puis la détonation faible d'un petit revolver, et la gloire parisienne comptait un vaincu de plus dans le lugubre bataillon de ceux qui meurent pour elle!

THÉODORE BARRIÈRE

Le lundi 16 octobre 1882, cinq ans après la mort de Théodore Barrière, on inaugurait, au Père-Lachaise, le monument élevé à sa mémoire par ses amis et la cérémonie tombait à propos sur l'immense succès posthume de *Tête de Linotte,* au théâtre du Vaudeville, une des œuvres les plus folles de cet homme d'un talent si varié, qu'il pouvait être à la fois un maître du drame, de la comédie et de la bouffonnerie. On peut reconstituer le caractère de Barrière avec son répertoire ; nul ne changeait d'ailleurs avec plus d'imprévu ; d'une gaîté folle le matin, on le rencontrait, après déjeuner, triste, inquiet, sombre ; une heure après, c'était un tigre déchaîné contre quelque contemporain dont il pensait avoir à se plaindre. Tour à tour expansif à l'excès ou froid comme un sabre, bon comme le meilleur des hommes, méchant comme le plus mauvais, on n'avait jamais le dernier mot de cette singulière nature ; on l'aimait et on le détestait de toutes ses forces dans une même semaine, selon qu'on le jugeait d'après ses élans de bienveillance ou son inconcevable égoïsme. Nous n'avons jamais eu le dernier mot sur Barrière; il a rencontré dans la vie de grands dévouements qu'il méritait et répandu autour de sa personne de profondes haines qui étaient également justifiées. Sur un seul point, amis ou ennemis demeuraient d'accord, à savoir que Barrière était une des plus puissantes organisations dramatiques de la seconde moitié de ce siècle.

Quelquefois, avec Ernest Blum, nous causons de lui, car pendant trois ou quatre ans, nous lui fîmes escorte à l'apothéose de sa carrière, au temps des *Faux Bonshommes*, des *Filles de marbre*, de *Cendrillon*, de la *Corneille qui abat des noix* et des *Jocrisses de l'amour*. Nous faisions les courses de Barrière, nous épousions ses querelles, nous partagions ses haines, nous étions à sa dévotion du matin au soir et même une partie de la nuit, quand il n'avait pas envie de se coucher, le tout dans l'espoir de faire avec lui une comédie en quatre actes que j'ai dans mes tiroirs; car au bout de trois ans d'attente, l'auteur-étoile nous déclara froidement qu'il avait autre chose à faire et il nous replongea de la sorte dans l'obscurité d'où il avait promis de nous tirer. Ni l'un ni l'autre, nous n'en gardâmes rancune à Barrière, car notre estime pour son talent fut telle, qu'on lui pardonnait tout; quand en un moment de découragement on était sur le point de se dire : « Cet homme est bien cruel, » on ajoutait aussitôt : « Cet homme est bien fort, » afin que notre petite vanité, froissée en même temps que nos intérêts, ne nous rendit pas injuste pour un si beau talent.

Pour rester tout à fait au premier plan après sa mort, il ne manquait à Barrière qu'une éducation littéraire; ce fut un homme de théâtre et non un écrivain, mais ce qui le plaçait surtout si haut dans notre affection, c'est qu'il était un artiste, un chercheur. Ces qualités grandes, qui auraient pu le conduire à la postérité, se trouvaient malheureusement paralysées chez lui par les colères, souvent justifiées, qu'il ressentit des succès des autres, et qui, pendant de longs mois, le rendirent fou d'ambition et de déception. L'œuvre ne sortait jamais de sa pensée comme un impérieux besoin; elle reposait presque toujours sur une arrière-pensée de faire opposition au triomphe d'un confrère. C'est du désir de combattre la *Dame aux Camélias* que naquirent les *Filles de marbre,* comme *Cendrillon,* la comédie émue, vint, à l'ancien Gymnase, à titre de protestation contre les pièces remplies d'adultère de Dumas fils. A cette époque, il ne fallait pas prononcer ce nom devant le maître, mais, quel que fût son ressentiment contre le rival acclamé, il méprisait au fond les flagorneurs qui, pour lui plaire, tendaient à nier la valeur de Dumas; au fond, Barrière détestait d'autant plus Dumas fils qu'il se rendait compte de sa valeur; pendant trois ou quatre ans, les deux écrivains ne se parlèrent pas; en passant devant Dumas, Barrière le saluait d'un coup sec de son chapeau. La réconciliation se fit un jour de première représentation au Gymnase. Dumas tenait à la main une orange quand Barrière vint à passer. L'auteur du *Demi-Monde* rompit l'orange en deux parts égales, et tendant la moitié à l'auteur des *Faux Bonshommes* :

— A nous deux, dit-il.

Barrière comprit l'avance, et prenant la moitié d'orange de la main gauche, il tendit la main droite à Dumas en lui répliquant :

— C'est convenu !

Quelques moments après, bras dessus, bras dessous, les deux hommes de talent arpentaient le boulevard comme une paire d'amis. Mais comme Barrière ne pouvait pas vivre sans une colère, il se mit à prendre Sardou en grippe; à présent, on pouvait dire du bien de Dumas, mais de l'autre, jamais.

Heurté comme sa vie du dehors fut son intérieur. Ce Parisien si vivant était entouré d'une famille de province qui, sans le vouloir, le fit souffrir énormément. Barrière habitait alors le 42 de l'ancien boulevard du Temple. C'est sous la porte cochère de cette maison que je vis pour la première fois un pauvre diable, venu pour quêter une collaboration; il s'appelait Victorien Sardou : vous savez le reste. Passons. Barrière avait à ce point la tendresse filiale chevillée dans l'âme, que lui, l'homme de quarante ans, n'avait jamais voulu se séparer de ses vieux parents; ils habitaient l'appartement au-dessus du sien et sa journée commençait et finissait sur un baiser pour les vieux. La mère était une bourgeoise de l'ancien temps, à l'esprit étroit, qui, quelles que fussent les prévenances de son fils, maugréait toujours. Le père, oh! ce père Barrière! On n'en fait plus comme cela! Figurez-vous que la première fois que je l'aperçus, je croyais voir un fou. Un jour, j'arrivais chez Barrière : j'y trouvai une femme prise d'une attaque de nerfs à la suite d'une rupture violente. Barrière lui tapait dans la main et lui jetait de l'eau froide au visage.

— Du vinaigre! s'écria-t-il, du vinaigre!

Le père Barrière avait entendu les cris; la silhouette du vieillard se dessinait dans la porte; son corps était enveloppé dans une robe de chambre turque et sur sa tête un perroquet apprivoisé, mais affolé par le bruit, déployait les ailes comme l'aigle à deux têtes sur le casque d'un chevalier-garde russe; il s'avança lentement vers son fils, déposa le flacon de vinaigre sur la table et s'éloigna en disant à cet homme de quarante ans, d'un ton méprisant :

— Toujours cette vie de désordre!

— Oui, mon père, répondit Barrière, c'est convenu, je finirai sur l'échafaud.

Si l'on veut juger Barrière dans son ensemble, il faut présenter sa famille.

L'homme de travail, l'artiste surtout, a absolument besoin d'un coin où, confiant en la tendresse de ceux qui l'entourent, il peut se reposer de la lutte du dehors. Barrière n'a jamais connu ce bonheur, et c'est pour cela qu'on le voyait si souvent méchant, irrité contre le monde entier, les sourcils froncés et l'amertume sur les lèvres. Son père, ancien employé, était un littérateur avorté, un raté d'ambition qui passait sa vie à mettre en vers les pièces que Molière avait écrites en prose. Quand Barrière venait apporter à ce père une loge pour une première, l'homme au perroquet jetait sur les angoisses de l'auteur dramatique cette phrase éternelle :

— Je n'ai pas besoin de voir vos pièces, puisque vous ne faites pas jouer les miennes.

Et la mort dans l'âme, le pauvre garçon allait embrasser sa mère, dans la crainte de manquer de respect au vieux poète incompris. Le 15 août de je ne sais plus quelle année, on apporta la croix à Barrière; il ne fit qu'un bond jusque dans les bras de sa mère : puis il s'élança vers son père qui lui dit froidement :

— Si vous aviez pour deux liards de cœur, vous auriez demandé au ministre de me décorer, moi, et non vous!

Puis, pirouettant sur ses talons avec le perroquet qui ne le quittait jamais, Barrière le père se retira dans sa chambre, où il composa une pièce de vers sur la décadence des enfants au dix-neuvième siècle!

Ce n'était pas assez encore! Le Destin avait, en outre, accablé cet auteur dramatique d'un oncle qui employait ses loisirs en écrivant des pièces de théâtre. Un jour, Barrière me dit :

— Mon oncle vient de m'apporter un acte ! Il faut enfin que je me débarrasse de cet homme qui empoisonne ma vie. Emportez donc la pièce et dites-moi votre avis.

C'était une œuvre curieuse, écrite en charabia. Voici de quoi il s'agissait. Un père a une jeune fille qui vient passer ses vacances chez lui ; elle y fait la connaissance d'un ami qui la déshonore ; le père soufflette le séducteur et se bat avec lui dans le salon ; il le tue. Voyant tomber son amant, la jeune fille s'empoisonne. Après quoi, le père, désespéré, se passe son épée au travers du corps. Trois cadavres gisent à terre. Alors, un domestique s'avance et dit :

— A quoi tiennent les destinées d'une famille. Oh ! l'aristocratie, quel monde perverti jusque dans les moelles !

Et le rideau tombait.

Comme dialogue, cette comédie était un chef-d'œuvre dans son genre. C'était plein de : « Tu pâlis, Eugénie ? ou de : » A nous deux, monsieur le Lovelace ; » et de : « Pitié pour l'enfant que je porte dans mon sein ! » Vous voyez cela d'ici. C'est de cette pièce imbécile et écrite en patois que Barrière fit, en une journée heureuse, le *Feu au Couvent*, un petit chef-d'œuvre de délicatesse et de sentiment. Quand la pièce fut reçue au Français, l'oncle envoya à son neveu du papier timbré, parce que, selon lui,

Théodore avait porté une main sacrilège sur un chef-d'œuvre. Cette fois, le Destin se montra clément : il débarrassa Barrière de son oncle par une bonne attaque d'apoplexie qui donna satisfaction à tout le monde et désarma la loi.

Sur les boulevards, on disait : « Quel être déplaisant que ce Barrière ; est-il assez grincheux ? » Franchement, on l'eût été à moins. Ce qui m'étonne, à présent que j'y pense, c'est que Barrière ne soit pas devenu enragé au milieu d'un tel entourage ; il avait mal équilibré sa vie. Le besoin d'affection dont il était rempli le jetait en pâture à la première actrice venue sur les épaules de laquelle il pouvait reposer sa tête en paix. Le jour où il inventa, avec Lambert Thiboust, les *Jocrisses de l'amour,* il n'avait pas besoin de faire un bien grand effort d'imagination ; il lui suffisait d'écrire son histoire à lui et de faire raconter par Gil Pérez ses propres aventures.

Les deux principaux mamelouks de Barrière, mon ami Ernest Blum et moi, nous nous souvenons encore d'une ancienne danseuse des Folies-Nouvelles qui, plus tard, a épousé un marchand de parapluies du Midi. C'était une insupportable grue, bête comme une oie ; elle faisait marcher Barrière au commandement. L'auteur dramatique, qui tançait si vertement les ridicules de son temps sur le théâtre, jouait alors auprès de cette fille le rôle que Geoffroy a tenu plus tard avec tant d'éclat dans les *Jocrisses de l'amour.* Pour plaire à Barrière, nous étions forcés de subir les caprices de cette mauvaise fille; il nous fallait chaque matin demander des nouvelles de sa santé à son petit lever, et lui apporter le soir des bonbons sur les vingt francs que, dans la journée, nous avions arrachés à la sympathie de Mme Porcher, la négociante en billets de théâtre, qui nous faisait des avances sur notre avenir.

Un beau jour, Barrière vint me dire :

— Je soupçonne cette fille de me tromper avec un tambour de l'*Histoire d'un Drapeau*, du Cirque. En voilà assez! Voulez-vous passer un mois avec moi en Normandie? Nous reviendrons avec une comédie... Oui!... Eh bien! pas un mot et ce soir à minuit à la gare Saint-Lazare!

A onze heures, je fus au rendez-vous! Avec quelle anxiété je plongeais un regard anxieux dans les fiacres. Tout à coup, j'aperçus la tête souriante de Barrière à une portière! Je m'élançai vers lui. O surprise! il n'était pas seul. Au dernier moment, le Jocrisse de l'amour avait eu un accès de sentiment : il était allé cueillir la danseuse... et nous partions tous les trois. De la comédie, il ne fut plus question.

Tel fut dans l'ensemble cet auteur de talent, l'un des plus féroces avec les hommes que j'aie connus, l'un des plus jocrisses avec les femmes que j'aie rencontrés. Mais au-dessus des misères qu'il nous faisait endurer planait l'artiste à qui nous gardions notre profonde estime, alors même qu'il faisait tout ce qui dépendait de lui pour décourager notre amitié.

BRESSANT

O Paris, ville charmante et terrible, où il faut vingt ans pour se faire connaître et où trois jours d'absence suffisent pour se faire oublier, as-tu seulement conservé un souvenir du comédien que pendant quarante ans tu as applaudi et que, par une froide journée d'hiver, en 1880, j'ai rencontré dans une allée solitaire du Bois? Un paysage d'automne, froid et brumeux, une atmosphère jaune sur laquelle se découpaient les arbres dénués de feuilles; à terre, quelques verdures fanées du dernier été, rasant le sol sous l'impulsion de la brise hivernale : au détour d'une allée abandonnée un fauteuil à roulettes, poussé par un domestique; dans ce fauteuil, un homme enveloppé dans des fourrures; des cheveux tout blancs, une grande barbe toute blanche, les traits alourdis par l'immobilité du corps paralysé, des yeux pleins de tristesse, la voix affaiblie par la maladie, une apparition qui serre le cœur...

C'était Bressant!

Vous m'entendez bien, Bressant, la coqueluche de la génération de 1840, l'un des rares comédiens qui aient apporté au théâtre une véritable élégance, l'artiste que la Russie et la France se sont disputé, que Saint-Pétersbourg a enlevé au poids de l'or au boulevard Bonne-Nouvelle et que la Comédie-Française a pris à l'empereur de Russie. C'est Bressant, c'est-à-dire le prince de Galles de *Kean*, le Lovelace de *Clarisse Harlowe*, l'homme qui, au théâtre et à la ville, a roucoulé le plus grand nombre de tendresses, qui a fait battre tous les cœurs féminins; c'est le cavalier distingué à la scène, correct à la ville qui, pendant quarante ans, a foulé ton bitume, ô Paris! dont le nom a embelli pendant quarante ans toutes tes affiches, ô Paris! que, pendant quarante ans tu as applaudi, rappelé, couvert de bravos! T'en souviens-tu seulement, ô Paris! ville séduisante entre toutes, puisque tu donnes aux artistes la gloire qui les fait vivre, ville abominable entre toutes, parce que, plus vite que les autres, tu les enveloppes dans ton oubli, dont ils meurent!

Quel destin que celui de Bressant!

Après les longues années d'enivrement, venait la vieillesse prématurée avec son cortège d'irrémédiables tristesses et de mélancolies sans issue. Cette vieillesse heureusement ne fut pas besoigneuse, car les pensions de la Comédie-Française, les économies restreintes de l'artiste lui assuraient le pain des vieux ans. Mais si vous pensez que Bressant, qui compte des millionnaires dans sa plus proche famille, roulait sur l'or, vous vous trompez! Les six mille francs de rente que lui servait, pendant un temps une princesse née dans les coulisses, lui ont été retirés au moment où plus que jamais il en avait besoin. Il n'entre pas dans mes intentions de mettre à nu les secrets de famille et d'en tirer un divertissement pour la curiosité de mes lecteurs; je ne voudrais pas avancer une accusation que l'opinion publique réprouverait sévèrement; seulement, en passant, je constate un fait sans y appuyer; c'est mon droit et j'en use, car j'écris l'histoire de Paris, de ses élans et de ses défaillances, de son inépuisable bonté et de son infernale indifférence, des pauvres qui font l'aumône à de plus humbles et des millionnaires qui oublient leurs parents dans la détresse.

Glissons! Nous n'avons pas le droit de nous montrer plus sévère que l'abandonné. Dans la petite maison de la rue Spontini que, faute de cette pension de six mille francs, Bressant devait quitter après vingt années de séjour, dans cette maison où étaient enfermés tous ses vieux souvenirs qu'il devait envoyer à l'Hôtel des Ventes, avant de se retirer en province, le vieux comédien ne récriminait contre personne; étendu sur une chaise longue, pouvant à peine lever la main qu'on venait serrer, Bressant avait en face de lui, sur un chevalet, le portrait de cette parente riche de trois millions. Quand il songeait aux tristesses de sa vieillesse délaissée, l'œil se mouillait sans doute de chagrin, mais le souvenir de jours plus heureux et d'une enfance plus tendre qui se dégageait de ce portrait, ramenait aussitôt le sourire sur les lèvres du malade; dans ce corps paralysé le cœur était intact comme la tête.

Oui, vous l'entendez bien, ce comédien parisien était forcé de s'exiler de Paris; car en 1880, où je le vis pour la dernière fois, il n'avait pas encore hérité de son vieil ami Brizard, ancien tapissier, qui mourut dans l'impénitence finale de la peinture à l'huile. Donc, à ce moment, Bressant ne pouvait plus vivre à Paris; sa maladie nécessitait des soins particuliers; il coûte fort cher à Paris d'être infirme. Que faire alors? Vendre tout et se retirer en province! C'est ce que fit Bressant. En apparence ce n'était rien, car enfin, on n'en meurt pas de la province, n'est-ce pas? Qu'est-ce que vous en savez? Oui, quand on n'a eu de Paris que la peine, quand on a passé sa vie dans un labeur obscur, quand on n'a fait partie de Paris qu'une fois de loin en loin, l'année où l'on opérait le recensement de la population, alors, vraiment l'exil de Paris n'est rien. Mais, quand on a passé sa vie à être quelqu'un à Paris, ne plus rien être en province, c'est terrible! Écoutez plutôt Henri Heine; le grand écrivain, sur son lit de misères, a admirablement dépeint le besoin d'un artiste de rester à Paris jusqu'au dernier râle. Un ami vint voir Heine aux Batignolles un jour d'été; sa fenêtre était ouverte; Heine, paralysé et aveugle, ou à peu près, s'était fait rouler avec son divan sur le balcon.

— Ne feriez-vous pas mieux d'aller vivre à la campagne? lui demanda l'ami.

— A la campagne! murmura Heine, vous n'avez donc jamais aimé Paris pour me donner ce conseil? Sans doute, dans votre pensée, Paris ne m'offre plus rien; je ne le vois plus, mais je l'entends grouiller; je ne le palpe plus, mais je le flaire : cela me suffit.

Peut-on exprimer avec plus de tendresse l'attachement que Paris laisse à jamais dans l'esprit des artistes qui y ont vécu! Pour ceux-là, l'exil de Paris est le grand et dernier coup de grâce; lors même que la maladie les cloue sur un lit de douleur, ils ont le besoin de flairer Paris. Depuis quelques années, Bressant, lui aussi, ne voyait plus Paris, mais il l'entendait toujours grouiller autour de lui. Quelques amis lui étaient restés fidèles : Madeleine Brohan, cette excellente femme, venait de temps en temps tenir compagnie à son ancien camarade; Worms n'a pas oublié que c'est à Bressant qu'il doit son engagement en Russie, c'est-à-dire la fortune; il apportait au vieux comédien des nouvelles de son théâtre, des potins de coulisses; on le tenait au courant de tout ce qui se passait à la maison de Molière; c'était comme un écho de temps plus heureux.

Voici donc l'exilé de Paris qui se préparait à partir pour la province; il allait se retirer aux environs de Nemours, à Saint-Pierre-les-Nemours; il y est devenu le voisin de Geffroy, l'ancien sociétaire des Français, qui y fait de la peinture dans sa propriété;

autour de Geffroy, toute une colonie d'artistes est en train de se fonder : Adolphe Dupuis, l'excellent comédien du Vaudeville, a fait construire une maison là-bas; dans une propriété voisine, les époux Lagrange viennent passer les vacances. Un peintre de grand talent, l'ami Berne-Bellecour, a acheté à Saint-Pierre-les-Nemours un château abandonné qu'il fait restaurer. Cette villégiature ne manque peut-être pas de charmes pour les artistes qui la considèrent comme un temps de repos; pour Bressant, c'était l'exil définitif, exil d'autant plus pénible que, pour conquérir cette humble retraite, le comédien était forcé de se séparer de tous ses objets d'art, doux souvenirs d'une longue et brillante carrière d'artiste. C'est un morceau de sa vie qui devait passer sous le marteau du commissaire-priseur.

Le petit hôtel de la rue Spontini, dernier refuge de Bressant à Paris, a été traversé par bien des artistes. Tous y ont laissé un souvenir. Sur les murs, c'était une page de l'histoire artistique de Paris, dans les derniers quarante ans et écrite par des peintres; les uns, célèbres dans le temps, sont déjà oubliés, les autres sont encore vivants ou dans la plénitude de leur renommée. Parmi les morts, il y avait Corot, Daubigny, Daumier, Camille Roqueplan, Bonnington, Decamps, Deveria, Raffet et Henry Monnier, sans compter les anciens. On y retrouvait encore un peintre de moindre mérite, Eustache Lorsay, très répandu dans les coulisses d'autrefois et qui a dessiné dans un album spécial tous les acteurs d'il y a trente ans, dans leurs principales créations. C'est comme l'histoire du théâtre parisien depuis 1840 jusqu'en 1870, où défilent les vieilles gloires disparues : Rose Chéri, Berton père, Lepeintre aîné, Vernet, Hoffmann, Grassot, Lesueur, Numa, Alcide Touzé, Tisserand, Ferville, Mélingue, Provost, etc. Voilà pour les morts; à côté d'eux les anciens d'à présent, croqués dans leur jeunesse : Hyacinthe à trente-cinq ans, grand et élancé, avec ce fameux nez qui l'a rendu célèbre; Julien Deschamps, retiré à la campagne; Williams, l'ancienne étoile de féerie, retirée dans l'opérette; Mlle Lefebvre, maintenant Mme Faure; Fechter, mort en Amérique, en un mot tous les artistes qui ont fait la joie de nos aînés; très curieuses pages dans lesquelles on voit renaître les uns dans un éclat de rire, les autres dans une sombre tirade de drame; gloires mortes, gloires perdues, gloires passagères, tout ce qui au théâtre a remué ou passionné Paris; des noms dont les anciens se souviennent encore et dont la nouvelle génération ne connaît que quelques-uns; une sorte de Panthéon des théâtres de Paris, vu des coulisses, moitié nécropole, moitié hospice pour la vieillesse; c'est vraiment très curieux. Deux tableaux du même Eustache Lorsay, dessinateur habile, mais peintre médiocre; deux scènes de *Clarisse Harlowe*, celle du souper et celle du dénouement; aux pieds de Clarisse, Lovelace qui a fait courir tout Paris au boulevard Bonne-Nouvelle; Lovelace, le séducteur, jeune, beau, éperdu d'amour. C'est le vieux malade qu'on rencontrait maintenant dans un fauteuil roulant au Bois.

Eustache Lorsay, enterré et oublié, cumulait la littérature avec la peinture ; un caprice de Villemessant avait fait de Lorsay pendant quelques mois l'échotier théâtral de l'ancien *Figaro* bi-hebdomadaire. Aucun rédacteur n'a jamais apporté dans l'exercice de ses fonctions une plus grande conscience que celui-ci. Je me souviens notamment de la reprise du *Pied de Mouton* à la Porte-Saint-Martin ; comme un dilettante suit au Conservatoire une symphonie de Beethoven sur la partition, Eustache Lorsay avait les yeux fixés sur la première brochure du *Pied de Mouton* pour se rendre compte des changements qu'Hector Crémieux avait apportés dans le remaniement de la grande œuvre. Je vois encore Eustache Lorsay, à cette première, la barbe inculte, car il ne la brossait jamais, les cheveux hérissés, car il ne se peignait jamais, les vêtements crasseux, car il ne les nettoyait jamais ; de temps en temps il frappait avec fureur sur la brochure en s'écriant :

— Ici, il y avait un admirable couplet de facture que Crémieux a supprimé ; mais il ne perdra rien pour attendre ; dans le prochain *Figaro,* je le fustigerai de la belle façon !

Et il fustigeait Crémieux.

Que tout cela est déjà loin de nous ! Vieux souvenirs, vieux galons ! La maisonnette de Bressant en était remplie de haut en bas. Plus d'une toile remarquable dans cette collection d'artistes, notamment un certain nombre d'œuvres de Bonvin, de la bonne période, solides et magistrales comme des pages de maîtres anciens. Bonvin, un autre oublié, ou plutôt un dédaigné, talent robuste, mais âpre, qui échappe à l'amateur vulgaire et dont les tableaux se vendront un jour ou l'autre au poids de l'or; Bonvin, un autre exilé de Paris dans le département de Seine-et-Oise, à Saint-Germain, un des plus vieux camarades de Bressant et atteint comme lui d'une maladie terrible qui l'éloigne de son atelier avant l'âge. Que de souvenirs attristants dans cette demeure du vieux comédien abandonné, mais aussi que d'objets rappelant les triomphes passés! En somme, quel intéressant chapitre de la vie parisienne!

Au milieu de cette collection, trois portraits de Bressant qui résumaient toute sa vie. Le premier a été fait en Russie par Court; le comédien avait vingt-cinq ans; je n'ai pas vu de tête plus complètement distinguée que celle-ci : on comprend, en la voyant, qu'un frémissement devait parcourir tous les cœurs féminins, quand ce beau garçon, représentant le prince de Galles dans *Kean*, s'installait dans une avant-scène des Variétés. Dans ce portrait de jeunesse, Bressant porte la moustache et le collier de barbe de 1840. C'est ainsi que Gavarni nous montre les élégants du temps dans ses lithographies; on comprend, en voyant ce portrait, que l'amour ait comblé le fossé qui sépare le comédien du plus grand monde, à ce point que Bressant dut interrompre la carrière russe à cause d'une liaison qui fut un scandale dans les plus hautes sphères. Le deuxième portrait est daté de 1850, c'est-à-dire de l'époque où l'artiste fut une des colonnes du théâtre du Gymnase, qui alignait sur une même affiche Rose Chéri, Bressant, Berton père, Geoffroy, Lesueur et Adolphe Dupuis. Le troisième portrait date du sociétariat à la Comédie-Française et il est peint par maître Carolus Duran.

Dans ces trois portraits était toute la vie d'un artiste : ses débuts à ce point brillants que Frédérick Lemaître, après *Kean,* disait au prince de Galles : « Tu sais, mon petit Bressant, que tu me fais du tort! » la carrière de Russie, le retour à Paris et l'incorporation dans la troupe de la Comédie-Française. D'une si grande renommée, d'une si longue vie, de tant de créations, de tant de succès et d'aventures, il ne restait qu'un vieillard paralysé, forcé de s'exiler de Paris, forcé de se séparer des plus chers souvenirs de sa vie pour s'en aller tristement mourir loin de nous.

Ave, Cesar, morituri te salutant! Adieu, Paris, ceux qui vont mourir en province te saluent une dernière fois!

DARCIER

Faure et Coquelin, en janvier 1881, se mirent en campagne pour une œuvre de justice et de consolation. Ils allaient organiser, au théâtre de la Gaîté, une représentation au bénéfice d'un grand artiste, jadis acclamé, aujourd'hui oublié dans sa vieillesse attristée. C'est de Darcier qu'il s'agit; le nom suffit pour rappeler aux anciens des soirées pleines d'émotion, tandis que les jeunes gens ne le connaissent pas.

C'est en 1848, en pleine révolution de Février, que se leva l'étoile de Darcier et que la puissance de son talent fit pour la première fois, d'un café-concert, le centre d'un réel mouvement artistique. Ancien apprenti tapissier, recueilli et instruit par le fameux professeur de chant Delsarte, qui avait entendu le jeune homme dans les chœurs de la Madeleine, Darcier surgit un soir à l'Estaminet lyrique du passage Jouffroy, aujourd'hui transformé en restaurant. Ce fut comme une traînée de poudre dans Paris, si prompt à faire les réputations et plus prompt encore à les oublier. Tout Paris voulut entendre Darcier, qui, d'une voix de baryton d'un singulier charme et d'une rare puissance, disait tour à tour des chansons terribles ou des romances attendries, le tout avec la même chaleur se dégageant d'une véritable âme d'artiste! Berlioz salua ce grand chanteur par un feuilleton enthousiaste; Meyerbeer devint un des habitués de l'Estaminet lyrique, en même temps que Rachel et toutes les autres illustrations de Paris.

Je n'ai pas connu Darcier à cette heure de sa première apparition, qui fut son plus grand triomphe; je n'ai pas davantage entendu le grand ténor Duprez à l'Opéra; les hasards de la vie parisienne ne m'ont mis en rapport avec l'un et l'autre qu'à l'heure où le déclin a commencé pour eux. Un soir, chez mon camarade Théodore Ritter, le grand artiste Duprez se mit au piano et, sans la moindre voix, mais toujours avec la même âme, il me dit le *Roi des Aulnes*, de Schubert, avec cette maîtrise de la diction qui, avant lui, n'a été atteinte par aucun chanteur. Un autre soir, dans une réunion d'artistes, Darcier, déjà sur le retour, me dit le *Bataillon de la Moselle* d'une voix fort compromise, mais avec un art qui ne peut pas être dépassé; il m'a suffi de ces deux soirées pour mesurer ce que valaient ces deux hommes au temps de leurs splendeurs. Chez le vieux ténor de l'Opéra, comme chez l'ancienne étoile du café-concert, le même tempérament, la même flamme, le même art à fondre le vers et la musique, la même diction merveilleuse et entraînante.

Quand Darcier parut pour la première fois à l'Estaminet lyrique, on était en pleine Révolution de Février; compositeur de beaucoup de talent en même temps que chanteur, Darcier disait chaque soir ce qu'on appelait alors la *Marseillaise* de la famine, la chanson de Pierre Dupont, intitulée le *Pain :*

> Quand dans l'air, et sur la rivière,
> Des moulins se tait le tic-tac,
> Lorsque l'âne de la meunière
> Broute et ne porte plus le sac,
> La famine, comme une louve.
> Entre en plein jour dans la maison ;
> Dans les airs un orage couve,
> Un grand cri monte à l'horizon :
>
> On n'arrête pas le murmure
> Du peuple, quand il dit : « J'ai faim ! »
> Car c'est le cri de la nature ;
>   Il faut du pain !

Comprend-on l'effet de ce chant terrible à l'heure où les questions sociales s'agitaient dans Paris, où les ateliers nationaux, oisifs et menaçants, préludaient à l'insurrection de Juin ? Ce cri : *Il faut du pain !* poussé par Darcier avec cette puissance qu'il appelait le coup de tonnerre de la fin et que dans l'argot des coulisses on appelle le « coup de gueule », fut comme un appel aux armes des déshérités contre les heureux ! Aux applaudissements fanatiques des républicains se mêlaient les sifflets des soi-disant réactionnaires qui mesuraient le danger d'un chant pareil dans un moment de trouble politique. On s'injuriait, on se battait, et la police fit fermer l'Estaminet lyrique.

C'est de ce moment que date la situation politique de Darcier; le peuple, disait-on, avait enfin trouvé le chanteur mélancolique de sa misère. De ce grand, très grand artiste, la passion fit un être inférieur appartenant à un seul parti. Darcier n'avait pensé qu'à l'art en mettant en musique des vers brûlants; on voulait absolument qu'il fût autre chose et moins qu'un artiste; de même que, plus tard, sous l'Empire, le compositeur Litolff fut bombardé musicien républicain parce que, par le plus grand des hasards et en dehors de toute préoccupation politique, il intercala la *Marseillaise* dans une ouverture que, dans sa jeunesse, il avait écrite pour un drame réactionnaire, *Robespierre,* d'un auteur allemand, M. Griepenkerl. La politique nous offre de telles surprises, parce qu'elle dénature les choses.

Et cependant ce n'était pas ce seul cri de guerre contre les boulangers, ni le *Bataillon de la Moselle* et autres souvenirs républicains qui avaient valu à ce chanteur de café-concert sa haute situation artistique; il n'était pas seulement un maître dans l'art de dire les chants terribles. Nul plus que lui n'a dépensé de talent dans les chansons attendries ou enjouées; en même temps qu'il lança la *Faim* dans les faubourgs, il fit la vogue de la *Sainte Bohème,* de

M. Théodore de Banville, et dont je copie quelques vers pour donner à mes lecteurs l'occasion de mesurer les deux faces du talent de Darcier :

> Par le chemin des vers luisants,
> De gais amis à l'âme fière,
> Passent au bord de la rivière
> Avec des filles de seize ans.
> Beaux de tournure et de visage,
> Ils ravissent le paysage,
> De leurs vêtements irisés
> Comme de vertes demoiselles.
> Et ce refrain qui bat des ailes,
> Se mêle au vol de leurs baisers :
>
> Avec nous l'on chante et l'on aime,
> Nous sommes frères des oiseaux,
> Croissez, grands lys, chantez, ruisseaux,
> Et vive la Sainte Bohême !

Magnifique dans les chants passionnés, plein de tendresse dans les chansons attendries, grand artiste dans les deux genres, Darcier gagna ses 10 francs par soirée à émouvoir tout Paris!

Le plus grand malheur qui puisse arriver à un artiste, c'est d'être englobé par la politique; ce malheur arriva à Darcier et pesa sur toute sa vie future. On avait donc fait de Darcier un chanteur républicain, et il se crut obligé d'affecter des attitudes populaires, rappelant les faubourgs, pour justifier sa situation. La nature, qui avait si magnifiquement doué cet artiste, ne lui avait pas donné la distinction; la politique en fit un débraillé. Avec un peu plus de tenue, Darcier se fût créé une situation brillante comme professeur de chant, mais le moyen d'introduire dans les familles un homme qui faisait étalage d'éducation médiocre et qui ne reculait devant aucune crudité dans la conversation. C'est bien un peu pour cela que le grand artiste passa sa vie entière dans les cafés-concerts, qu'il se ferma les portes des salons et que sa vieillesse est misérable.

Le tout Paris brillant et riche ne demandait pas mieux que d'acclamer et de faire la fortune de ce merveilleux chanteur. Mme Orfila, elle-même, dont le salon fut, au début de l'Empire, le rendez-vous des plus grands artistes, où Lablache, Rubini, la Persiani et toutes les autres grandes étoiles des Italiens se faisaient entendre devant un auditoire trié sur le volet, Mme Orfila, elle-même, vint solliciter Darcier de venir chez elle. « On ira, la petite mère », répondit le chanteur du peuple dans son langage dénué d'artifice. Et il y fut, très embarrassé de sa personne dans ce milieu distingué. Quand le domestique passa avec les rafraîchissements :

— Je ne veux pas de tes fadaises, lui dit Darcier, apporte-moi une bouteille de bordeaux !

Vous voyez l'effet dans les salons de Mme Orfila ; heureusement pour lui, Darcier n'était pas qu'un débraillé ; il était le grand artiste que vous savez ; après boire, il se mit au piano et ce fut un enchantement. Une autre fois, il répondit au duc de B... qui le suppliait d'embellir, par son concours, une soirée musicale à son hôtel :

— Je viendrai en sortant de mon caboulot !

— Il sera trop tard alors, répondit le duc en lui tournant le dos.

Si je rappelle ces souvenirs, ce n'est pas pour appuyer sur le côté vulgaire de cette nature d'artiste de premier choix, mais pour expliquer comment il se fait qu'un grandissime chanteur peut traverser une ville comme Paris sans gagner jamais plus de quinze ou vingt francs par jour. Darcier, par ses façons d'ouvrier, plus affectées que réelles, se fermait, les unes après les autres, toutes les portes des personnes qui auraient pu faire sa fortune. Le Paris riche et élégant alla au-devant de l'artiste; il ne demandait pas mieux que de lui rendre la vie belle et facile; lui le repoussa par la rudesse de son langage et le sans-façon de ses manières. Le peintre Giraud m'a raconté, naguère, la peur qu'il eut le soir où Darcier, sous l'Empire, fut présenté par lui à la princesse Mathilde; il fut merveilleux de talent ce soir-là, et il fut réservé, ce qui est plus étonnant. Les mêmes défauts de l'homme fermaient à l'artiste la carrière du théâtre; Offenbach l'avait fait débuter aux Bouffes dans le *Violoneux*; il dut renoncer à faire un pensionnaire soumis de cet hercule indompté, qui passait sa vie au cabaret, avec les Arpin, les Rabasson et autres lutteurs. Je ne sais pas d'exemple d'un homme aussi étrange que celui-ci, qui s'efforçait de détruire par ses agissements l'admiration qu'inspirait l'artiste.

Voilà pourquoi Darcier, bon et serviable, excellent au fond, a passé auprès de la fortune sans en saisir quelques bribes, et voilà pourquoi sa vieillesse est désolée.

La transformation des cafés-concerts, vers 1860, et l'avènement de la chanson canaille finirent par dégoûter Darcier de Paris. La *Femme à barbe* avait remplacé les chants de Darcier; en dehors de ses œuvres, il avait chanté jadis Schubert et Meyerbeer; à la note d'art succédait maintenant la note de la rue. Darcier s'en alla cacher son découragement en province, et, quand de cette longue tournée dans les départements, acclamé partout où il chantait pour quelques sous, il revint sur les boulevards, Paris l'avait oublié, non pas le Paris artiste, mais le Paris frivole et banal qui fait le succès bruyant et les grosses recettes. Que de fois je l'ai rencontré dans les rues de Paris, s'acheminant comme le dernier des inconnus au milieu de la foule indifférente, lui que les plus illustres avaient traité comme leur pair et égal, lui qui a fondé avec Duprez l'art moderne du chant, l'art de la diction musicale, et je ne crois pas déplaire à Faure lui-même en affirmant que lui aussi a beaucoup appris de Darcier.

Quand un homme a tenu une telle place dans l'art, quand il a exercé une si grande influence sur son temps, il a droit à notre sympathie et à nos respects, quels que soient les errements de sa vie privée, errements qui n'ont jamais fait de tort à personne, et dont il est seul à souffrir. Très fier, Darcier ne s'est jamais plaint et n'a jamais rien demandé à personne; mais il ne devait pas être dit que la grande pléiade d'artistes parisiens aurait laissé dans l'abandon un de ses représentants les plus doués; il fallait mettre à l'abri les vieux jours de cet homme singulier qui a traversé la vie, dédaigneux de la fortune, vendant pour cinquante francs la propriété entière de ses compositions, chantant pour dix francs dans tous les caboulots de France, artiste de la tête aux pieds et grand artiste, grandissime artiste dans son genre.

M. LEPÈRE

M. Lepère, député d'Auxerre, ancien ministre de l'intérieur et l'un des vice-présidents de la Chambre, qui mourut en 1883, avait captivé la renommée parisienne, moins comme homme politique qu'en sa qualité de joueur enragé. C'était une gloire de cercle, le dernier représentant d'une race disparue de vicieux.

De même que les cercles sont devenus des usines, le joueur contemporain est un industriel; le baccara n'est plus une passion, mais une affaire; dans cette partie-là on tient sa comptabilité en vue du bilan de fin d'année, et il s'y forme des syndicats comme partout ailleurs. M. Lepère était un des derniers représentants de la vieille race, vicieux aimables qui ne demandaient pas au jeu des ressources, mais des émotions; il aimait la dame de pique pour elle-même et non pour la dot qu'elle pouvait lui apporter et les espérances pour l'avenir. Il est probable que M. Lepère connaissait aussi bien que les autres les dangers de son vice, mais il lui plaisait de vivre ainsi et pas autrement; le jeu lui donnait des sensations dont l'abus lui avait fait un besoin, comme la morphine pour celui qui s'est adonné à ce genre particulier d'ivresse. Et encore on peut guérir les morphiomanes en les enfermant et en les privant violemment de leur poison. On n'a pas cette ressource avec un joueur comme M. Lepère. On l'eût détenu sans succès pendant six mois dans le petit local de la Chambre; à défaut de cartes, il eût joué à pair ou impair avec les boutons de son gilet.

On raconte de M. Lepère que, ministre de l'intérieur, il faisait tranquillement sa partie de piquet avec un ami, tandis que, dans le salon d'attente, se morfondaient les préfets venus pour rendre compte de l'état de leur département; si le fait n'est pas vrai, il est toutefois vraisemblable. Ce qu'il y a de certain, c'est que les eaux de la Seine descendront pendant de longues années vers la mer, sans qu'on voie revenir un joueur comme celui-là. Le gain ne l'enivrait pas, et la perte ne le rendait pas soucieux; il aimait à tripoter les cartes à quelque jeu que ce fût. Sur le tard, M. Lepère, las de jouer chez les autres, se mit dans ses meubles; il fonda avec quelques autres, rue de la Chaussée-d'Antin, un petit cercle dont il ne tira aucun avantage, mais qu'il présidait le soir après avoir, dans la journée, présidé la Chambre. Ce cercle, paraît-il, répondait à un besoin politique; il devait être républicain, et il le fut. Dans l'escalier, un grand buste de la République indiquait tout de suite la couleur du local. Les républicains y venaient en effet, et les plus huppés encore ; autour de la table de baccara on voyait, mêlés aux artistes, des députés bon teint et des sénateurs dont l'attachement à la forme existante de gouvernement ne souffrait pas de doutes. Quelques militaires aussi, et des plus haut gradés encore, des généraux, s'il vous plaît, sur qui, disait-on, la République pouvait compter dans un moment de crise.

Le président M. Lepère fut un homme charmant, le plus souvent correctement vêtu de l'habit noir et de la cravate blanche, courant de la table d'hôte du cercle dont il faisait les honneurs, à une réunion politique pour revenir à minuit au cercle, qu'il ne quittait jamais tant qu'il avait en face de lui quelqu'un qui voulût seulement jouer cent sous. Chaque matin, on pouvait le voir vers sept ou huit heures quitter son cercle et regagner son logis où le barbier l'attendait, pour redonner à ses favoris chiffonnés par la veillée et à ses cheveux défrisés le tour correct qui convient à un homme politique. Jadis la tête avait dû être charmante; elle était encore, malgré les soixante ans de M. Lepère, très séduisante. Un je ne sais quoi de bienveillant donnait à toute sa physionomie une grâce particulière; ce n'était pas un de ces républicains en zinc, suant l'ennui dans leur austérité voulue; M. Lepère était aimable; il aimait à vivre et ne s'en cachait pas. Je ne l'ai jamais vu présider à la Chambre, mais je déclare qu'il est impossible de mieux présider une table d'hôte de cercle; il était très aimé et méritait de l'être, car je n'ai jamais connu une meilleure pâte d'homme que le défunt M. Lepère.

Cependant un cercle a beau être républicain et exhiber dans son escalier l'image vénérée de la République, il faut avant tout qu'il gagne de l'argent, les louis qui tombent dans la cagnotte dussent-ils être à l'effigie du plus odieux despote ceint de lauriers. De républicain qu'il fut à l'origine, le Cercle artistique de la Seine devint alors semi-républicain. Le gérant, qui est mort depuis, fit comprendre à son président que, lui gérant, opérait à ses risques et périls et que, par conséquent, il fallait avant tout faire marcher la partie. A cette seule pensée que la partie pût finir faute de joueurs en nombre suffisant, choisis parmi les républicains, M. Lepère devint rêveur : il ne lui en coûtait d'ailleurs pas beaucoup de laisser entrer quelques réactionnaires dans la maison, car il était profondément libéral, et naturellement enclin à toutes les conciliations. La République en plâtre dans l'escalier ne se voila pas la face en voyant grimper vers minuit quelques banquiers des anciens partis, car elle aussi savait qu'elle ne pouvait se maintenir sur un socle qu'avec l'appui de tous les pontes de bonne volonté, à quelque opinion qu'ils appartinssent.

La pensée d'insinuer quoi que ce soit de malveillance contre la mémoire de M. Lepère est loin de mon esprit. Je ne crois pas que personnellement il ait jamais tiré le moindre avantage du cercle qu'il présidait, mais par bonté d'âme autant que par crainte de voir tomber sa chère partie de baccara, il laissa faire le gérant, qui jouait de son président comme Rubinstein joue du piano.

On vit alors des choses étranges et telles qu'on n'en avait vues sous aucun gouvernement. Le vice-président de la Chambre, l'ancien ministre de l'intérieur invitait, aux samedis du cercle, des personnes qu'il ne connaissait pas, c'est-à-dire le gérant de l'entreprise répandait sur le boulevard et envoyait à domicile des invitations à dîner signées : *Le président, Lepère*. Le bonhomme ne se doutait pas qu'au fond son gérant lui faisait faire là un métier discutable, et qu'on employait, sous son couvert, un moyen de racoler des joueurs qui n'est en usage que dans les plus bas tripots. C'était roide pour un vice-président de la Chambre, et tout autre que cet aimable homme eût été vivement blâmé. Mais on l'aimait si fort qu'on craignait de lui causer un chagrin en lui faisant une observation. Sa conduite était légère, mais désintéressée ; le gérant lui avait fait comprendre que cela se pratiquait ainsi dans le meilleur des clubs ; il avait probablement ajouté que M. Lepère tenait l'avenir et la vie du gérant dans ses mains. Et puis M. Lepère aimait son cercle ; il l'avait créé ; il l'avait fait prospérer un moment. Maintenant, si le club périclitait, que deviendrait le président ? Où trouverait-il à passer son temps aussi agréablement ?

Le dîner était bon, les fauteuils moelleux pour le

petit sommeil de digestion et, enfin, on pouvait, au Cercle artistique de la Seine, fumer la pipe, la belle pipe en écume que le président avait culottée avec amour. M. Lepère avait là tout ce qui faisait le charme de sa vie, car au fond, je crois que la politique l'ennuyait; il avait des cartes de premier choix, et quand le baccara chômait il trouvait toujours un partner au piquet ou à l'écarté; mais il n'adorait que le baccara; aussi, quand les deux premiers pontes étaient entrés, M. Lepère s'écriait en souriant : Nous allons tailler une petite! Et il taillait une petite; puis deux, trois, dix, vingt petites, tant de petites qu'on veillait jusqu'à l'aube, et par passion, et parce que ce noctambule enragé ne pouvait plus dormir dans son lit. De loin en loin, quand la fatigue le serrait de trop près, il allait se reposer à Auxerre.

Paris n'aime pas les dénominations longues; si quelqu'un vous dit qu'il a passé la soirée au Cercle de l'Union artistique, vous pouvez être certain que c'est un provincial ou un étranger. Les Mirlitons, c'est bien plus rapide et plus parisien. Dans l'argot boulevardier, le Cercle artistique de la Seine, présidé par le vice-président de la Chambre des députés, s'appelait tout bonnement le Cercle Lepère. On disait : Je dîne ce soir chez Lepère! ou bien : J'ai une fichue guigne chez Lepère. Ou bien encore : tout le monde tire à cinq chez Lepère. — Au fond, le bonhomme ne se doutait pas qu'il devenait tout à fait une enseigne pour son gérant. Avait-il seulement le temps de l'apprendre? Quand? Où? C'était chaque jour la même vie, tous les matins la même rentrée au logis dans cet état de demi-somnolence du noctambule; les soins de la toilette, quelques visites à recevoir, un déjeuner rapide, et il était tout de suite une heure. Il fallait aller à la Chambre et, à la fin de la séance, recommençait la vie de la veille jusqu'au petit jour. J'ai toujours pensé que le joueur enragé dormait tout en jouant, comme le cavalier, vaincu par la fatigue, dort au trot de son cheval.

Dans son cercle, l'ancien ministre de l'intérieur a traversé les phases ordinaires du joueur; il a eu des hauts et des bas; seulement à ce divertissement-là on finit toujours par les bas. A un moment donné, dans les commencements, au baccara purement républicain, M. Lepère avait, on le sait, gagné la forte somme : deux cent mille francs selon les uns, trois cent mille selon les autres. Ah! mes enfants, quel assaut on donnait à ce veinard! C'était à qui lui emprunterait le plus d'argent! Vingt-cinq louis par ci, quinze cents francs par là! Mon bon monsieur Lepère, je suis bien embarrassé pour trois mille! Et il prêtait, il prêtait avec sa bonté réelle, en veux-tu en voilà. Un de ses bons amis devint de la sorte son débiteur pour plus de cent mille francs, en échange desquels il donna à M. Lepère une sixième hypothèque sur ses propriétés, hypothèques qui ne valaient plus beaucoup depuis la troisième. Un peu de guigne par ci, pas mal de carottes par là, et le bénéfice s'en alla comme il était venu, un peu plus vite, voilà tout!

Bienveillant, doux, serviable dans le succès, M. Lepère ne montra aucune méchante humeur dans la déconfiture; son sourire était le même et il culottait toujours ses pipes avec l'entrain des belles soirées. La somme qu'il poussait sur le tapis lui importait peu, car il jouait vraiment pour jouer et pour passer ses nuits. Sans aucune aigreur il vit de plus heureux que lui tenir les premiers rôles, tandis que maintenant le président, au lieu d'avancer les plaques de cinq cents, plaçait humblement la pièce de cent sous sur le tableau de droite. Cependant une certaine lassitude devint visible; à présent, il s'endormait sur la table de jeu; il fallait quelquefois le secouer et lui dire: « Monsieur Lepère, la main est à vous! » Alors, réveillé subitement, il rallumait d'abord sa pipe éteinte, puis il poussait son jeton de cent sous. Jamais on ne l'a vu grincheux ou maudissant le destin; pas une fanfaronnade dans la veine, aucune plainte dans la déveine. Les personnes qui lui devaient de l'argent jouaient plus cher que lui. Ce qui aurait exaspéré le commun des joueurs ne l'émotionnait seulement pas; jamais il ne réclamait le remboursement à ceux qu'il avait pu obliger; il attendait avec une douce résignation et une entière philosophie.

Non seulement il n'avait pas un adversaire dans son cercle, mais chacun l'aimait et le traitait avec une grande déférence, quelques-uns parce qu'ils considéraient comme un honneur de tirer à cinq en société avec un vice-président de la Chambre des députés, d'autres parce qu'ils le savaient bon et généreux ; il avait l'amour de son cercle, et plus d'un jeune artiste, membre de son club, lui doit d'avoir été décoré avant l'âge. Je ne sais pas au juste quel souvenir la patrie reconnaissante conservera de l'homme politique, mais on parlera encore longtemps de M. Lepère, non sous le chaume, mais sous les lambris dorés des cercles. On ne voit pas tous les jours un ancien ministre de l'intérieur passer ses nuits autour de la table de jeu et un vice-président de la Chambre culotter des pipes en public. Soit ! Mais pour si peu la ville d'Auxerre ne gardera pas moins un bon souvenir de son député, car elle a vraiment perdu là un brave homme qui n'a jamais fait du mal qu'à lui-même.

HONORÉ DAUMIER

On l'appelait dédaigneusement caricaturiste, ce pauvre grand artiste du nom de Daumier qui a signé tant de belles pages dans le *Charivari*, de 1840 à 1879. L'opinion publique routinière avait collé sur son talent cette étiquette de faiseur de charges; elle s'obstinait avec l'entêtement de l'ignorance à ne pas reconnaître la force considérable de ce dessinateur étonnant et la singulière énergie de sa peinture. Toutes les fois qu'il s'évadait du cadre étroit de la lithographie comique, la foule indifférente lui rivait au pied le boulet de la caricature et le renvoyait à ses pierres. Paris est ainsi fait; quand un artiste a du succès dans un genre, il y reste condamné à perpétuité; il lui est plus difficile de s'en affranchir qu'à un forçat de s'échapper du bagne. Donc Honoré Daumier avait eu ses premiers succès comme caricaturiste, et pour le public il devait rester jusqu'à la fin des fins ce qu'il fut à ses débuts. Je crois que le pauvre homme en a beaucoup souffert, quoiqu'il ne se plaignit jamais.

Daumier avait d'ailleurs, pour se consoler de ne

pas être compris du public, l'admiration des artistes qui allait à lui franche et cordiale, entraînée par l'œuvre étonnante de ce grand dessinateur. Là où le commun des hommes ne voyait qu'une page drolatique, dont il appréciait la légende plus que la part de l'artiste, les peintres acclamaient sans réserve la puissance d'un crayon qui, en plus d'une œuvre, faisait songer aux grands maîtres. Ce caricaturiste possédait l'art du nu mieux que ces messieurs des Beaux-Arts qui en réclament le privilège et qui l'inculquent à la jeunesse studieuse. Nul, mieux que Daumier, ne savait construire un corps humain et lui donner du relief en quelques coups de crayon : c'était prodigieux d'art et de science, de dessin, de couleur, de crânerie. Les artistes étaient seuls à s'en apercevoir. Quant au public, il dépliait son *Charivari*, regardait la lithographie d'un œil distrait, riait à se tordre de la légende, et se disait :

— Quel homme d'esprit que ce Daumier!

Ce n'était pourtant pas un homme d'esprit dans le sens banal du mot, et ces légendes faciles qui ont plus fait pour son succès populaire que son art, qui était considérable, ces légendes n'étaient pas de lui : Daumier jetait sur la pierre les hommes et les choses de son temps sans autre préoccupation que celle de l'artiste, mais un esprit ingénieux s'attablait devant la page et lui trouvait une légende. Souvent cet homme d'esprit, dont le rôle modeste se bornait à dire au public : « Vous allez voir ce que vous allez voir, » jugeait que pour si peu l'œuvre de Daumier lui appartenait. Tel Charles Philippon, le créateur de la *Caricature*, où parut la série étourdissante des Robert Macaire. Toutes les fois qu'on parlait dans un journal des Robert Macaire de Daumier, vite arrivait une lettre de Philipon qui en réclamait la paternité, parce qu'il en avait composé la légende. Mais au même titre, tous ceux qui ont passé par la rédaction du *Charivari* pourraient se prétendre les auteurs de l'œuvre de Daumier. Moi-même, dans mon jeune temps, j'ai été condamné par Louis Huart à m'attabler devant les lithographies de Daumier et à leur trouver des légendes à cent sous la pièce, c'était le prix.

Daumier savait fort bien que le côté artistique de ses dessins échappait au vulgaire; il en ressentit, je crois, un chagrin profond qui le rendait triste et maussade. Il était un dessinateur comique et non un caricaturiste dans le sens vulgaire du mot; il était au simple caricaturiste ce qu'un poète comique est à un vaudevilliste. Profond observateur, il retraçait les hommes de son temps avec leur particularité d'allure, de tenue, d'expression. Ses bourgeois étaient des êtres vivants, saisis sur le vif de haut en bas, avec leur façon personnelle de se vêtir, de se tenir, de marcher et de regarder. Daumier était un humoriste plus qu'un caricaturiste. Ses études sur la bourgeoisie sont à la vulgaire caricature ce que M. Jourdain, de Molière, est à un compère de revue de feu Clairville.

Ce grand méconnu savait d'ailleurs fort bien ce qu'il valait : sous ses dehors timides et résignés, se cachait une grande fierté. Les meilleurs de son temps rendaient justice à son talent. Ses amis de jeunesse, il les comptait parmi tous ces grands peintres de l'admirable génération, dite de 1830, à laquelle il appartenait par son talent puissant et indompté ; ses amis des dernières années, ses fidèles, furent trois hommes dont les arts français s'enorgueillissent, Jules Dupré, Corot et Daubigny.

A aucune époque de sa vie, Daumier n'a connu plus que la plus humble aisance : ses dessins le faisaient vivre ; il demandait, souvent en vain, le surplus à ses aquarelles et à la peinture. Que de pages dédaignées qui dans quelques années se vendront au poids de l'or ! Quelle singulière puissance, quelle maîtrise dans les tableaux dont personne ne voulait et qu'on retrouvera plus tard dans les collections. Le pauvre homme était à ce point habitué à tous les dédains de cet être régi par la mode et non par le goût, qu'on appelle l'amateur, qu'il n'osait plus demander un prix quelconque pour sa peinture ; il n'était pas coté, à la Bourse... des tableaux. Ce sont des caricatures ! disait l'amateur, comme le grand roi s'est écrié devant l'œuvre de Téniers : « Otez-moi ces magots ». Daumier, timide comme un enfant, n'osait plus assigner une valeur commerciale à ses œuvres, quand, par hasard, on faisait mine de vouloir lui acheter un tableau. Tout autour de lui, ses bons amis se démenaient pour placer ses aquarelles et sa peinture. Un jour, Daubigny recommanda Daumier à un marchand américain.

— Vend-il cher, votre monsieur Daumier? demanda le marchand.

— Très cher! fit Daubigny.

— *Very well!* Allons le voir!

Le lendemain, visite à Daumier. Daubigny avait prévenu son ami par quelques lignes. « Fais un bout de toilette, lui avait-il écrit, et place sur le chevalet le tableau que tu viens de terminer. Ne t'avise pas de demander moins de cinq mille francs pour cette petite toile. »

L'Américain, conduit par Daubigny, arrive; il regarde le tableau.

— Combien? dit-il.

Daumier hésite; jamais il n'osera demander un tel prix.

— Combien? répète l'Américain.

— Cinq mille francs! dit Daumier en devenant pourpre.

— J'achète, dit l'Américain. Avez-vous autre chose?

D'un pas chancelant, peu habitué à de telles aubaines, l'artiste cherche une toile bien plus importante que la première, et la place sur le chevalet.

— Combien? demande l'Américain.

Daumier se trouble; son ami Daubigny ne lui a pas dit quel prix il conviendrait de faire pour ce second tableau; abandonné à lui-même, la timidité l'envahit, et quand l'Américain répète : « Combien ? » Daumier répond :

— Six cents francs!

Et le marchand américain, plein de dédain, riposte :

— Je n'en veux pas; j'aime mieux l'autre à cinq mille. Je ne vends que des tableaux chers!

L'Américain ne revint jamais; il n'avait que faire d'un artiste qui vendait un tableau pour trente misérables louis.

Ce fut, je crois, la première fois et la dernière que Daumier encaissa une somme respectable en échange d'une de ses œuvres; ses braves amis lui adoucissaient la vie en lui plaçant, de ci, de là, une aquarelle, un bout de peinture, car, dans sa longue carrière, après avoir semé dans le *Charivari* ces nombreuses séries de chefs-d'œuvre, il n'avait pas amassé le morceau de pain pour la vieillesse. Ah! que les grands artistes sont donc vraiment de grands cœurs! Cette maisonnette à Valmondois, où Daumier s'était retiré quand, vaincu par l'âge et le besoin, il dut quitter Paris, cette simple maisonnette était sur le point de lui échapper. Si elle lui est restée jusqu'à la fin, c'est que la main bienfaisante du grand Corot, les cœurs vaillants de Jules Dupré et de Daubigny avaient passé par là. On ne saurait imaginer à quels subterfuges d'une délicatesse exquise ils eurent recours pour faire accepter à leur fier camarade ce témoignage d'une vieille amitié; on laissait croire à Daumier qu'il payait avec ses œuvres qu'on essayait en vain de placer. Le bon père Corot pleurait comme un enfant le jour où Daumier était menacé de perdre cette heureuse retraite. Aussi il ne fut pas long à prendre une détermination, discrètement, délicatement, comme un grand cœur qu'il fut.

Dans cette maison de Valmondois, Daumier a peut-être passé les seuls jours vraiment heureux de sa vie; à droite il avait son vieil ami Jules Dupré, le grand paysagiste qui demeurait à l'Isle-Adam; à gauche, son bon camarade Daubigny habitait sa propriété d'Auvers, deux maisons hospitalières où il trouva constamment la plus cordiale affection, la plus sincère admiration. L'homme et l'artiste s'épanouissaient dans ce milieu fait de tendresse, de sympathie et d'estime. Une pension de deux mille quatre cents francs avait été obtenue pour Daumier; en y ajoutant le prix d'une aquarelle ou d'un dessin, vendu de ci de là par les amis, il se trouvait à l'abri du besoin; un morceau de pain, un rayon de soleil, un peu d'affection, il ne lui fallait pas plus.

Daumier, en dehors de son art, avait un idéal. Il était républicain de la première heure, mais sans haine; sa collaboration à la *Caricature*, de Philippon d'abord, du *Charivari* ensuite, avait fait de Daumier un instrument puissant de l'opposition; il s'était mal accommodé de la monarchie de Juillet, qui ne répondait pas à ses idées; il fut hostile à l'Empire. Il fut républicain à sa façon, sans arrière-pensée personnelle, sans intérêt, mais sans ce despotique exclusivisme des puritains du parti. Pourvu qu'on le laissât en paix, il s'occupait fort peu des opinions de ses amis. Artiste avant tout, il eût, malgré ses idées, acclamé un grand peintre, fût-il sorti de l'Empire; il se souciait fort peu de la conscience politique de ses amis; il fut tolérant; il ne se montra jaloux de personne et, loin de barrer le chemin du *Charivari* aux jeunes caricaturistes, il les aida de ses conseils.

Tout aussi bien qu'un autre il aurait pu happer au passage quelques faveurs officielles, des commandes ou des croix, mais il était trop républicain pour les demander, trop fier pour souffrir qu'un autre les demandât pour lui. Un jour, cependant, on s'aperçut que Daumier n'était pas décoré. M. Alfred Arago, je crois, employa son influence pour obtenir la croix pour Daumier. Le ministre de l'Empire céda. Restait à savoir si l'artiste ne refuserait pas. L'usage voulait qu'on fît une demande par écrit à l'Excellence; il ne fallait pas songer à imposer pareille humiliation à Daumier. On le tâta; il refusa; très simplement, il répondit :

— Je suis trop vieux maintenant, je vous remercie.

C'était à l'époque où Courbet, lui aussi, avait refusé la croix. Mais quelle différence entre la conduite de ces deux hommes. Courbet se fit de ce refus un piédestal pour son avenir politique; il jugea utile d'informer les populations de cette action d'éclat par quelques lettres bien senties dans les journaux de l'opposition. Daumier, lui, ne fit aucun bruit, et Courbet le lui reprochait avec amertume. Le hasard me rendit témoin de la première entrevue entre Daumier et Courbet après le refus de la décoration.

Ce fut par un soir d'été; j'avais passé la journée dans la charmante famille de Jules Dupré. Courbet était venu; entre le déjeuner et le dîner, nous flânions dans la campagne, Jules Dupré, plein d'enthousiasme pour la nature qui nous entourait, Courbet ne parlant que « du soufflet qu'il venait de donner à Napoléon ». Vers neuf heures du soir, Jules Dupré nous reconduisit à la gare de l'Isle-Adam. Là, nous rencontrâmes Daumier. A la vue de Daumier, un cri de joie s'échappa de la vaste poitrine de Courbet, il se précipita dans les bras de son ami, le serra sur son cœur, et :

— Ah! que je t'aime! s'écria-t-il, tu as refusé la croix comme moi! Seulement tu as eu tort de ne pas la refuser avec éclat; il fallait faire du tapage autour de cette affaire!

Et Daumier, secouant sa vieille tête, contemplant Courbet d'un regard profond :

— A quoi bon! fit-il d'un ton de reproche. J'ai fait ce que j'ai cru devoir faire : je suis content, mais cela ne regarde pas le public.

Je ne saurais vous dire avec quelle dignité exquise Daumier prononça ces paroles. Sa fierté semblait se révolter à la seule pensée que quelqu'un pût le supposer capable de vouloir exploiter son refus comme un moyen de réclame. Courbet demeura tout interdit devant cette leçon, et en montant avec moi dans le wagon, il me dit :

— On ne fera jamais rien de Daumier : c'est un rêveur !

Ce fut en effet un rêveur ; il trouva l'oubli de tous les déboires dans le travail, ce grand médecin qui guérit les blessures de la vie. Cette suprême consolation ne devait pas lui rester jusqu'à la fin, car depuis de longs mois Daumier était aveugle ou à peu près. Le Destin lui a été miséricordieux en ne prolongeant pas cette terrible agonie morale. Honoré Daumier mourut en février 1879, au village de Valmondois, et tous les peintres véritables firent escorte à ses dépouilles mortelles. Le vulgaire amateur connaît à peine son œuvre, mais les artistes en conservent le souvenir avec respect et attendrissement.

MASSENET

En 1856, un garçon de quatorze ans, d'aspect frêle et exténué de fatigue, se dirigeait par la grande route de Chambéry sur Lyon; il avait quitté la maison paternelle sans un sou; il avait couché dans les champs; il avait vécu des maigres provisions emportées de Chambéry. Les pieds étaient gonflés par la marche, les mains déchirées par les ressorts des voitures auxquelles il s'était accroché, son corps meurtri par les coups de fouet que les rouliers avaient administrés à ce petit vagabond. Cependant, cet enfant n'était ni un mendiant, ni un malfaiteur en herbe. C'était un petit artiste qui voulait gagner Paris en passant par Lyon, où il comptait se reposer chez un parent et lui demander un secours avant de continuer sa route.

Cet enfant s'appelait : JULES MASSENET.

Son père, jadis maître de forges à Saint-Étienne, fut ruiné en 1848. La famille vint à Paris : le père malade et menacé de perdre la vue; la mère, chargée du lourd fardeau de la famille et gagnant péniblement le pain quotidien, femme distinguée dans son obscurité, bonne musicienne et donnant des leçons; c'est d'elle que le jeune Jules apprit les premiers éléments de son art. A neuf ans et demi, le petit Jules Massenet fut présenté au Conservatoire; il joua la sonate en ut dièze de Beethoven et fut admis; un an après, il remporta un troisième accessit. Mais voici tout à coup les études interrompues et l'avenir du bambin menacé; l'état de santé de M. Massenet père devint plus grave; il fallait le transporter loin de Paris; on choisit Chambéry, où l'on avait de la famille; on emmena l'enfant; sa mère lui continua bien ses leçons, mais cela ne suffisait plus au jeune élève du Conservatoire; l'accessit avait déchaîné dans sa petite tête la tourmente de l'ambition; il voulait à tout prix revenir à Paris; il se désolait, il pleurait beaucoup, et, finalement, il prit la résolution de s'évader de la maison paternelle.

Il était quatre heures du matin quand le petit Massenet, grelottant sous sa blouse, arriva à Lyon. On lui indiqua le quai de l'Hôpital où demeurait son parent; il sonna :

— Qu'est-ce que tu viens faire ici? lui demanda son parent.

L'enfant lui expliqua ses angoisses, sa fuite et son but.

On causera de tout cela plus tard, se dit le parent; pour le moment, il faut aller au plus pressé : l'enfant grelotte, il faut le réchauffer; le bambin a faim, il faut qu'il mange; il est fatigué, il faut qu'il se repose : on verra après. Le voici au coin d'une grande cheminée où l'on vient d'allumer un bon feu; le petit Jules s'y blottit comme un jeune chat; on lui apporte une bonne soupe et, pour la première fois depuis trois jours, il mange à sa faim; un lit bien chaud a été préparé pour lui; il se fourre sous la couverture et dort vingt-six heures sans broncher.

A son réveil, Jules Massenet descend; son parent l'attend; on déjeune; puis l'heure est venue de causer. C'est bientôt fait : dans une heure, Jules repartira pour Chambéry; on lui a pris une place dans le courrier; le conducteur s'est chargé de le conduire dans sa famille et il y rentre; la mère embrasse l'enfant prodigue sans lui faire un seul reproche. Très religieuse, Mme Massenet tend à son fils l'*Imitation de Jésus-Christ* et l'engage à méditer sur les devoirs de la vie. Jules médite si bien qu'il compose des mélodies sur les marges du saint livre. Mme Massenet prend alors son parti.

— Allons, dit-elle, il n'y a point à lutter, je le vois. Tu vas partir pour Paris; ta sœur, qui est là-bas, te surveillera un peu; et puis, à la grâce de Dieu !

Voici Massenet arrivé à Paris et rentré au Conservatoire. Mais il faut vivre ! Comment ? Une place de timbalier est vacante au Théâtre-Lyrique de la place du Châtelet; c'est soixante-cinq francs par mois. Quelle fortune ! Tremblant, le jeune homme se présente; il est agréé et le voici installé à l'orchestre, sous les ordres de M. Deloffre; le directeur est M. Carvalho. Singulier timbalier que celui-ci; il n'est jamais à son affaire; sur les peaux de ses timbales il écrit des fugues et il oublie de partir au moment voulu. Plus d'une fois, le chef d'orchestre a envie de flanquer à la porte ce musicien fantaisiste; mais le jeune homme lui a plu parce qu'il lui a paru très intelligent. M. Deloffre est clément; il maintient le jeune Massenet dans ses fonctions et lui permet, de la sorte, d'attendre, grâce à ses quarante sous quotidiens, l'heure du succès. Dans ces humbles fonctions, Massenet reste six ans; pendant ce temps, il remporte, au Conservatoire, le premier prix de piano, suivi bientôt du premier prix de fugue. C'est dans cet orchestre du Théâtre-Lyrique que Massenet, dont le cerveau travaillait toujours au milieu du bruit, a contracté, sur ses timbales, l'habitude de composer n'importe où, sans piano, sans souci de ce qui se passe autour de lui. A vingt et un ans, sa cantate *Rizzio*, exécutée par Mme Vandenheuvel-Duprez, Roger et Bonnehée, lui vaut le prix de Rome, qui était alors de cinq ans et agrémenté d'une pension mensuelle de cent vingt-cinq francs, plus quelques centimes.

Maintenant, le jeune compositeur est à la villa Médicis, pensionnaire du gouvernement.

Rome devint pour Massenet la première étape de la liberté, comme le fût devenu pour ce jeune homme de vingt et un ans tout autre centre d'art, comme par exemple Florence, Venise ou Nuremberg. Après les six années passées à l'orchestre du Théâtre-Lyrique, c'était l'affranchissement intellectuel, l'heure où, pour la première fois, le jouvenceau se sent vivre. Le soleil radieux à la place d'un lustre de théâtre; les vastes horizons au lieu de l'éternelle vue sur la boîte du souffleur; les monuments de la Rome antique au lieu de l'éternelle fontaine du Châtelet; il n'en faut pas plus pour plonger une jeune cervelle dans toutes les extases. Mais le résultat? Après deux années, pendant lesquelles il avait parcouru l'Italie, le jeune compositeur ne rapporta point cette œuvre colossale que Rome, selon les préjugés, doit inspirer à tout artiste, mais une simple suite d'orchestre, pas beaucoup plus qu'une promesse pour l'avenir. C'est à Paris que son beau talent devait éclore. Massenet revint, en effet, préférant à la captivité italienne l'atmosphère parisienne; pour y vivre, il lui fallait donner des leçons de piano. Quel supplice! Avoir dans sa cervelle tant de belles œuvres et être condamné à enseigner la sonate du clair de lune à des élèves, quel supplice!

Les premiers débuts de Massenet au théâtre ne furent pas heureux. L'Opéra-Comique, fidèle au cahier des charges, joua l'acte traditionnel de ce prix de Rome; cela s'appelait la *Grand'Tante,* et passa inaperçu. C'est à la même époque que le jeune homme porta le *Poème d'Avril,* composition devenue célèbre depuis, à l'éditeur Flaxland, qui s'empressa de la refuser. Fort découragé, désespérant de l'avenir, Massenet se demandait s'il était condamné à perpétuité à la leçon de piano, quand il rencontra l'éditeur

Hartmann qui venait de s'établir; à cet éditeur fraîchement éclos, il fallait des compositeurs nouveaux; il devint pour Massenet un ami et un guide; il devina son avenir et attacha sa destinée à la sienne. C'est grâce à M. Hartmann que la musique des *Érinnyes,* à l'Odéon, commença la réputation de Massenet en même temps que celle de M. Colonne, alors simple violon chez M. Pasdeloup. Le premier pas vers la renommée était fait.

La seconde étape fut décisive. Un jour d'hiver, en 1873, chez Mme Viardot, la grande artiste, beaucoup de musiciens se trouvaient réunis, entre autres Guiraud, Saint-Saëns et Massenet; chacun fit entendre quelque composition inédite. Quand le tour de Massenet fut venu, il joua et chanta quelques morceaux de *Marie-Madeleine.*

— C'est très beau! très beau! s'écria Mme Viardot. Je veux connaître le reste. Apportez-moi demain l'ouvrage entier.

Et, le lendemain, après avoir déchiffré la partition d'un bout à l'autre, Mme Viardot dit au compositeur:

— Votre œuvre m'a profondément émue. Je veux la chanter!

La partition fut exécutée à l'Odéon le 11 avril 1873; on sait le succès colossal qu'elle remporta. Mme Viardot ne chanta pas seulement avec son art incomparable, mais encore avec toute son âme. Mais, il faut bien aborder ce sujet : tous ces succès sont platoniques au point de vue de l'argent; il n'y a que le théâtre qui puisse donner l'indépendance matérielle à un musicien. Les *Érinnyes* et *Marie-Madeleine*, à l'Odéon; l'*Ève*, merveilleusement interprétée par Mme Brunet-Lafleur et Lassalle, en 1875, aux concerts d'harmonie sacrée organisés par M. Lamoureux, toutes ces œuvres n'apportaient aucun changement notable dans la situation matérielle de Massenet; il était toujours forcé de donner des leçons de piano. En 1869, il avait échoué au concours de l'Opéra; sa partition de la *Coupe du roi de Thulé* n'eut que la première mention; cette partition, à laquelle il emprunta plus tard le motif du ballet du *Roi de Lahore*, et bien d'autres morceaux encore, fut battue en brèche par l'ouvrage de M. Diaz fils, qu'on a vu à l'Opéra. Les honneurs venaient à Massenet; il fut décoré en 1876, mais le théâtre lui restait fermé. En 1876, il venait de terminer le *Roi de Lahore,* mais où le faire jouer?

Le moment est venu d'élever en passant un petit monument à M. Halanzier, à cet excellent homme qui prit la direction de l'Opéra dans un moment difficile, qui le dirigea avec sagesse et intelligence et y fit légitimement sa fortune. C'est lui qui ouvrit le théâtre à Massenet. Le compositeur avait demandé une audition à Halanzier. Rendez-vous était pris pour le 9 juillet, à neuf heures du matin. Le directeur de l'Opéra attendait le musicien d'un pied ferme :

— Ne perdons pas notre temps à causer, dit-il,

mettez-vous au piano et faites-moi entendre votre opéra.

A midi et demi, quand tout fut terminé :

— Voilà mon traité, dit Halanzier, une bonne poignée de mains.

On sait avec quel soin Halanzier monta le *Roi de Lahore,* qui marque l'avènement de Massenet au théâtre. Aussi, tous les ans, le 9 juillet, à neuf heures du matin, on sonne à la porte de M. Halanzier; c'est Massenet qui vient en pèlerinage, comme il dit, remercier l'ancien directeur de l'Opéra. La partition a été jouée, en outre, sur vingt-huit scènes italiennes, pour la gloire, sans que Massenet en tirât un sou. L'éditeur Ricordi fit connaître le musicien en Italie, il ne lui devait pas autre chose. Homme, du reste, très intelligent, ce Ricordi, qui donna à Massenet l'idée première d'*Hérodiade,* que nous devions entendre à Bruxelles d'abord et ensuite à Paris, par une troupe italienne, car il n'est que trop vrai que les compositeurs français sont à présent forcés de travailler pour l'exportation.

L'année 1880 apporta un grand découragement à Massenet; professeur au Conservatoire avec 2,800 fr. d'appointements, où il avait remplacé François Bazin, membre de l'Institut, fêté en France et à l'étranger, acclamé à Milan, porté en triomphe à Pesth, il lui était réservé en 1880 de descendre de son nuage et de redevenir un humble ver de terre. Quelque temps avant cette soirée néfaste de l'Opéra où la *Vierge* devait sombrer devant un public indifférent, Massenet était venu dîner avec moi et quelques amis : c'était quelques mois après la première d'*Aïda,* que Verdi avait conduite à l'Opéra. On discutait la question : nous fûmes tous d'avis que l'artiste ne devait pas confondre sa personnalité et son œuvre, qu'un compositeur n'avait que faire au pupitre. Un soir de première représentation, il nous semblait à tous peu compatible avec sa dignité qu'un compositeur, en dirigeant une œuvre nouvelle, s'exposât à des mésaventures ou qu'il eût l'air de solliciter par sa présence les applaudissements rebelles. Massenet, pendant cette conversation, demeura rêveur. Quelque temps après, il monta, malgré nos conseils, au pupitre de l'Opéra et dirigea l'exécution de la *Vierge.*

Allez! on ne l'y reprendra pas de sitôt! Il faut l'entendre raconter cet incident :

— Ah! pendant toute cette soirée, j'ai bien pensé à mes amis, dit-il; j'entendais bourdonner à mes oreilles leur conversation; j'entendais vos voix qui me disaient : « C'est bien fait! » Un silence glacial dans la salle : mon œuvre, faite avec tant de passion et d'amour, s'écroulait. Et j'étais à ce maudit pupitre. Impossible de m'en aller! Et je tremblais de dépit et un peu de honte. Quel chagrin cruel! Les musiciens de l'orchestre, ordinairement si réservés, me regardaient comme s'ils voulaient me dire : « Pauvre garçon! » Je lisais la pitié dans les yeux de mes artistes. On voulut bien bisser un morceau, mais je compris que la salle laissait faire mes amis par compassion seulement. Derrière moi, on disait, aux fauteuils d'orchestre : « C'est crevant. » Je sentais que le public était las; il s'en allait, et j'eus toutes les peines du monde à me tenir debout. Quand tout fut fini, je sortis, éperdu; j'étais fou de douleur et de rage!

Une seconde audition de la *Vierge* à l'Opéra fut plus favorable à Massenet; c'était le public spécial des concerts qui était venu.

M. Vaucorbeil se montra galant homme.

— Vous avez eu ce soir du succès, dit-il à Massenet, mais je ne vous cache pas que j'avais donné une grande partie de la salle. Nous n'avons pas fait d'argent. Voulez-vous une troisième épreuve?

— Non, lui dit le musicien. Je reste sur le souvenir consolant de la seconde soirée.

Et c'est alors qu'il s'attela avec toute son énergie et toute son âme à l'*Hérodiade,* commencée depuis 1879, et que nous allions entendre à Bruxelles en 1881. Pas de place à l'Opéra! A l'Opéra-Comique, c'est une autre affaire. Déjà, l'été précédent, Massenet avait lu son œuvre à Carvalho, qui la trouva superbe, mais la jugea, d'accord avec le compositeur, impossible à l'Opéra-Comique.

Hérodiade fut donc jouée à Bruxelles! Tous nos vœux accompagnaient Massenet, car, nous tous, ses amis et ses admirateurs, nous l'aimons beaucoup. Il est sympathique au possible; la tête est fine, les traits sont intelligents; c'est une charmante nature d'artiste, facilement émue, très vibrante, artiste jusqu'au bout des ongles. Et puis, Massenet a une qualité maîtresse pour nous autres; il est simple; pas poseur du tout; il n'a aucun des défauts des musiciens, qui passent ordinairement les doigts sur leur front inspiré avant de faire entendre une de leurs œuvres et qui, après l'audition, font semblant de tomber en syncope à la suite de l'effort surhumain. Rien de pareil chez Massenet; à la première invitation, il se met au piano et il y reste tant qu'il sait faire plaisir à ses amis; il joue ce qu'on veut: ses œuvres et celles des autres, la musique sacrée et la musique profane; il sait tout, il exécute tout avec la même grâce aimable. Nous l'avons tenu ainsi des heures entières, et il ne se lassait pas de nous être agréable: il passait de l'art grave à l'art souriant, selon la fantaisie du moment. Quelques incidents sont restés dans la mémoire de ses amis. Je me souviens notamment d'un air du *Messie,* d'Haendel, chanté par Sardou et accompagné par Massenet. Qui n'a pas entendu cela ne peut se faire une idée des hauteurs sereines que la musique escalade quand un académicien et un membre de la section musicale de l'Institut fusionnent leurs talents de chanteur et d'accompagnateur.

A ces premières étapes, Massenet a ajouté depuis *Manon,* à l'Opéra-Comique, et le *Cid,* à l'Opéra. Il est dans tout l'éclat de son talent, à quarante-quatre ans, et l'avenir lui réserve encore beaucoup de dates lumineuses dans la gloire parisienne!

PRÉVOST-PARADOL

En mai 1872, la réception de M. Camille Rousset, successeur de Prévost-Paradol, a été pour l'Académie française ce qu'en style de coulisses on appelle un succès d'estime. Candidat estimable, discours estimable, ennui estimable, c'était complet. En sortant de l'Académie, le public se disait, comme à la fin d'une pièce discutée :

— Voilà un académicien qui fera un bon mois.

Le rôle de M. Camille Rousset était, d'ailleurs, l'un des plus difficiles que jamais académicien ait rempli : il lui fallait faire l'éloge de son prédécesseur, M. Prévost-Paradol, depuis son entrée dans les lettres jusqu'à sa fin tragique; exalter l'écrivain et envelopper la mort de l'homme politique dans un poétique mystère; présenter comme une victime des circonstances l'écrivain distingué qui, en somme, n'a été que la victime de son ambition et de son impatience de parvenir.

Personnellement, je n'ai eu le plaisir de connaître M. Paradol que pour l'avoir rencontré dans les coulisses des petits théâtres, et notamment aux Variétés, où il flânait souvent pendant les représentations des opérettes à succès de ses amis Meilhac et Halévy. C'était un cavalier distingué, un homme du meilleur monde, avec cette nonchalance parisienne qui atténuait en lui la raideur de l'écrivain célèbre. A première vue on était surpris de sa froideur. M. Paradol se montrait réservé et circonspect dans la conversation : appuyé contre un portant des coulisses, il observait la tenue d'un diplomate qui cause devant la cheminée d'un salon politique ; il ne parlait des hommes et des choses qu'avec une réserve extrême, comme s'il eût craint de se compromettre devant le pompier qui servait alors un gouvernement auquel M. Paradol s'était montré hostile dès ses débuts dans la presse.

Tout lui avait souri dans la vie ; sa forme élégante, au service d'une ironie pénétrante, qui pouvait passer pour de l'audace à l'époque où l'écrivain parut dans la presse, lui avait valu l'estime des lettrés en même temps que la sympathie de cette fraction du public qui s'intéresse avant tout aux ennemis du gouvernement. M. Paradol s'était déclaré l'ennemi irréconciliable de l'Empire ; il le poursuivait, non avec la furie du combattant qui se précipite sur son adversaire sans mesurer le danger, mais avec le sang-froid et l'adresse d'un maître d'armes qui veut fatiguer son ennemi avant de lui porter le coup fatal. L'opposition de M. Prévost-Paradol à l'Empire n'était pas le fait d'un tempérament impétueux. L'écrivain, sachant où le mèneraient les violences, qui du reste répugnaient peut-être à sa plume élégante, se contentait de ces coups d'épingle qui passaient pour des coups d'épée, à une époque où le gouvernement s'était, par des lois exceptionnelles, mis à l'abri des discussions passionnées.

La moindre opposition au gouvernement passait alors pour une audace; avec vingt lignes ardentes on se mettait, dans l'opinion publique, au niveau des Bayard et des Duguesclin. Depuis ce temps, nous avons passé par d'autres émotions; après cet élégant polémiste, d'autres ont surgi qui brutalement ont dit tout haut ce que M. Paradol avait osé effleurer à peine; et, en relisant aujourd'hui ces articles qui firent la fortune du jeune écrivain, on en admire la forme tout en demeurant surpris que, du premier coup, ils aient porté M. Prévost-Paradol si haut dans l'opinion publique. Son remarquable talent d'écrivain eut surtout la bonne fortune de se produire en un moment de découragement : un mot simplement piquant prenait alors les proportions d'un pamphlet. Je me souviens encore de la sensation que produisit l'article de M. Paradol sur la guerre d'Italie. Napoléon III avait fait afficher la fameuse proclamation qui proclamait l'Italie libre jusqu'à l'Adriatique, M. Prévost-Paradol riposta par ces mots : « La liberté est devenue un article d'exportation ! » Le mot fit fureur : toutes les gazettes un peu indépendantes le répétèrent à l'unisson. On s'étonnait que l'audacieux journaliste demeurât en liberté malgré sa témérité à riposter par un mot sanglant à la proclamation d'un empereur tout-puissant.

Ce que l'on aimait en M. Paradol autant que l'écrivain de talent, c'était son caractère. On devinait sans peine qu'il tenait sa fortune politique au bout de sa plume, et qu'il lui suffirait de mettre une sourdine à son ressentiment pour obtenir, en échange de cette capitulation de conscience, toutes les faveurs imaginables. M. Prévost-Paradol n'en fit rien; il semblait vouloir se contenter de la pure gloire des lettres en attendant que l'avènement du gouvernement de son choix lui permît de servir son pays, selon ses convictions, ailleurs que dans la presse. M. Prévost-Paradol entra à l'Académie française : les suffrages de l'assemblée s'adressaient autant à l'écrivain de talent qu'à son caractère. Sa nomination était littéraire autant que politique. On ne voulait pas seulement honorer en sa personne le littérateur distingué, mais encore donner à l'homme politique une compensation des grandeurs qu'il semblait décidé à sacrifier à ses convictions. C'est ainsi que dans sa première jeunesse M. Prévost-Paradol était parvenu à une situation exceptionnelle dans le monde des lettres aussi bien que dans celui de la politique; le régime qu'il attaquait le considérait comme un ennemi implacable, en même temps que le parti que servait M. Paradol voyait en lui le défenseur dans le présent, l'espoir dans l'avenir.

En effet, la haine de M. Prévost-Paradol pour l'Empire semblait ne devoir jamais s'éteindre ; les ennemis du régime qu'il combattait devenaient ses amis par le seul fait du ressentiment commun. L'un des premiers qui acclamèrent le Rochefort hautain de la première manière, fut M. Paradol : le publiciste des *Débats* vit dans le petit journaliste du *Figaro* l'homme envoyé par la Providence pour continuer son œuvre ; il devinait sans peine quel adversaire terrible pour l'Empire avait surgi sur le pavé de Paris en la personne de Rochefort. Ce que Prévost-Paradol n'avait osé qu'indiquer discrètement, Henri Rochefort le criait à tout Paris. M. Paradol était l'ingénieur qui avait tracé le plan de la démolition de l'Empire ; Rochefort arriva avec sa pioche et se mit à l'œuvre. M. Prévost-Paradol voulut voir de près ce démolisseur ; il ne le connaissait pas encore, mais il chargea un de ses amis d'opérer le rapprochement désiré. La rencontre se fit à la table d'un ami, comme par hasard. Quelle opinion l'académicien emporta-t-il du pamphlétaire ? Je l'ignore.

M. Prévost-Paradol n'était déjà plus jeune homme à cette époque ; il était arrivé à cet âge où l'on ne peut renier ses écrits comme l'œuvre d'un débutant inexpérimenté. De plus, la grande place que lui avait faite ses amis politiques augmentait encore sa responsabilité. La défaillance chez M. Paradol ne pouvait plus être un acte personnel ; toute concession de sa part devait être considérée par le public comme une adhésion du parti orléaniste. Comment se fit-il néanmoins qu'en un jour de découragement, M. Prévost-Paradol oublia son passé et se jeta dans les bras de l'Empire, impatient de se réconcilier avec cet ennemi? Deux fois il avait échoué aux élections : la première fois, M. Prévost-Paradol s'était montré un homme supérieur en résistant aux entraînements d'un amour-propre blessé; la deuxième fois, il succomba. Jugeant sans doute que son parti ne serait jamais assez puissant pour établir sa fortune politique, et qu'un ministère se disant libéral lui permettait de capituler avec les Tuileries, M. Prévost-Paradol, l'ennemi de l'Empire, devint l'ambassadeur de S. M. Napoléon III, empereur des Français.

Dans un pays miné par la révolution, où ce qu'on appelle le pouvoir change si souvent de forme et de principes, de telles évolutions ne sont plus, hélas! un événement extraordinaire. Le parti qui succombe les appelle du nom cruel de trahison, tandis que le parti triomphant résume l'acte en ce mot plus doux d'adhésion. Les indifférents disent généralement que l'homme qui ne connaît que son intérêt et son ambition est un *malin* : c'est le mot aimable que la démoralisation politique a trouvé pour désigner une chose qui a passé dans les mœurs.

Il ne me plaît pas de classer M. Prévost-Paradol dans une de ces catégories; j'aime mieux le considérer comme une simple dupe de son ambition : il n'avait d'autre excuse pour son changement de front que son impatience de parvenir aux hautes destinées qu'il avait rêvées et que les événements éloignaient de plus en plus; peut-être aussi pensait-il très sincèrement que l'avènement de M. Ollivier inaugurait une ère nouvelle pour le pays, et que désormais le polémiste des *Débats* pouvait servir un gouvernement parlementaire. Mais ici la conversion était brutale. On ne pouvait la justifier par les besoins de la vie matérielle ou les soucis de la famille, et encore moins par le désintéressement. M. Prévost-Paradol pouvait parfaitement renoncer à son hostilité et même soutenir un gouvernement qui semblait vouloir entrer dans une voie compatible avec les idées de l'écrivain. Mais ce poste d'ambassadeur à Washington, offert et accepté, donnait à la conversion de M. Paradol l'allure d'un marché. Le public ne croit pas aisément à la sincérité d'un homme politique dont le changement de front est sitôt suivi d'une telle récompense. M. Prévost-Paradol partit avec le titre d'ambassadeur; mais l'estime publique ne le suivit point.

Le nouvel ambassadeur semblait pressé de quitter la France. Comme les enfants qui cachent leur tête dans les mains, croyant qu'on ne les verra point, M. Prévost-Paradol pensait qu'en mettant l'Océan entre lui et ses amis politiques, il échapperait au jugement des esprits intègres; il espérait sans doute qu'une absence de plusieurs années atténuerait l'expression sévère de l'opinion publique, et qu'à son retour sa conversion à l'Empire aurait passé dans le domaine des faits accomplis. M. Prévost-Paradol se trompa : en s'embarquant à bord du *Lafayette,* il emportait sa conscience. Loin du tourbillon qui l'avait aveuglé et entraîné, dans la solitude grandiose de l'Océan, M. Prévost-Paradol se jugea lui-même : il sentait bien qu'il avait fait quelque chose d'incompatible avec ce qu'on appelle un caractère; à mesure que la terre natale s'éloignait de ses yeux, surgissaient dans son esprit les souvenirs d'autrefois; il se montra supérieur à ses nouvelles destinées, en regrettant son passé plus digne, quoique plus humble. Ce prince pour qui il avait montré un si profond ressentiment, il allait le représenter auprès d'un grand peuple contre lequel Napoléon III avait conspiré dans l'expédition du Mexique; il se disait probablement que lui, Paradol, ne pourrait pas, sans rougir, regarder en face le président des États-Unis, auprès de qui il était accrédité pour défendre une politique que toute sa vie il avait combattue.

Le malheureux ambassadeur comprit alors que le plus pur de sa gloire lui était venu de son talent d'écrivain indépendant, et que la joie la plus noble d'un homme politique est de rester dans le sentier modeste du devoir. Quelles douleurs ont dû s'agiter dans ce cœur de père, vivant auprès de ses enfants et décidé à les renvoyer dans leur patrie comme des orphelins! La lutte a dû être terrible; on ne peut y penser sans se sentir l'âme envahie d'une profonde compassion pour le brillant écrivain qui devait finir comme vous savez. Par une nuit silencieuse, n'écoutant ni la voix de l'ambition qui lui criait de vivre pour les grandeurs, ni les douleurs du père qui lui disaient de vivre pour ses enfants, M. Prévost-Paradol se mit devant une glace, se regarda bien en face ; son honneur se révolta contre sa défection, et cette ancienne gloire parisienne se fit sauter la cervelle.

BERTHELIER

Chaque hiver, l'hôtel des ventes est en pleine fête : les collections y défilent les unes après les autres, et le public qui lit à quel chiffre se sont vendus les tableaux peut se figurer que jamais Paris n'a été dans une prospérité plus grande et qu'à aucune époque on n'a vu de plus nombreux amateurs se disputer des toiles à des prix plus fabuleux. C'est une erreur. Le plus souvent, ces prix sont imaginaires; trois fois sur quatre les acquéreurs sont des amis chargés par le vendeur de *pousser* l'enchère, et neuf fois sur dix, dans le courant de l'hiver, les toiles, en apparence vendues à un si beau tarif, sont rentrées discrètement au logis après avoir paradé pendant quelques jours dans les salles de l'hôtel des commissaires-priseurs. Si donc on vous raconte que telle collection a rapporté un million, lisez trente ou quarante mille francs, car le reste ne s'est pas vendu, soyez-en bien convaincus. Les hommes qui connaissent le dessous des cartes, les familiers des coulisses de l'hôtel, vous diront comme un seul homme que les ventes de tableaux ne marchent pas toujours bien; que les amateurs se méfient d'un avenir embrouillé et que les gens qui *poussent* les tableaux à des prix fabuleux sont le plus souvent des compères chargés de soutenir la vente.

Ce métier de *pousseur* n'est d'ailleurs pas sans danger, témoin cette histoire de Berthelier, avec laquelle on pourrait faire un livret d'opéra comique, si la situation n'avait pas déjà été exploitée dans la *Dame blanche*. Le comique bien connu possède à Montmartre une propriété qu'il loue à un peintre. Si vous demandez à Berthelier des nouvelles de son immeuble, vous verrez son front se plisser et son regard s'assombrir, car, pour avoir *poussé* les enchères, Berthelier est devenu propriétaire malgré lui. L'histoire remonte déjà à pas mal d'années, mais elle n'en est pas moins curieuse. A force de dire des chansonnettes dans les salons, Berthelier avait amassé ses premiers cinquante mille francs quand il eut le malheur de rencontrer un de ses amis d'enfance qui lui dit :

— Je bénis le hasard qui te conduit sur mon chemin. Que fais-tu aujourd'hui?

— Rien, je flâne.

— Cela te serait-il égal de venir du côté de la place du Châtelet?

— Absolument.

— Eh bien, tu vas me rendre un grand service. On vend aujourd'hui la maison de papa; il me faut un ami pour pousser les enchères. Je serai derrière toi, et tant que je ne n'appuierai pas la main sur ton épaule, tu mettras cent francs de plus.

— Très bien, répond Berthelier, je suis à toi.

Et voilà les deux amis devant le notaire; les bougies brûlent. Berthelier, à force de mettre cent francs de plus, arrive à cent mille francs. Il s'arrête, se retourne, regarde son ami d'un œil inquiet; l'autre lui sourit, et Berthelier met encore cent francs de plus. A cent vingt mille francs, la maison lui est adjugée. Le notaire lui demande ses noms et sa qualité. Berthelier se retourne pour interroger son ami sur la conduite à observer. L'ami a disparu.

— Votre nom? reprend le notaire.

A ces mots, le comique comprend enfin quelle responsabilité il a endossée. L'émotion l'étrangle, la colère lui arrache des larmes; il se voit à la tête d'un immeuble qu'il n'a pas convoité, sans argent pour le payer; il balbutie des phrases incohérentes...

— Votre nom? répond le notaire.

Alors Berthelier éclate; il veut raconter son histoire pitoyable, expliquer la duperie dont il vient d'être victime, mais il ne parvient qu'à prononcer quelques phrases sans suite. Le notaire rajuste ses lunettes, et d'un ton sévère :

— Allons! finissons-en, s'écrie-t-il, votre nom?

Berthelier perd la tête; il saute sur le banc; ses cheveux se dressent sur la tête; ses yeux lancent des éclairs.

— Mais je n'en veux pas de votre maison, s'écrie-t-il, je n'en veux à aucun prix. J'ai surenchéri pour le compte d'un ami.

Et, d'une voix étranglée, Berthelier appelle : « Auguste ! Auguste ! » Rien ! Auguste est loin.

Même calme du notaire, qui fait comprendre à l'acteur qu'il est le propriétaire d'une maison sise à Montmartre, telle rue, tel numéro. Le pauvre garçon perd tout à fait la tête ; il injurie le notaire, il donne des coups de poing sur la table ; les bougies volent en l'air ; le greffier est inondé d'encre ; les paperasses gisent sur le parquet.

— A la garde ! s'écrie le notaire.

Les gardes municipaux arrivent et appréhendent Berthelier au collet ; on va le traîner au violon, il se débat contre les sergents de ville ; son cas s'aggrave. Heureusement pour l'acteur, il rencontre sur son passage un avocat qui le connaît. En voyant l'un des deux aveugles des Bouffes entraîné par la force armée, l'avocat intervient.

— Pourquoi arrêtez-vous monsieur ? dit-il.

— Il est joli, votre monsieur, répond un agent, il se fait adjuger des maisons dont il ne veut pas ; il injurie le notaire ; il est en rébellion contre la police. Ce malfaiteur s'expliquera chez le commissaire.

— Mais non, reprend l'avocat, c'est Berthelier, l'artiste des Bouffes.

L'acteur se jette dans les bras de ce protecteur, et avec des larmes dans la voix, il raconte son aventure lamentable. On retourne chez le notaire; Berthelier lui demande pardon de son emportement, il décline ses noms, suivis d'une protestation. Mais rien n'y fait; il est propriétaire de l'immeuble, qui vaut soixante mille francs et qu'il a payé cent vingt mille. Un procès s'engage. Berthelier est condamné; propriétaire il est et propriétaire il restera. La maison est d'ailleurs dans un état pitoyable; elle a besoin de réparations; il lui faut un architecte, des maçons, des fumistes. Les épargnes du comédien ne suffisent pas; il emprunte de l'argent, il grève son avenir, et finalement, après s'être ruiné de fond en comble, il trouve un peintre qui consent à louer l'immeuble à la condition que le propriétaire lui fasse construire un atelier. L'architecte revient avec son cortège de maçons, d'ébénistes et de fumistes, et enfin, après avoir payé cent cinquante mille francs, l'acteur récolte le prix de son dévouement à l'amitié; il loue sa propriété deux mille quatre cents francs par an.

Et les plus belles années du pauvre garçon se sont passées à réparer ce désastre. Quand, dans les salons, il imitait un Anglais pour gagner vingt-cinq louis... c'était pour sa maison; quand il émargeait à la caisse d'un théâtre, c'était pour sa propriété. Que de larmes répandues sur cet immeuble, qui en est devenu humide! Et dire que dans le monde des théâtres on considère Berthelier comme un *veinard*. Que de fois les acteurs m'ont dit, en parlant de leur camarade :

— Berthelier! mais il a gagné une fortune colossale en faisant construire des maisons à Montmartre.

Les grandes affaires de Berthelier se bornent à l'achat de la susdite propriété et à une découverte qu'il a faite. L'acteur des Nouveautés est collectionneur : il a chez lui une assez gentille collection de petits tableaux modernes. Mais voilà que tout dernièrement, chez un brocanteur, il avise une vieille toile crasseuse; une voix secrète lui dit que c'est un Murillo.

— Combien? demande-t-il au marchand.

— Cinq cents francs.

— Cet homme ne sait pas quel trésor il a dans sa boutique, se dit Berthelier. N'ayons pas l'air...

Et d'un ton indifférent, il ajoute :

— Trois cent cinquante francs, pas un liard de plus!

— Prenez le tableau tout de même, lui dit le marchand.

Et voilà mon Berthelier dans la rue avec son Murillo. Son cœur bat; il relève la tête avec une certaine fierté : il semble se dire que la Providence lui devait bien cette revanche de l'histoire de sa propriété. Et, rentré chez lui, le comique s'enferme à double tour, dépose le Murillo sur une table, et dit :

— A nous deux maintenant!

Il étend sur la toile une mince couche de savon noir et d'essence, et frotte la peinture légèrement.

Mais à mesure qu'il frotte, le tableau devient plus ignoble; bientôt ce n'est plus qu'un amas de boue. Un ami survient. « Mais tu risques d'abîmer ton chef-d'œuvre, dit-il à Berthelier. Le nettoyage d'un vieux tableau demande de grands soins. Il faut aller trouver un restaurateur habile. »

Berthelier se le tient pour dit; il va trouver le restaurateur, qui, moyennant deux cents francs, s'engage à rendre au Murillo son éclat primitif; il demande huit jours, et chaque matin Berthelier passe chez le restaurateur de tableaux qui lui répond invariablement :

— Ça vient!

L'acteur passe une semaine délicieuse. Il rêve les splendeurs de l'Orient. Avec le bénéfice de ce Murillo, pense-t-il, il pourrait se faire construire un palais sur les rives d'un lac quelconque. Au bout de huit jours, on lui livre son Murillo nettoyé; il paye deux cents francs pour l'opération et se dit :

— Voilà un tableau qui me coûte maintenant cinq cent cinquante francs et qui va me payer ma maison de Montmartre. Comme tout s'enchaîne dans la vie! O Providence! tes desseins sont mystérieux!

Et, son chef-d'œuvre sous le bras, Berthelier entre chez un des premiers experts de Paris et lui dit :

— Combien estimez-vous mon Murillo?

Et l'autre, après avoir contemplé la toile, répond d'une voix grave :

— Cela n'a pas de prix!

A ces mots, Berthelier tremble de joie. Son chef-d'œuvre n'a pas de prix : c'est une de ces toiles admirables dont on ne peut pas estimer la valeur!

— Mais enfin, reprend-il d'une voix altérée par l'émotion, à dix mille francs près, combien cela peut-il valoir?

Et l'expert lui répond :

— De sept francs cinquante à onze francs. Peut-être quinze francs, si vous trouvez un amateur!

GEORGES BIZET

Un musicien meurt dans tout l'éclat de sa jeunesse, en pleine maturité de son talent considérable sans que l'œuvre, qui plus que toutes les autres doit préserver son nom de l'oubli, ait eu, dans sa patrie, le succès qu'elle méritait; en ces quelques lignes tient l'histoire douloureuse de Georges Bizet et de *Carmen*. Je me souviens encore de cette première représentation; le théâtre de l'Opéra-Comique était en pleine déveine; rien ne réussissait à M. du Locle, un homme des mieux intentionnés, mais qu'on appelait Pas-de-Chance parce que chez lui l'or se changeait en plomb. Cette première fut ce qu'on appelle à Paris un demi-succès; un noyau d'admirateurs avait apprécié la partition à sa juste valeur, mais le public ne connaissait plus le chemin de l'Opéra-Comique; une série de fours l'avait rendu méfiant à l'égard de la salle Favard. Du 3 mars 1875 au 15 février 1876, *Carmen* ne fut joué que quarante-huit fois; vers la vingtième représentation Bizet mourut presque subitement, à la suite d'un refroidissement. Le compositeur n'était plus là pour soutenir son œuvre, la désaffection des Parisiens pour l'Opéra-Comique continuait et *Carmen* disparut, à jamais pensait-on.

On avait compté sans l'étranger qui, ordinairement, confirme le jugement parisien, Mais, cette fois, il jugea l'œuvre par ses propres oreilles et avec une entière indépendance du cerveau du monde. La partition qui, péniblement, s'était traînée vers la cinquantième, fut acclamée à Bruxelles, puis à Vienne, ensuite à Berlin, Londres, Saint-Pétersbourg, sans compter les villes de province. *Carmen* ne quittait plus le répertoire; *Carmen* devint tout simplement, au delà de l'octroi, un des plus grands succès de la musique française, dans la seconde moitié de ce siècle. Malheureusement, le pauvre Bizet n'était plus là pour jouir de son triomphe; il n'avait pas trente-six ans, quand on l'enterra au Père-Lachaise; ses amis érigèrent un monument sur sa tombe; M. Garnier fut l'architecte et M. Paul Dubois fit le buste du regretté compositeur; c'est vous dire que les meilleurs du temps voulurent donner une dernière preuve d'affection à leur malheureux camarade, à l'artiste si distingué, arraché à tant de sincères amitiés.

Georges Bizet méritait à tous égards ces sympathies; ce fut un esprit charmant, un cœur loyal, un laborieux et un inspiré. On l'aimait doublement et comme artiste et comme homme; c'était, sous une rude enveloppe, une âme tendre, accessible à toutes les beautés, ouverte à toutes les grandes sensations.

Et la mort l'avait fauché à trente-six ans, juste à temps pour l'empêcher de ressentir la fierté de l'artiste dont l'œuvre s'impose peu à peu et établit ainsi à jamais la renommée durable. A l'âge de treize ans, il avait remporté le premier prix de piano; à dix-neuf ans il obtint le prix de Rome et partit pour l'Italie, le cerveau rempli de rêves d'ambition pour l'avenir; il était pensionnaire de la villa Médicis, deux cents francs par mois à cette époque et dont il règle ainsi l'emploi dans une lettre adressée à sa mère :

Nourriture, 75 fr.; vin, 25 fr.; retenue, 25 fr.; location de piano, 15 fr,; blanchissage, 5 fr.; bois, chandelles, timbres-poste, etc., 10 fr.; gants, 5 fr.; perte sur le change de la monnaie, 5 fr. Il lui restait donc trente francs par mois pour faire le grand garçon. Pour ce jeune homme de vingt ans, fils d'un modeste professeur de musique, c'est la fortune; il est sur le chemin de la gloire, à cette villa Médicis d'où sont sortis tant d'hommes célèbres qui avaient du talent en y allant et qui nous a rendu tant de fruits secs en échange des forts en thème que l'Institut lui a expédiés. Voici donc le jeune compositeur à cette fameuse villa Médicis; il est dans l'épanouissement de la première jeunesse, dans l'ivresse du succès d'école; il se sent pousser des ailes et il veut s'envoler librement vers l'idéal entrevu.

Ah bien oui!

Ce n'est pas sans une hésitation que j'aborde le chapitre du prix de Rome, car je me sens aussitôt envahi par la colère quand je pense qu'au lieu de laisser ces jeunes hommes libres de leurs destinées, on les tient jusqu'à la grande maturité sous la férule comme des écoliers. On m'a demandé souvent s'il n'y avait pas chez moi un parti-pris contre le prix de Rome dans son organisation actuelle. L'un des pensionnaires les plus doués, Bizet, m'apporte un appui précieux; j'ai sous les yeux un certain nombre de lettres que le jeune musicien a adressées à sa famille; je dois ces documents à mon ami Ludovic Halévy, qui se propose de réunir plus tard la correspondance de Bizet en un volume.

Il est certain que la première impression de l'artiste à Rome est magnifique. « Plus je connais Rome, plus je l'aime! » écrit-il à ses parents. Bizet confond dans une même admiration Mozart, son idéal, et Raphaël, qui pour lui est le même homme que Mozart. Les grands souvenirs de Rome l'exaltent. La vie commune avec ses camarades de la villa Médicis mûrit son esprit; la pensée de ce jeune homme de vingt ans s'élargit! Puis son ambition grandit et se traduit par ces mots, empruntés à l'une de ses lettres :

« Je suis persuadé qu'il vaut mieux faire mauvais que médiocre; et je tâche de faire bien, ce qui vaut encore mieux. J'ai un mal énorme à composer et c'est bien naturel; je n'ai pas de point de comparaison pour m'appuyer et je ne puis me contenter d'une chose que lorsque je la crois bonne; tandis qu'à la classe ou à l'Institut, il me suffisait que mon travail fût meilleur que celui de mes camarades. Je sens aussi se fortifier mes affections artistiques. La comparaison des peintres, des sculpteurs et des musiciens y est pour quelque chose. Tous les arts se touchent ou plutôt il n'y a qu'un art; qu'on rende la pensée sur la toile, sur le marbre ou sur le théâtre, peu m'importe, la pensée est toujours la même. »

Voici ce que le jeune homme de vingt ans écrit dans l'enthousiasme du premier séjour à la villa Médicis. Aussitôt l'Institut se charge d'appliquer une douche d'eau froide sur cette jeune cervelle. Ah! pauvre pensionnaire, tu crois qu'on t'a donné le prix de Rome afin que ta pensée, préparée par les fortes études, s'épanouisse à l'abri de la pension gouvernementale? Erreur, mon garçon, pour les deux mille quatre cents francs, l'Institut confisque ta liberté et ton esprit. Ton tempérament t'entraîne vers le théâtre; tu rêves le succès éclatant de la scène; des mélodies pleines de jeunesse, d'esprit et de grâce; tu penses que le gouvernement t'a donné le Prix de Rome pour que, pendant trois ans, ton esprit puisse se développer librement, choisir la voie qui lui convient et travailler à son aise. Tel est le rêve. Voici la réalité. Le jeune Bizet envoie la première année à l'Institut un opéra, témoin de ses efforts; aussitôt il reçoit *un suif,* comme il écrit à sa mère: cet avertissement de l'Institut vaut son pesant d'or :

« Nous devons blâmer M. Bizet, écrit le rapporteur,

« d'avoir fait un opéra quand le règlement deman-
« dait une Messe ; nous lui rappelons que les natures
« les plus enjouées trouvent dans la méditation et
« l'interprétation des choses sublimes un style indis-
« pensable même dans les productions légères et
« sans lequel une œuvre ne saurait être durable. »

Ce petit factum prétentieux et digne de M. Prudhomme a été rédigé par un des plus charmants esprits de la musique française, par le compositeur du *Caïd* et du *Songe d'une nuit d'été*, par un musicien qui doit tout ce qu'il est au théâtre, par M. Ambroise Thomas, tant il est vrai que l'homme qui porte l'habit à palmes de membre de l'Institut, et qui ceint une épée à la poignée de nacre, se croit par cela même obligé à imposer aux élèves de Rome un programme qui n'est pas en harmonie avec le talent particulier du lauréat. En dehors de la messe en musique, pas de salut. Donc, voici un jeune homme qui rêve l'art dans la musique dramatique, et on lui ordonne de faire une messe médiocre plutôt qu'un bon opéra !

Or, les conséquences ne se font pas attendre. Le futur auteur de *Carmen*, troublé dans son idéal, perd la boussole ; tout son être l'entraîne vers le théâtre, et il lui faut l'abandonner ; Bizet s'était pourtant mis à l'œuvre avec passion ; il écrit à sa mère :

« On peut être un grand artiste sans avoir le *motif*,
« et alors, il faut renoncer au succès populaire ; mais
« on peut être aussi un homme supérieur et pos-
« séder ce don : témoin Rossini. Rossini est le plus

« grand de tous, parce qu'il a, comme Mozart, toutes
« les qualités : l'élévation, le style et enfin... le
« motif. »

Ce motif, le jeune Bizet croit l'avoir trouvé dans son opéra quand, de Paris, lui arrive l'ordre d'écrire une messe; il en est troublé à ce point que, ne se sentant pas en train de composer de la musique sacrée, il entrevoit dans son esprit quelque chose d'étrange qui, à la fois, donnerait satisfaction à l'Institut, demandant une messe, et au musicien qui veut échapper à cette corvée. Bizet écrit à sa mère :

« J'ai immédiatement lâché mon opéra comique.
« Je ne veux pas faire une messe avant d'être en
« état de la faire. J'ai donc pris un parti singulier
« pour concilier mes idées avec l'exigence régle-
« mentaire de l'Académie. On me demande du reli-
« gieux. Eh bien, je ferai du religieux, mais du reli-
« gieux païen. »

Voyons, un tel système d'éducation artistique n'est-il pas fait pour empêcher toutes les originalités en jetant dans un même moule et sans tenir compte de leurs aspirations particulières, les jeunes hommes les mieux doués, ceux qui se distinguent entre tous puisque l'Académie leur décerne la plus haute récompense dont elle dispose; comprenez-vous maintenant pourquoi je combats la villa Médicis, où un système d'éducation surannée détient l'intelligence des jeunes artistes dans la prison cellulaire de la routine?

Quand Bizet fut revenu de Rome, commença pour lui le martyre de tous les jeunes compositeurs. En 1840, Richard Vagner, pour vivre à Paris, dut se résigner à écrire, pour le trombone et le cornet à pistons, des variations sur la *Favorite* et la *Reine de Chypre*. Le musicien n'a pas, comme le peintre, la ressource du portrait. Les leçons ne suffisant pas à Bizet, il doit abandonner la partition de la *Jolie Fille de Perth*, pour orchestrer des airs de danse à l'heure et à la journée ; l'artiste pousse un cri de rage et de désespoir dans une lettre adressée à son ami, M. Edmond Galabert :

« Croyez bien que c'est enrageant d'interrompre
« mon travail chéri pour écrire des solos de piston.
« Il faut vivre! Je me suis vengé! J'ai fait cet or-
« chestre plus canaille que nature. Le piston y
« pousse des hurlements de bastringue borgne;
« l'ophicléide et la grosse caisse marquent agréa-
« blement le premier temps avec le trombone, les
« violoncelles et les contrebasses, tandis que les
« deuxième et troisième temps sont assommés par
« les cors, les altos, les deuxièmes violons, les deux
« premiers trombones et le tambour!... Oui, le tam-
« bour! »

Et c'est au milieu de cet humble travail que la foi de l'artiste reste debout ; elle a pour soutien la bonne humeur de Bizet, nature d'artiste, nature d'élite que rien ne peut décourager; il compose ses mélodies, la musique délicieuse pour l'*Arlésienne,* d'Alphonse

Daudet, que les concerts ont recueillie, et enfin il s'attelle à *Carmen,* à cette œuvre supérieure représentée dans les plus mauvaises conditions et que, depuis, Paris a saluée comme une des plus complètes expressions de la jeune école française. Ainsi se sont réalisées les paroles que M. Perrin a prononcées devant le monument de Bizet au Père-Lachaise. M. Perrin rappelait en cette circonstance qu'Halévy, en lui présentant jadis l'adolescent Georges Bizet, lui avait dit de son élève préféré : « Celui-là est un grand musicien. » Et M. Perrin termine en s'écriant sur cette tombe : « *Carmen* est une œuvre de l'avenir. »

Hélas ! le pauvre Bizet n'a pas assisté à cette reprise de son œuvre de prédilection ; il est mort sans pouvoir réaliser le noble but de sa vie, qui était d'embellir les vieux ans de ses parents. Ce fut la constante préoccupation de ce brave cœur. De Rome, à l'occasion du jour de l'an, il adresse à ses parents la lettre suivante, pleine de tendresse filiale :

« Ma lettre va vous arriver en plein jour de l'an,
« mes chers parents. Je vais donc vous envoyer tous
« mes souhaits. Je commence par désirer pour vous
« deux la parfaite santé du corps sans laquelle la
« santé de l'esprit n'est pas possible. Ensuite je de-
« manderai que l'argent, cet affreux métal auquel
« nous sommes tous soumis, ne vous fasse pas trop
« défaut. De ce côté-là j'ai un petit plan : quand
« j'aurai cent mille francs, c'est-à-dire du pain sur la

« planche, papa ne donnera plus de leçons, ni moi
« non plus. Nous commencerons la vie de rentiers et
« ce ne sera pas dommage. Cent mille francs, ce
« n'est rien : deux succès d'Opéra-Comique! Enfin je
« me souhaite de vous aimer toujours de toute mon
« âme et d'être toujours comme aujourd'hui le plus
« aimant des fils. »

Ces rêves ne devaient pas se réaliser du vivant de Bizet; il a donné des leçons jusqu'à la fin, et son vieux père en donne toujours. La reprise de *Carmen* à l'Opéra-Comique est devenue pour le monde des artistes une véritable solennité qui a éclairé la tombe du Père-Lachaise d'un rayon d'immortalité et a mis définitivement à son plan la renommée de Bizet, de qui l'on peut dire qu'il fut un grand artiste autant qu'un brave cœur.

MARC FOURNIER

Pendant dix ou quinze ans, un homme tient avec éclat un rôle envié dans la vie parisienne; les gazettes enregistrent au jour le jour ses actes; elles citent ses mots; il est un des personnages en évidence, un de ceux que les obscurs et les humbles appellent « les heureux de la terre » parce qu'ils sont aux premières représentations et qu'ils courent le Bois, étendus dans une élégante voiture. Un beau matin, atteintes par un revers de la fortune, les existences enviées s'écroulent, non lentement par le travail du temps qui peu à peu fait une ruine d'un magnifique édifice, mais subitement, par un coup foudroyant. Paris jase, pendant une semaine, de l'événement, puis il oublie. Quelques années après, l'homme s'éteint péniblement dans une modeste pension, et en lisant le récit de cette agonie, le lecteur indifférent se demande :

— Marc Fournier? Connais pas!

Les anciens, — je parle de ceux dont les souvenirs de jeunesse remontent, hélas! déjà à une vingtaine d'années, — ont dû conserver la mémoire de ce personnage bizarre, qui, tout étranger qu'il fût par sa naissance (Marc Fournier était né à Genève), devint un des plus curieux types parisiens que j'aie connus. Il appartenait à cette espèce particulière de bohèmes de haute volée, qui ne prospèrent que sur le pavé de Paris, qui marchent de l'avant avec une entière insouciance du lendemain, que personne ne s'étonne de trouver un beau matin au sommet, et que nul n'est surpris de voir, par une vilaine soirée, tomber dans les abimes. Celui-ci était sorti du journalisme à une époque où il suffisait de publier quelques nouvelles à la main, dans un petit journal, pour jouir d'une notoriété que vingt années de travail donnent maintenant à peine à ceux qui sont venus après eux. Marc Fournier passait donc pour un homme excessivement spirituel encore dix années après qu'il eût quitté le journalisme. D'auteur dramatique qu'il fut à ses heures, il était devenu directeur de ce beau théâtre de la Porte-Saint-Martin ; il y a remplacé Frédérick Lemaître par une baleine, Dorval par un machiniste, Bocage par un aigle, et les poètes dramatiques par des peintres en décors.

C'est Marc Fournier qui opéra ce bouleversement dans les théâtres populaires. Jusqu'alors les scènes du boulevard n'avaient pas connu le luxe de la mise en scène, réservé à l'Opéra. Le nouveau directeur de la Porte-Saint-Martin, un lettré à ses origines, se souciait maintenant fort peu de la littérature. Toutes les vieilles féeries dont nos aînés s'étaient régalés furent remontées avec un luxe inconnu et avec une entière insouciance du côté commercial. Jamais on n'avait vu de pareilles splendeurs sur une scène parisienne. L'Opéra qui, avant Marc Fournier, avait le privilège de la mise en scène, fut relégué au second plan par les éblouissements du théâtre de la Porte-Saint-Martin. L'étranger accouru à l'Exposition de 1867 en fut stupéfait, et le Parisien en devint orgueilleux. L'opinion publique désignait, pour la direction de l'Opéra, le bohème artiste qui réalisait de telles merveilles sur la scène. Tout ce que fit Marc Fournier à ce théâtre fut surprenant en effet. Son goût naturel pour le luxe sous toutes les formes avait enfin trouvé un champ de manœuvre à la hauteur de son ambition; il apportait dans les moindres détails de la mise en scène un sens artistique très fin; il jetait l'argent par les fenêtres, s'en rapportant aux hasards du lendemain pour le faire rentrer. Il fermait son théâtre pendant quinze jours, au cœur de l'hiver, pour remanier un ballet dont il n'était pas entièrement satisfait à la répétition générale. Quand on essayait de lui faire comprendre que ses prodigalités le conduiraient forcément à la ruine, il souriait avec dédain : un fantaisiste de cette trempe avait bien le temps de s'occuper de chiffres; sa grande joie était de dépenser énormément d'argent; il se serait cru déshonoré en faisant une sage économie, dictée par la prospérité de son entreprise : il fallait surprendre, étonner, fasciner Paris : tel était le but de ce bohème, le reste lui importait peu.

Marc Fournier devint, en effet, pendant un certain temps, le roi de Paris. Je me rappelle avoir eu comme un éblouissement la première fois que je le vis passer sur les boulevards, encore jeune, pimpant, élégant, conduisant, par une froide journée d'hiver, un attelage de prix. Sa figure, un peu pâle, avait une distinction très grande; une superbe peau de lion à crinière noire couvrait ses genoux; derrière la victoria deux laquais de choix, grands, rouges de ton, le cou emprisonné dans des faux-cols en fer-blanc; ils semblaient choisis à dessein pour servir de repoussoir au parfait gentleman, qui conduisait avec aisance, dédaigneux des piétons, qu'il aurait écrasés plutôt que de prendre la peine de crier : Gare! Sur le passage de Marc Fournier, auteurs et acteurs se découvraient avec déférence comme devant une puissance qui passe. Lui, méprisant les humbles dans sa prospérité inattendue, répondait à peine en saluant froidement d'un petit salut protecteur et humiliant. Sa voiture, lancée au grand trot de deux excellents chevaux, éclaboussait le passant de neige fondue mêlée de boue, et quand elle atteignait quelque camarade des mauvais jours, qui toujours trottait modestement sur le boulevard, M. le directeur de la Porte-Saint-Martin éprouvait une joie sauvage à crier : hop! hop! à ses chevaux, « devant cet imbécile qui n'avait pas « su faire fortune comme lui. »

A ce rayonnement sur le tout-Paris particulier des boulevards et du Bois, à la majesté dont il s'entourait au théâtre, Marc Fournier ajouta encore le prestige d'un salon littéraire, présidé par une des plus jolies femmes du temps et qui, aujourd'hui encore est debout avec son intelligence supérieure. Grâce à elle, les sommités littéraires et artistiques firent cortège au directeur du *Pied de Mouton* et de la *Biche au Bois,* de fastueuse mémoire. En se voyant de la sorte entouré des plus fins lettrés de son temps, Marc Fournier pouvait supposer qu'on le considérait comme un des plus fermes soutiens de la littérature contemporaine. N'avait-il pas autour de lui toutes les séductions et toutes les ivresses pour se bercer de plus en plus des illusions qui devaient s'écrouler fatalement un jour devant la réalité? Paris, la France et l'étranger admiraient le prodigieux metteur en scène dont les journaux vantaient, avec raison, le goût exquis; tout le monde qui grouille autour d'un puissant du jour, se courbait dans la poussière, et dans le salon de la rue Vendôme, les plus belles intelligences du temps formaient, autour de ce fantaisiste, une cour dont un prince aurait pu tirer quelque gloire. On était jaloux d'être admis dans ce salon, et on se vantait d'une invitation dominicale chez Marc Fournier tout comme si quelque grand souverain vous eût fait l'honneur de vous admettre à sa table. Marc Fournier, aveuglé par le succès, prenait pour lui toutes ces adulations, qui en somme passaient par l'ami, pour aller à la maîtresse de la maison.

Quoiqu'il fût naturalisé Parisien par son long

séjour en France et par ses travaux dans la presse, Marc Fournier avait conservé une certaine raideur qui trahissait l'origine étrangère ; il ne sut pas apporter dans sa nouvelle situation la grâce et l'amabilité naturelles du Parisien ; il ne fut qu'un parvenu avec tous les défauts de l'espèce : l'infatuation de sa personne, l'adulation de soi-même et cette supériorité dédaigneuse qui froisse les moins heureux et fait des ennemis.

Il était facile de prévoir que le manque d'équilibre dans les affaires du théâtre conduirait tôt ou tard le directeur à une faillite certaine. Les huissiers qui suivent les prodigues, comme les requins escortent un navire en détresse, assiégeaient le contrôle, non pour retenir des coupons, mais pour saisir les recettes. Le théâtre faisait chaque soir le maximum, mais ces recettes produisaient dans la situation de plus en plus embarrassée de Marc Fournier, l'effet d'une goutte de pluie tombant dans l'Océan. A ce commencement de débâcle, le bohème de haute volée assista avec la sérénité d'un homme qui se fie au lendemain ; il traita les hommes d'affaires, venus pour parler chiffres, avec l'aimable dédain d'un grand seigneur ; il ne s'apercevait point que, chaque jour, sa situation était plus ébranlée que la veille. Comme un prince qui, peu d'heures avant une révolution, se dorlote encore dans les illusions d'un pouvoir inattaquable, Marc Fournier, assiégé par les huissiers, ne pensait pas un instant qu'il était sérieusement menacé. A mesure que les dettes augmentèrent, il devint plus souriant. Peut-être, de bonne foi, pensait-il qu'une émeute éclaterait dans Paris, le jour où un syndic oserait pénétrer dans sa demeure. Tout autour de lui, on le voyait perdu sans espoir, et Marc Fournier allait toujours au Bois, dans sa victoria, avec le même mépris des piétons.

Un jour cependant tout s'écroula bruyamment : le théâtre, le salon de la rue Vendôme, le prestige. De cette existence si longtemps enviée, il ne restait qu'un pauvre homme qui se cramponnait à la vie. Un instant, il crut pouvoir revivre par le travail; il reprit sa plume d'autrefois, mais le journaliste que jadis on disait brillant n'était plus dans le mouvement. Une nouvelle génération avait surgi avec d'autres qualités et des idées plus modernes mieux en rapport avec le goût nouveau. Celui-ci subit le châtiment ordinaire des artistes qui, dans la prospérité, trahissent la muse à laquelle ils doivent tout. La littérature, surtout, n'est pas une de ces maîtresses qu'on peut quitter à volonté, sûr de la retrouver au moment voulu. Elle est fière et hautaine; elle veut qu'on se consacre à elle toujours, sans relâche; l'imagination se rouille dans la paresse; la plume s'émousse, et quand au bout de quelques années, on essaie de reprendre l'humble travail de chaque jour, poussé qu'on est à présent par la nécessité, n, i, ni, c'est fini. La Muse se venge de l'abandon; le jour où on l'a chassée du logis, elle a emporté l'inspiration.

Ce fut le cas de ce bohème, affolé jadis par le luxe, par le désir de jouir de la vie et de rayonner sur Paris par ses folies... Quand, abattu par les revers, il revint dans les bureaux de journaux d'où il était parti, il y retrouva du papier, de l'encre et des plumes, mais le talent avait disparu. C'est alors seulement que ce malheureux fut atteint dans son essence, et qu'aux heures sombres il entrevit pour la première fois la réalité. Dans sa détresse, l'ancien bohème *di primo cartello* conserva encore l'allure naturellement distinguée qu'il ne quitta même pas quand ses chapeaux furent devenus gris et râpés et que ses vêtements portaient la trace de la désolation qui avait suivi de si grandes splendeurs. Par cette tenue qui survécut à sa chute, Marc Fournier inspirait de la sympathie à ceux-là même qu'il avait pu froisser à l'époque de sa prospérité. En le rencontrant ainsi dans un bureau de rédaction, accablé par le besoin, mais toujours avec cette allure élégante qu'il ne voulait pas abdiquer, on le plaignait. Les malheurs de Marc Fournier n'étaient pas de nature à inspirer une pitié excessive. Ce fou avait couru au-devant du désastre final, il l'avait voulu, disaient les indifférents. Soit! Mais si l'écroulement de cette puissance de quelques années ne pouvait pas être l'objet d'un deuil national, il était permis à ceux qui regardent la vie de haut, de trouver une excuse de toutes ses fautes dans la dignité avec laquelle Marc Fournier supporta l'adversité : il ne s'en allait pas de par la ville, gémissant sur sa fortune écroulée; après avoir roulé carrosse et éclaboussé le passant, il remonta tranquillement sur l'impériale d'un omnibus, sans donner aux indifférents le spectacle inutile d'une détresse peu intéressante : puis, finalement, il s'enferma dans une modeste pension bourgeoise, à l'écart des hommes, sans se plaindre, sans accuser qui que ce fût de ses malheurs, souriant avec mélancolie à ceux qui lui étaient restés fidèles et à qui il disait en montrant sa modeste chambre et le petit jardin :

— Qui sait? c'est peut-être ici que réside le vrai bonheur.

Le destin a été clément à cet insensé en lui permettant de planer jusqu'à un certain point sur ses contemporains jusqu'à la dernière heure. Les malades, les écœurés et les désespérés qui, sur le tard, se réfugient dans une de ces pensions bourgeoises où la vie s'écoule désormais douce et modeste, sans éclat, mais aussi sans soucis, ne sont pas toujours de la trempe de Marc Fournier : sa distinction naturelle, le charme de sa causerie, la légende même de sa situation d'autrefois ne firent pas de lui un pensionnaire comme un autre. Là-bas même, à Saint-Mandé, dans la maison où il est mort, Marc Fournier était quelqu'un. Avec un peu d'illusion, en voyant qu'on le traitait avec déférence, il pouvait encore se croire dans son cabinet directorial. Dans cette pension bourgeoise, Marc Fournier avait retrouvé une petite cour : il rayonnait sur le groupe de malades et d'écœurés. Cela a dû lui faire quelque bien, car le désir de dominer ceux qui nous entourent, quel que soit le milieu où l'on se trouve placé, est la dernière énergie qui survit dans l'âme des vaincus de la vie. On s'en va le cœur plus léger, quand on a la conscience qu'on est regretté de quelques-uns, ne fût-ce que de pauvres hères, qui, dans l'éloignement et dans l'oubli, attendent l'heure suprême de la délivrance finale.

ERNEST REYER

Avant d'aller aux compositeurs de musique, la gloire parisienne en fait des martyrs, comme cet homme de grand talent, et ce malgré d'éclatants débuts. Quarante ans après la venue de la *Statue,* opéra qui eut le plus vif succès à l'ancien Théâtre-Lyrique du boulevard du Temple, les directeurs qui se sont succédé à l'Académie nationale de musique l'ont berné comme un jeune homme. A soixante ans, ce membre de l'Institut, ce critique musical du *Journal des Débats,* a été forcé de faire jouer *Sigurd* à Bruxelles. Ce n'est qu'après le très grand succès obtenu par l'œuvre en Belgique, qu'il s'est trouvé enfin un directeur de l'Opéra pour la monter à Paris, et ce en plein mois de juillet, alors que le tout Paris est à la campagne.

Toutefois, on peut plaider les circonstances atténuantes en faveur des nombreux directeurs de Paris qui ont refusé *Sigurd.* Ernest Reyer a tout fait pour s'aliéner les sympathies; il avait trop d'esprit pour parvenir agréablement; en flattant les vanités bien placées, il eût forcé toutes les portes; en les massacrant sans pitié dans le feuilleton des *Débats,* il les a toutes verrouillées devant son œuvre. C'est pour ce motif que Reyer, ne pouvant pas faire jouer ses opéras à Paris, a été forcé de les exporter. En 1862, Bade vit la première représentation d'*Érostrate*, repris ensuite sans succès à Paris; en 1884, Bruxelles eut la première de *Sigurd*, qui, par la force des choses, opéra plus tard une rentrée triomphale dans la patrie. On verra par la suite combien, le plus souvent, on achète chèrement ce qui s'appelle la gloire à Paris.

Le cas de Reyer est certainement un des plus extraordinaires; il ne s'agit plus ici d'un débutant plein de promesses qu'on lanterne d'année en année pour lui confier à la fin un ballet en un acte, qui, en moyenne, est joué onze fois. Il s'agit de l'auteur de la *Statue* et d'un membre de l'Institut qui a dû passer la frontière avec son œuvre, aussi bien que Massenet, auteur du *Roi de Lahore* et également membre de l'Institut. Sans les directeurs belges, *Hérodiade*, applaudi maintenant aux quatre coins du monde, excepté à Paris, n'aurait jamais vu le feu de la rampe. Je ne veux pas entrer ici dans une discussion sur la nécessité d'un théâtre italien dont on reparle au début de chaque saison d'hiver; en un mot, je ferai connaître mon opinion : je me moque de Bellini, Cherubini et de plusieurs autres comme d'une guigne. Un seul musicien de talent de l'école française me semble plus intéressant que toutes ces vieilles gloires italiennes qui nous touchent si fort. A part Verdi, qui s'est dérangé en personne pour nous faire entendre sa *Messe* et puis *Aïda,* et qui surtout a écrit une œuvre, *Don Carlos,* pour notre première scène lyrique, je ne vois pas la nécessité de renvoyer nos compositeurs de talent au delà de la frontière pour reprendre, trois fois par semaine, la *Sonnambula* et autres tralalas de la même valeur d'art.

L'abonné qui, en 1884, a lu dans son journal la relation de la première soirée de *Sigurd* à Paris, se figure que rien dans la vie ne vaut la situation d'un compositeur de musique qui remporte un succès sur notre première scène lyrique : dans sa pensée, il a dû entrevoir Reyer buvant toutes les ivresses dans les coulisses de l'Opéra ; le cher abonné a dû croire que Reyer, entouré du corps diplomatique et de la fine fleur du high-life, recevait, lui, des félicitations délirantes, tandis que le corps de ballet exécutait autour du groupe une ronde d'allégresse. C'est là un pur rêve d'opium. La réalité est sombre, on pourrait même dire sinistre.

Cet artiste a mis plusieurs années de sa vie à écrire la partition de *Sigurd.* Que de pénibles illusions pendant ce long et pénible travail; de son piano, il a entrevu l'accueil enthousiaste du directeur, les soins dont on entourait l'œuvre si tendrement caressée; il n'a pas passé une fois devant l'Opéra sans se dire : Ce sera pour l'année prochaine ! Enfin, la partition est prête, entièrement orchestrée. Alors, l'artiste se trouve en présence d'un directeur qui, froidement, lui dit : « Vous avez mis trois ans à faire votre opéra.

Moi, en cinq minutes, je vous déclare que je ne veux pas le jouer. » L'artiste ne dit rien, prend son chapeau et sa partition et rentre chez lui; devant ce piano d'où l'inspiration s'est envolée aux heures douces du travail, l'artiste, maintenant, pense à la réalité des choses humaines; il serre l'œuvre dans son armoire et se dit : « J'attendrai qu'un autre directeur arrive ou qu'on crée enfin un nouveau Théâtre-Lyrique, soutenu par l'État. Quelques années se passent dans l'attente. Tout à coup, une grande rumeur sur les boulevards: Halanzier s'en va et Vaucorbeil est nommé. Ah! ah! se dit l'artiste, mon heure est venue! Nouvelles tentatives et nouveaux déboires, et, à la fin, écœuré, cet artiste, bafoué quoique membre de l'Institut de France, se jette sur la poitrine de deux directeurs belges qui consentent à le jouer. La presse parisienne est appelée à Bruxelles, et à sa fierté de constater le succès d'un compositeur français se mêle aussitôt, et très naturellement, le remords et même un peu de honte qu'on en soit réduit à confier l'avenir de la musique française à un pays étranger.

Enfin le pauvre M. Vaucorbeil meurt. Il est toujours agréable pour un nouveau directeur de jouer une œuvre refusée par son prédécesseur. M. Ritt décrète l'amnistie pour *Sigurd,* condamné à la déportation. L'exilé rentre. On le met à l'étude. L'artiste a vieilli de dix ans, il a perdu toute la grande maturité de l'âge dans des démarches inutiles, suivies de refus blessants. Mais enfin, pense-t-il, cette fois, je serai récompensé de tout. Me voici à l'Opéra. On me joue en pleine canicule et alors que le tout Paris s'apprête à quitter la ville après le Grand-Prix. Mais enfin, se dit-il encore, j'aurai cette belle première soirée devant toutes les intelligences de mon pays! C'est toujours cela!

Voilà ce que se dit cet artiste qui a attendu ce moment pendant dix ans. Et alors quelques jours avant la première, froidement on lui fait cette communication cruelle : « Il y a une heure de musique de trop dans votre œuvre; il faut couper une heure de musique. » De même on dit à son tailleur : « Les manches de mon veston sont un peu trop longues, il faut les raccourcir de deux centimètres. » Qui dit cela à l'artiste ? C'est le cinquième ou sixième directeur qui a passé sur son œuvre en dix années. Vous entendez bien : il faut couper une heure de musique afin que l'abonné ait le temps de fumer son cigare après son dîner et d'arriver vers les huit heures et demie, satisfait de son repas et de son cigare. Voilà à quelles misères est réduite la question d'art au théâtre. Le directeur, cette fois, n'est pas coupable; une partie de sa fortune est engagée dans l'entreprise; il est forcé de tenir compte du goût de ses abonnés. Si Meyerbeer avait à recommencer sa carrière, il lui faudrait couper une heure de musique dans chacune de ses œuvres. Rossini ne pourrait plus faire jouer *Guillaume Tell* dans sa version première.

Maintenant, le directeur lui dirait d'un ton enjoué :

— Cher maître ! il ne faut pas compter sur les dilettanti de nos jours avant huit heures et demie ou neuf heures moins un quart. Comme entrée de jeu, nous allons couper l'ouverture. Le trio fait longueur aussi, de même que la conjuration des cantons. En coupant ces trois morceaux, nous élaguerons l'heure de musique, qui, réellement, est de trop dans votre partition, et tout marchera comme sur des roulettes.

Voilà ce qu'on dirait aujourd'hui à Rossini.

Je ne sais pas ce que Rossini aurait répondu à ces ouvertures, mais Reyer, au bout de dix années d'attente, a protesté ; il avait assez trimé, assez souffert de mille blessures d'amour-propre. On lui imposait, entre autres mutilations, le sacrifice de l'ouverture de *Sigurd,* une belle page cent fois applaudie dans nos concerts. Inutile d'expliquer à mes lecteurs quel désarroi la suppression de cette ouverture a jetée dans le premier acte. C'est que le monsieur qui n'avait pas encore pris son café eût été très vexé si l'on avait joué l'ouverture avant son arrivée. Mieux valait donc la jeter au panier. Quelles misères, grand Dieu, dans cette carrière ! Quels froissements d'orgueil il faut subir, à quels échecs humiliants il faut s'exposer pour arriver, au bout de dix ans, à faire jouer un opéra à Paris ! Alors l'écœurement de l'artiste est à son comble ! Il lui faut consentir à la mutilation de son œuvre si longtemps et si injustement dédaignée, ou il n'y a rien de fait. Dans le dernier cas, Ernest Reyer rentrerait chez lui avec sa partition ; il recommencerait à courir pendant dix ans ; il emploierait ce qui lui reste à vivre à de nouvelles démarches ; il attendrait la venue successive de six autres directeurs dont aucun peut-être ne jouera l'ouvrage tel qu'il est sorti de la pensée de l'artiste.

Que lui reste-t-il à faire? Rien, sinon de tolérer qu'on représente *Sigurd* dans la coupe agréable au monsieur qui ne peut pas arriver avant neuf heures moins dix. Abreuvé d'amertume, frappé dans sa fierté, atteint dans ses convictions d'artiste, il n'est pas, le soir de la première représentation, au milieu de ses interprètes. Vous l'auriez pu voir, ce soir-là, à l'entresol d'une brasserie voisine de l'Opéra, où, ignoré des consommateurs qui jouaient leurs bocks au domino à quatre, il attendait que se décidât le sort de cette œuvre évincée pendant dix ans, refusée par deux directeurs de l'Opéra, exportée à Bruxelles, puis ramenée en France pour y être dépouillée d'une heure de musique qui avait peut-être coûté une année de fièvre à l'artiste. Voilà, cher lecteur, ce qu'est en réalité, de nos jours, cette carrière de compositeur de musique ; voilà sa vie pleine de tristesses, de déboires et de découragements, et voilà tout au juste comment on achète ce qu'on appelle la gloire parisienne, c'est-à-dire à peine quelques heures de satisfaction d'artiste, après trente années d'une carrière qui est, en réalité, le pire des enfers!

Pour chercher la gloire dans cette carrière aride,

il faut ou être riche de naissance, comme le fut Meyerbeer, ou se résigner à une vie modeste. Aujourd'hui encore, malgré ses succès considérables, Massenet donne toujours des leçons pour pouvoir travailler avec une entière indépendance d'esprit. Ernest Reyer, lui, a façonné sa vie de telle sorte que, n'ayant pas de grands besoins, il peut se passer de tout le monde. Son feuilleton des *Débats*, son siège à l'Institut, qui lui rapporte quinze cents francs par an en jetons de présence, et sa place de bibliothécaire à peu près honoraire à l'Opéra, une véritable sinécure offerte par l'État avec trois mille francs d'appointement, suffisent à cet entêté et à ce modeste de la vie. Ce membre de l'Institut est installé dans un tout petit appartement de garçon au cinquième étage de la rue de La Tour-d'Auvergne; on y arrive par un escalier qu'un laquais de bonne maison rougirait d'escalader. Demeure modeste mais logis d'artiste s'il en fut, arrangé avec un goût parfait et où le musicien s'entoure des partitions préférées. Autour de lui, pas le moindre signe de cabotinage; ni couronnes offertes par un orphéon de province en délire, ni médailles frappées à son effigie par une petite ville où il aurait dirigé l'exécution d'une de ses œuvres; la vie modeste, laborieuse, des débuts, continue tranquillement sans un regret, sans un découragement. S'il est parfois au fond de l'âme, Reyer ne le laisse pas voir : dans sa carrière déjà longue, il a assisté à bien des triomphes, qui l'ont laissé froid, et à bien des chutes, qui lui ont fait hausser les épaules : le succès de ceux dont il abhorre l'art, ne l'a pas abattu ; il n'a pas le goût du luxe ; donc il se moque de la fortune ; il est content de lui, donc il se moque de l'opinion des autres ; il se suffit et cela lui suffit. Si le découragement le saisit parfois, ce que j'ignore, Reyer pense à son ami Berlioz, si longtemps dédaigné, et dont l'art a surgi de la tombe pour s'élancer dans une apothéose qui aura prochainement sa consécration dans la statue qu'on érigera sur une place publique à ce grand conspué de jadis.

LAURIER

Il n'y a pas de ville au monde où l'on soit plus indifférent pour les morts qu'à Paris. Du jour au lendemain, en pleine santé, un Parisien célèbre est fauché par la mort. Paris hoche à peine la tête; quelques loustics s'écrient : Est-il bête de se laisser mourir ainsi! et tout est dit. Aussi, j'engage fort les gens qui ont la coquetterie d'outre-tombe de se retirer à temps en province, s'ils veulent être regrettés plus de cinq minutes.

Cependant, devant la fin de Clément Laurier, en septembre 1878, Paris a été surpris plus que de coutume. Cela tient à cette particularité que le mort n'appartenait pas à un seul monde parisien; il était de tous les mondes parisiens à la fois. Il avait des amis partout, de haut en bas, dans la politique, dans la finance, les lettres, les arts, le théâtre et la bohème; ce mort manquait à la fois à tout Paris, au salon princier tout aussi bien qu'au café Riche, à la Chambre et aux coulisses des théâtres, au Paris grave et au Paris frivole; il avait des racines partout; il a vécu de toutes les existences et frayé avec tous les camps;

il avait la poignée de main facile, des relations au faubourg Saint-Germain comme à Belleville. Esprit aimable, figure toujours souriante, Clément Laurier possédait au suprême degré non seulement l'art de se faire des amis, mais encore de les conserver à travers sa vie mouvementée. Aussi, il est mort sans s'être brouillé avec personne, restant l'ami de Gambetta, en même temps qu'il échangeait une fraternelle poignée de mains avec le duc de Broglie ; il a été de toutes les fêtes et un peu de tous les gouvernements. On n'a pas été surpris de le voir négocier des emprunts, après le 4 septembre ; on n'aurait pas été étonné de le retrouver ministre du 16 Mai ; tour à tour on l'a vu parmi les radicaux de l'Empire, les modérés de la République, les partisans de la restauration monarchique, et finalement, Clément Laurier est mort dans la peau d'un conservateur, sans être maudit par les républicains, comme il avait vécu républicain sans que le parti conservateur eût rompu avec lui.

C'est un phénomène de voir un homme politique opérer tant de fluctuations dans sa vie sans perdre un ami. C'est que Laurier avait la qualité essentielle qui plaît et charme à Paris, qui fait tout pardonner ; il avait de l'esprit et il était bon enfant ; il a rendu de grands services à tout le monde ; il a employé son influence au bénéfice de tous ceux qui, sans distinction d'opinion, lui demandaient sa protection. Clément Laurier n'était peut-être pas un caractère dans le sens puritain du mot, mais c'était à coup sûr un brave cœur; sur ce point, conservateurs et radicaux sont d'accord une fois par hasard. Il était écrit qu'un membre de la droite prononcerait un discours sur sa tombe, mais il était certain aussi que Gambetta, le chef des gauches, devait regretter que la politique lui défendît de dire un suprême adieu à l'ami de sa jeunesse.

L'amitié de ces deux hommes semblait rivée pour l'éternité. Je ne crois même pas que la politique l'ait dissoute dans son essence. Les deux avocats s'étaient liés au Palais et à la conférence Molé. Gambetta était encore un inconnu quand déjà Mᵉ Laurier, l'ancien secrétaire de Mᵉ Crémieux, comptait au barreau; tous deux étaient animés par le désir de parvenir. Laurier, qui était un homme d'affaires surtout, avait mis de l'ordre dans son ambition. Gambetta ne savait encore au juste où il allait, se laissait vivre, plein de confiance en son avenir. Laurier marchait lentement, par étapes. Gambetta attendait une occasion pour faire un bond prodigieux. Laurier avait des allures de renard; Gambetta des attitudes de lionceau; l'un était petit, maigrelet, l'autre fort, bien bâti; Laurier avait la parole incisive et insinuante; Gambetta s'enrouait deux fois par semaine au cabaret, à force de prononcer des discours violents et déjà très écoutés. Laurier daubait l'Empire à coups d'esprit, Gambetta à coups de poing.

Je ne sais au juste comment cette amitié fameuse a été cimentée, mais elle fut sincère; on pouvait la croire à l'abri de tout événement! Je ne veux pas amoindrir ici les excellents sentiments de Laurier pour son ami, mais je crois aussi qu'il avait deviné qu'à un moment donné la politique pourrait élever Gambetta d'un coup de fortune, et qu'il était bon de s'accrocher aux flancs de ce remorqueur. Gambetta donnait tout son temps à la politique; Laurier était partagé entre l'ambition du barreau, le désir de faire fortune et de parvenir doucement, sans secousses violentes.

Du Palais, Gambetta ne se souciait guère. Ses goûts étaient modestes, alors; il vivait de peu, et ne paraissait pas attacher d'importance au bien-être. C'est un désir qui lui est venu avec l'âge et le succès. Aussi Laurier avait déjà acquis une notable clientèle quand Gambetta n'était encore qu'un bohème, insouciant du lendemain. Laurier lui donnait de temps en temps une affaire à plaider. Gambetta, l'avocat sans procès, est redevable à Laurier du peu d'argent qu'il ait gagné au Palais : sans Laurier, qui était à la fois l'ami et le protecteur de Gambetta, le leader des gauches eût peut-être sombré avant l'heure du succès. Il est certain que Laurier a, pendant de longues années, tenu Gambetta sur l'eau, comme on dit, et je vous prie de croire que ce ne fut pas sans peine. Tout entier à la politique, Gambetta laissait moisir les dossiers sur son bureau. Je me souviens encore de la colère de Laurier, un jour qu'on vint lui annoncer que Gambetta, au lieu de plaider une affaire qu'il lui avait confiée, n'était pas sorti du café de Madrid, qui fut le berceau de la République présente.

— Gambetta est un bachi-bouzouk! s'écria Laurier, on n'en fera jamais rien !

Mais au fond, Laurier avait plus de confiance en son ami ; il ne prévoyait pas tout à fait les hautes destinées qui attendaient Gambetta, mais il flairait en lui une force utile à un moment donné. On sait le mot du comte de Chambord à un ami qui, à Frohsdorf, prit congé du prince en lui disant :

— Au revoir à Paris, monseigneur.

Le prince lui répondit en souriant :

— Il ne faut pas y compter, je ne ne suis qu'un en-cas de la Providence.

Pour Laurier, Gambetta n'était qu'un en-cas de la révolution. La politique et la députation étaient le but constant de Laurier. Son cabinet d'avocat d'affaires, déjà fort bien achalandé, ne lui permettait pas de poser sa candidature du matin au soir dans les endroits publics où, sous l'Empire, on se distribuait déjà les portefeuilles républicains. Gambetta était le trait d'union certain entre la jeunesse turbulente du temps et l'ambition politique de Laurier.

Il est permis de croire qu'à aucune époque de sa vie, Laurier n'a perdu de vue le mandat de député. La République de 1848 avait échauffé sa tête de dix-sept ans ; il fut, avec quelques jeunes gens de son âge, secrétaire du club Blanqui, quand il pouvait s'échapper du collège. Mis aux arrêts, pour cette ambition précoce,

Laurier ameuta les passants devant la pension en s'écriant :

— Au secours! on emprisonne nos frères.

Il fut même renvoyé de la pension Massin pour cet appel à l'émeute. En attendant qu'il rentrât au gîte paternel, il s'essaya dans le journalisme dans un journal de théâtres qui lui facilitait son entrée dans les coulisses; il fut même poète à ses heures; j'ai là sur mon bureau une pièce de vers, dédiée à un ami d'enfance de Laurier, à mon camarade Ph. Gille : c'est une visite de Voltaire chez Satan. Resté seul, Satan s'écrie :

Ah brigand! scélérat! triple gueux de Voltaire!
Tu quoque mi fili: tu poignardes ton père!
Quelle rude leçon! Ayez donc des enfants!
Aimez-les et choyez : ils sont reconnaissants;
Ils vous brisent la tête! — Oh! c'est bien là mon œuvre :
Perfide comme moi, misérable couleuvre.
Pourtant, je t'aimais bien : En toi, j'avais semé
Tous mes trésors de mal, et le mal a germé,
Car le sol était bon. — Je trompai dans un rêve
Ta mère que j'aimais : Charmante fille d'Ève
Qui m'a rendu, Dieu sait! le mal que je lui fis.
Ton père se croyant le père de son fils,
Signa de bonne foi ton acte de naissance,
Sans regarder de près... billet de complaisance!
Dès lors je t'adoptai : je mis l'enfer en toi.
Génie, impiété, tout t'est venu de moi.
Tout, jusqu'à ton sourire, et l'ange des ténèbres
Ombragea ton berceau de ses ailes funèbres.

Tu devais être un monstre, un jour, c'était fatal.
Je te fis plus puissant pour faire plus de mal
Et je dissimulai, pour mieux donner le change,
Ton âme de démon sous un visage d'ange!

On voit que le collégien, après avoir pactisé avec le bureau du club Blanqui, devenait un poète dont la réaction eût pu s'accommoder.

Peccadilles d'écoliers, je le veux bien, mais où se montre déjà le Laurier de l'avenir avec sa mobilité d'esprit et sa facilité à passer du doux au grave et de dire son mot dans tous les sens. Déjà l'ambition politique se dessine nettement dans ce cerveau de dix-sept ans; il joue même au Machiavel, en écrivant à son ami Gille : « J'ai pris le parti de ne jamais dire tout ce que je pense. » Ramené au gîte paternel, à la campagne, il écrit à son ami : « Je passe mon temps à étudier l'histoire du Berry, car il faut savoir l'histoire quand on veut être député. »

Le désir de jouer un rôle politique ne fit que grandir quand, après un court stage en province, Laurier vint se fixer à Paris, où rapidement il se fit une réputation d'avocat d'affaires. L'ambition de l'argent marchait de pair avec l'ambition politique. Laurier ne recherchait pas les succès oratoires pour la vaine gloriole; il avait deux buts déterminés : le premier, de devenir un homme riche en consacrant de préférence son talent aux grandes affaires qui le mirent en rapport avec la haute finance; le second, de se faire nommer député. Il s'en rapportait à lui pour la première partie de son programme, mais il comptait sur Gambetta pour entrer un jour ou l'autre à la Chambre. Les deux avocats étaient devenus inséparables. Leur amitié était légendaire. Laurier était utile à Gambetta, en attendant que celui-ci pût lui rendre la pareille. Gambetta était le plus dévoué des camarades de Laurier.

Un soir même, aux concerts des Champs-Élysées, M° Laurier, après une plaidoirie très mordante, fut assailli en public par Mirès. Gambetta dégagea son ami à coups de poing, ce qui fit dire au financier qui ne connaissait pas encore le futur président de la Chambre des députés :

— Laurier a dû se douter de quelque chose, car il était accompagné par une espèce d'hercule.

Gambetta, je l'ai déjà dit, était le chef d'un petit groupe qui préludait à la future République ; la mort de Victor Noir devint pour Laurier le point de départ de sa situation politique. Sur l'indication de Gambetta, la famille Noir choisit Laurier pour soutenir ses intérêts devant la haute Cour de Tours. Nous nous rencontrâmes à la gare d'Orléans, la veille du procès. Laurier était dans un compartiment avec la fine fleur du radicalisme. Comme je fis mine d'y entrer, pour avoir le plaisir de voyager avec Laurier que j'aimais beaucoup, un des énergumènes s'écria :

— Il n'y a plus de place ! il n'y a plus de place !

Quoique je sois d'humeur douce, car je ne trouve rien de plus sot que d'avoir constamment le poing sur la hanche, je n'aime pas qu'on me manque en face. Aussi :

— Monsieur, répondis-je à ce personnage. Si, il y a une place, la vôtre, et je vais la prendre.

Sans la présence d'esprit et le tact de Laurier, cela allait se gâter : il prévint un conflit personnel en se levant :

— Messieurs, dit-il à ses compagnons, vous avez raison, il n'y a pas de place, pas même pour moi, je vais faire le voyage avec Wolff.

Et m'entraînant vers un coupé libre, il me dit :

— Venez, mon ami, les gens de mon parti sont trop bêtes !

Les gens de son parti ! Comment, Laurier, que nous savions tous un simple esprit libéral était maintenant du parti le plus avancé ! Cet homme si doux, si réservé, était devenu un tribun révolutionnaire. En route, il préludait déjà par une plaidoirie préparatoire au manifeste ultra-radical qu'il se proposait de lancer devant la haute Cour assemblée ; il y dépassa en talent, mais aussi en violence, tous les autres avocats. Ce n'était plus le même Laurier ; le renard s'était fait panthère. En sortant de cette audience, Laurier, en dépouillant la robe, a dû se mirer dans la glace et se dire : Je serai député.

Un tel changement de front eût brouillé tout autre que Laurier avec ses amis d'hier. Mais le moyen de garder rancune à un homme qui, dans l'intimité, rachetait tout par une pétarade de mots charmants, par une conversation parfois précieuse, mais toujours pleine de grâce, d'un tour facile, agréable et essentiellement parisien. Aux gens de son parti qui lui reprochaient de frayer à Tours avec ses amis de la presse dite réactionnaire, Laurier répondait par un mot qui les désarmait; aux journalistes de la presse conservatrice qui se montraient surpris de son excessive fougue révolutionnaire, il fermait la bouche par une nouvelle à la main spirituellement contée. La gravité prudhommesque répugnait à cet esprit boulevardier, et c'est là le grand secret de cet homme habile qui, d'un pas léger, a pu pirouetter de gauche à droite, sans semer sur sa route une haine. Les évolutions politiques de Laurier ont été exécutées avec une telle désinvolture, unie à tant de grâce et d'esprit, que ni les uns ni les autres ne lui gardèrent rancune. Quelques-uns de ses mots sont restés célèbres. Après son évolution vers la droite, il dit : « Je ne pouvais pas rester plus longtemps dans un parti où j'étais seul de mon opinion ». Voilà comment, découragé après de longues hésitations, il a pu lâcher le parti républicain en pirouettant sur ses talons comme un marquis du xviiie siècle.

Un autre mot absolument authentique prouve que déjà, pendant la guerre, alors qu'il négociait l'emprunt Morgan à Londres, Laurier songeait à un autre avenir politique. A Saint-James-Hôtel, il rencontre un de ses amis qui arrive de Twickenham. Et sans se faire prier, l'envoyé du gouvernement de Tours fait un éloge très grand des princes d'Orléans.

— Tiens! vous voilà orléaniste! s'écria l'ami stupéfait.

— Oh, pas encore! fit Laurier avec son sourire si fin, pas encore!

La Chambre des députés perdit en Laurier un législateur plus utile que bruyant; il y fut surtout précieux dans les négociations des grandes crises, où il pouvait faire valoir ses plus belles qualités : le tact, l'habileté, la mesure, et surtout son esprit de conciliation qui le faisait aimer de chacun. C'est surtout à cette dernière qualité, la plus belle de toutes, que Laurier devait un si grand nombre d'amis. On le consultait et on l'écoutait dans les affaires les plus délicates. Quand on avait besoin d'un bon conseil bien pratique, d'un négociateur habile et sûr, on s'en allait trouver Laurier, qui marchait, trottait, parlait, et, neuf fois sur dix, il dénouait la situation; il en savait aussi long sur les petits mystères de Paris qu'un préfet de police.

C'est cet esprit de conciliation qui a, je crois, mis Laurier au second plan à la Chambre. A notre époque d'intolérance politique, de rage aveugle, il n'y a pas de place pour un esprit sage qui rêve les libertés publiques sans trouble, sans secousse et sans menace. En d'autres temps, Laurier, avec son talent oratoire très fin et sa connaissance profonde des affaires publiques, Laurier eût occupé une place plus grande dans l'État. Mais que vouliez-vous qu'il fît? Écœuré par la turbulence des gauches, désillusionné sur le rôle des droites, ballotté par les flots de l'intolérance, il s'était mis à l'abri au milieu d'un petit groupe d'hommes modérés qui attendent la fin de la tempête avant de continuer leur route. La mort l'a surpris ainsi, cherchant en vain une issue, et, faute de pouvoir jouer un grand rôle politique, se contentant de son indiscutable réputation de bon garçon et d'homme d'esprit.

ROLLINAT

Avenue de Villiers, au coin de la rue Fortuny, tout Paris a connu l'hôtel de Sarah Bernhardt. L'atelier dont elle avait fait son salon était un des coins les plus curieux de la grande ville; c'était un fouillis d'objets d'art et de curiosités, d'étoffes rares et de plantes merveilleuses. Au-dessus de la cheminée monumentale, le grand portrait de Clairin qu'on a vu au Salon; en face, l'Arlequin grandeur naturelle, en bronze, le chef-d'œuvre de Saint-Marceaux; caché derrière un paravent japonais, se trouvait le piano; l'orgue était plus loin, enfoui dans les arbustes; de haut en bas, les murs étaient couverts de choses curieuses, de tentures rares, de boiseries sculptées empruntées à toutes les époques, de tableaux, de faïences précieuses; à gauche, dans un coin, à côté de la cheminée, une agglomération de coussins de couleurs chatoyantes, sur lesquels Sarah Bernhardt était étendue dans une pose naturelle d'une grâce innée; devant elle, des amis; on causait :

— Comment, vous ne connaissez pas Rollinat? me demanda Sarah.

— Non, je ne connais pas Rollinat.

Un large rire épanoui, puis de sa voix joviale, le jeune Coquelin s'écria :

— Il ne connaît pas Rollinat !

— Non je ne le connais pas, mais je ne serais pas fâché de savoir ce que c'est que votre Rollinat.

Sarah bondit sur ses coussins :

— Ce qu'il est ! s'écria la superbe emballée ; Rollinat est un poète de grand talent ; Rollinat est un tragédien de premier ordre ; Rollinat est un musicien inspiré ; Rollinat, c'est l'artiste le plus doué que j'aie rencontré. Il est, à l'heure présente, une des curiosités de Paris et je veux vous faire connaître Rollinat.

— Soit ! Faites-moi connaître Rollinat.

Voilà le prologue.

Deux jours après, même décor ; mais, cette fois, un auditoire nombreux, au lieu de trois ou quatre intimes, et je le regrettais. Quand on veut pénétrer dans une cervelle d'artiste et l'analyser, il vaut mieux s'installer seul devant son sujet et l'étudier avec ses impressions propres. L'aimable compagnie réunie chez Sarah me semblait déjà surchauffée par l'enthousiasme ; cela me troublait. Un homme, jeune encore, était au piano ; sur le clavier, couraient ses mains fiévreuses ; une abondante chevelure noire encadrait un visage inspiré, d'une belle expression et rappelant les traits de l'acteur Taillade au temps de sa jeunesse. C'était Rollinat qui chantait, en s'accompagnant, un dialogue de Baudelaire, mis en musique par lui. La voix était vibrante et chaude, sans être belle, une de ces voix d'artistes qui ne savent pas chanter selon le Conservatoire, mais qui viennent de l'âme et vont au cœur. Sur le visage du chanteur, on lisait le poème autant que dans les paroles : tantôt le regard se voilait sous des tendresses infinies, tantôt les yeux flamboyants prenaient une expression sauvage et d'une singulière puissance dramatique. Certainement, cet être étrange était un artiste de la tête aux pieds, un de ces artistes primesautiers sur qui l'inspiration étend sa baguette magique et lui dit : *Tu Marcellus eris!* tu seras quelqu'un !

L'histoire de ce Rollinat est étrange comme sa personne et son talent. Fils d'un homme politique, grand ami de George Sand, qui avait transporté sur l'enfant son ancienne sympathie pour le père, Maurice Rollinat, pense-t-on, a dû entrer dans la vie par la grande porte. Il n'en est rien. Cet artiste a débuté comme un humble, tout comme le fils d'un obscur artisan. Les relations politiques du père, mort depuis longtemps, n'ont servi au fils qu'à obtenir une place de cent francs par mois dans le bureau des décès du quatrième arrondissement. C'est dans ce bureau sans doute, en enregistrant du matin au soir les naissances et les morts, toujours préoccupé du dénouement final, que Rollinat a fraternisé avec l'idée de la tombe qui a déteint sur son talent et l'a assombri avant l'âge. Il semble obsédé par cette idée et elle se glisse partout, dans ses poésies, dans les pages dramatiques aussi bien que dans les tableaux champêtres, où l'on entend la terrible faucheuse à travers le chant des oiseaux et le coassement des grenouilles. Ce n'est rien, car le premier rayon de succès public éclairera ce cerveau ténébreux d'une lueur d'espérance et dirigera son talent dans des notes moins désespérées.

Quand Rollinat eut fini de chanter, il me fut présenté par Sarah. Le poète semblait me regarder avec une certaine inquiétude; il sentait que je tenais au bout de ma plume une partie de son avenir, non en vertu de mon autorité personnelle, mais à cause de mon journal si répandu, qu'il peut, en un tour de main, tirer un artiste des ténèbres et le rendre à la lumière ; sa main fiévreuse tremblait dans la mienne; le plus ému des deux ne fut certes pas le poète, mais le journaliste qui devinait qu'il y avait là une grande injustice à réparer et un bel avenir à encourager. Ce sont là pour le journaliste les heures de consolation en même temps qu'un moment de repos dans la chasse à l'actualité à laquelle il est condamné par sa profession. Ce que nous avons fait des autres est tout ce qui reste de nous après un si grand labeur, qui sera suivi d'un si prompt oubli. Il se peut que Rollinat éprouve quelque satisfaction en lisant cette étude, mais pas plus que je n'en éprouve, moi, en l'écrivant. Ce sont des jours de fête pour l'écrivain quand il peut cueillir dans son obscurité un talent inconnu et le mettre à son plan.

Je ne me vanterai pas d'avoir découvert Maurice Rollinat. Avant que je le connusse, il avait déjà une petite clientèle d'artistes; son nom a quelque retentissement au Quartier Latin; il a eu des heures de triomphe au *Cercle des Hydropathes*, réunion de jeunes gens qui se montent le coup comme on dit, en buvant des chopes et en disant des vers. Rollinat fut pendant quelque temps de ce clan de poètes, divisé en plusieurs sous-clans et agrémenté de quelques jeunes gens de talent, mais où domine comme dans toutes les agglomérations d'hommes la médiocrité prétentieuse. Quelques-uns devinèrent la singulière puissance de ce poète, mais d'autres, les versificateurs corrects et sans émotion, furent effarouchés par la venue de Rollinat qui produisit l'effet d'un lion à la crinière flottante, faisant invasion dans un groupe d'épagneuls savants et tout fiers de faire le beau, selon les immortels principes de la routine. Ce poète dressé en liberté par les tristesses de la vie, les effrayait en même temps qu'il épouvantait les éditeurs.

Parmi les marchands de littérature, il se trouva cependant un homme jeune et intelligent, très oseur, très accueillant pour les talents nouveaux, qui n'eut pas peur; c'est Georges Charpentier, qui préparait en ce moment une édition de *Névroses*, dont Rollinat nous dit alors quelques morceaux qui m'ont paru d'un ordre supérieur. Cependant je ne transmettrai pas sans réserves mes impressions au lecteur. Les gens de théâtre disent d'une pièce qu'on ne peut la juger définitivement qu'après l'*avoir vue à l'huile*, c'est-à-dire aux feux de la rampe, jadis éclairée par de méchants quinquets : de même on ne peut définitivement apprécier une œuvre littéraire qu'après s'être attablé devant elle, loin de l'auteur. Je souhaite à Maurice Rollinat que cette lecture de son œuvre lui soit aussi favorable que l'audition de ses vers dans l'atelier de Sarah Bernhardt. Les poètes, quand ils disent leurs œuvres, sont des séducteurs dont il faut toujours se méfier et qui vous enveloppent par l'accent avec lequel ils disent leurs vers autant que par la valeur intrinsèque du morceau. Et ce Rollinat est le plus complet fascinateur que j'aie rencontré de ma vie ; il est là, campé devant vous, avec sa tête fatale autour de laquelle flotte l'abondante chevelure ; il est comédien autant que poète ; son visage reflète tour à tour toutes les sensations que l'écrivain exprime. Ce n'est pas un grand artiste dramatique possédant son art, c'est un inspiré, un halluciné. Quand le vers prend un tour ému ou attendri, le visage du comédien s'illumine d'un rayon de tendresse, comme dans les passages farouches ou énergiques, où le vers semble ciselé dans l'acier, Rollinat appuie sa pensée d'un geste tragique qui atteint souvent le sublime dans l'irrégularité. Mais partout où passe ce poète et cet acteur, il laisse des traces profondes ; le tragédien grave son image dans notre souvenir, en même temps que le poète nous transporte dans un tourbillon de pensées condensées dans une langue heurtée comme l'homme qui la fait entendre, mais pleine d'inspirations et de magnifiques beautés.

Si George Sand avait vécu quelques années de plus, Maurice Rollinat n'aurait pas attendu si longtemps avant d'être présenté au public; le grand écrivain avait dit à ce jeune homme : « Quand tu seras mûr, je te mettrai en évidence. » George Sand mourut avant la maturité de ce beau talent et Rollinat fut replongé dans l'obscurité. Un jour Victor Hugo voulut le connaître. Le jeune poète s'assit à la table hospitalière du grand vieillard, dans cette douce intimité qui s'établit aussitôt entre l'illustre et l'humble, dans la demeure de l'avenue d'Eylau où tout était génie et bienveillance. Le grand poète écouta les vers de ce jeune homme avec une attention soutenue, puis, vivement impressionné, il prononça son avis par ces mots : « C'est d'une beauté horrible! » En si peu de paroles, Victor Hugo dit toute sa pensée, sa sympathie pour le jeune poète en même temps que son chagrin de voir un si beau talent au service de si sombres idées. Evidemment ce désespéré et ce mélancolique devait froisser le magnifique vieillard qui s'acheminait vers la postérité, le cœur rempli de juvéniles espérances. Tous, plus ou moins, éprouveront les mêmes sensations que Victor Hugo a exprimées en ces quelques mots.

Maurice Rollinat, c'est certain, est un attristé qui se complait dans les scènes douloureuses de la vie humaine. Sous ce rapport, son talent considérable retarde d'une quarantaine d'années, et nous ramène à l'époque des mélancoliques, avec lesquels on aurait tort toutefois de le confondre; car si la pensée chez lui se tourne de préférence vers les phases douloureuses de la vie humaine, il ne les traduit pas dans cette langue orgeat et limonade qui fut la marque des désespérés d'il y a cinquante ans. Ici la forme atteint souvent des hauteurs très élevées. Le poète ne se contente pas de chanter en un style de romance à l'étoile qui brille là-haut. Sa pensée s'envole plus haut et essaie de définir l'indéfinissable. C'est à coup sûr une des plus belles et des plus riches imaginations que j'aie rencontrées de ma vie; son talent se rapproche de cet art japonais qui crée tout un monde qui n'existe pas dans la réalité et qui obtient l'harmonie dans les tons violents, qui, pris isolément, effrayeraient par leur crudité.

Grâce à Sarah Bernhardt, Maurice Rollinat a été un moment sur le point de devenir une gloire parisienne; il l'a même été pendant une semaine au moins. C'est déjà beaucoup pour cet inconnu, et l'amour-propre satisfait fera le reste.

Et maintenant courage, cher et vaillant artiste! Au moment où tu t'y attendais le moins, le génie qui couronne la façade de l'hôtel du *Figaro* a soufflé pour toi dans sa trompette retentissante. A toi de faire le reste.

Nous ne te demandons que de t'élever à la hauteur de notre jugement. Quand, dans ce journal maudit, nous prenons un artiste par la main pour le présenter au public, nous ne lui imposons aucune gratitude, habitués que nous sommes à ne pas compter sur la reconnaissance des hommes. Moi, qui te parle, j'ai senti battre sur ma poitrine le cœur ému de jeunes peintres qui, en pleurant, m'ont affirmé leur éternelle reconnaissance et qui m'avaient déjà oublié dans l'escalier quand la porte de mon logis s'était refermée. Des balivernes, quoi, et n'en parlons pas!

Il ne faut pas demander à la moyenne de l'humanité plus qu'elle ne peut donner. L'ingratitude n'est un sujet de tristesse que pour les petits esprits; les autres s'inspirent de Beaumarchais et se hâtent d'en rire, de peur d'être obligés d'en pleurer.

TABLE

	Pages.
Henri Heine.	1
Henri Rochefort	10
Dumas fils	22
Monsieur Thiers.	37
Émile Zola	35
Auber.	90
Gustave Droz.	70
Cham.	78
Hector Berlioz.	86
Alphonse Daudet.	94
Louise Michel et Lisbonne.	104
Jacques Offenbach	115
Léo Lespès (Timothée Trimm).	128
Sarah Bernhardt.	134
L'abbé Crozes.	146
Frédérick Lemaître.	154
Le Père Hyacinthe.	162
Victor Massé.	173
Thérésa.	183
Rossini et Meyerbeer.	192
Charles Marchal	199

334 TABLE

Théodore Barrière 208
Bressant. 217
Darcier 227
M. Lepère. 236
Honoré Daumier 245
Massenet 255
Prévost-Paradol. 266
Berthelier 275
Georges Bizet. 283
Marc Fournier. 293
Ernest Reyer 303
Laurier 312
Rollinat 324

Paris. — Charles UNSINGER, imprimeur, 83, rue du Bac.

www.ingramcontent.com/pod-product-compliance
Lightning Source LLC
Chambersburg PA
CBHW072020150426
43194CB00008B/1189